房地产营销19讲

陈利文 著

THE NINETEEN
LECTURES
OF REAL ESTATE
MARKETING

战略、术法与生命的意义
Strategy、tactics and the meaning of life

集前沿理论与经典案例之大成
首部地产实战派实操理论系统
首度公开多个地产大鳄看家秘笈

SPM
南方出版传媒
广东经济出版社
·广州·

图书在版编目（CIP）数据

房地产营销19讲 / 陈利文著. —广州：广东经济出版社，2010. 4（2021. 3重印）
ISBN 978-7-5454-0201-8

Ⅰ. ①房… Ⅱ. ①陈… Ⅲ. ①房地产—市场营销学 Ⅳ. ①F293. 35

中国版本图书馆CIP数据核字（2010）第023697号

责任编辑：高文彪　余　朔

出版人	李　鹏
出　版 发　行	广东经济出版社（广州市环市东路水荫路11号11～12楼）
经　销	全国新华书店
印　刷	广东鹏腾宇文化创新有限公司 （珠海市高新区科技九路88号10栋）
开　本	787毫米×1092毫米　1/16
印　张	15　2插页
字　数	302千字
版　次	2010年4月第1版
印　次	2021年3月第23次
印　数	64 001~72 000
书　号	ISBN 978-7-5454-0201-8
定　价	80. 00元

图书营销中心地址：广州市环市东路水荫路11号11楼
电话：（020）87393830　邮政编码：510075
如发现印装质量问题，影响阅读，请与本社联系
广东经济出版社常年法律顾问：胡志海律师

CONTENTS目录

心灵转换与生命的意义

最近十五年，房地产火了，暴发了一批老板，也养活了一批我们这样的营销人。房地产营销作为一种职业，真实的存在于我们每天的生活中。紧张也好，繁重也好，黑白颠倒也好，但至少它给我们这些书生提供了一个可以用思想换钱的机会。我们得以如此年轻就可以意气风发，就可以运作资金亿兆的项目。作为地产营销人，我们没有理由不感恩，没有理由不将全部神智浸淫在营销事业。

每次出差，在飞机上，总要习惯浏览完所有的航空杂志才能打个盹。一次看的是南航关于北京奥运会门票销售的文章。北京奥运会门票销售前期采取的是排队制，先到先得，售完即止，其结果一票难求，导致炒票现象非常严重，5000元一张的开幕式A等门票被炒到30万元。后来，奥组委马上改换售票形式，变成抽签制，票为幸运者得，有效遏制了炒票现象。

这让我马上联想到了房地产销售中的开盘选房，顿时豁然开朗。开盘选房向来有两种方式：排号和摇号，前者先到先得，后者中签者得。和奥运会门票一样，市场供不应求时，适合采取“摇号制”；市场供大于求时，适合“排号制”。从奥运会门票销售启发到房地产开盘，世间万物，义理相通，正如理学大师朱熹所说，“月映万川”，同样的一个月亮，映照到万千水面，从万千不同的水面中都可以追溯到同一个月亮。这种融会其中、瞬间悟道的感觉让我很受用。

在写字楼等电梯的时候，看到葛优给“神州行”做的广告“我挑卡！神州行，是吧？用的人多。这就跟进饭馆儿一样，是啊？一条街上，哪家人多我进哪家，神州行，听说将近两亿人，我……相信群众。喂！神州行，我看行。”很多人都一笑而过，我却马上联想到特劳特在《新定位》里提到的“乐队花车效应”。[1]消费者在购买决策的时候，大脑总是倾向于情感，而不是理智。大脑面对决策，首先是不可靠、不确信，总是担心风险存在而犹豫不决。如何去对待不确信的大脑，制造“花车效应”就是一种重要的方法。葛优的广告显然是一种典型的“花车”广告。再联想到房地产行业，顺驰集团当年宣传“天津市每五个购房

[1]“乐队花车”最初是游行队伍中乐师所坐的五彩缤纷的彩车，现代营销学中“花车效应”指消费者会一窝蜂地选择大多数人选择的品牌。

者当中就有一个选择顺驰的房子”，长沙“阳光100”在高速公路最醒目的广告牌上标榜“长沙2006年度房地产市场销售金额和销售面积双料冠军”，这不显然也是一种“乐队花车”广告吗？

有一阵子，我迷上了汽车和商业大片的营销，“新君威”的上市，《英雄》的公映，《无极》的炒作，这里面都充满了玄妙，联系到自己从事的房地产营销，其一招一式都让我兴奋。在实践中遇到的难题，放在脑海里“反刍”着，碰到其他行业的“触媒”，就会自然生发反应，形成“结晶”。心学大师王阳明提出“心外无物”，意思是要培养自己鲜活的心灵，让它与世间万事万物都建立起有意义的联系，眼见平凡世间万物，都要觉之颜色一时明媚起来。作为地产营销人，我们眼见万物，需要的是“明媚”，而不是漠然。同是营销，又有什么和地产不相关呢？

余生也晚，蹒跚步入地产行业时，中国地产正处于“黄金十年”的疯涨时期，各种新产品、新概念、新手法层出不穷，让我这个初学者应接不暇。因在南京大学受过三年严格哲学义理训练的缘故，我对新知和秩序始终保持着无穷的兴趣。实践之余，追问究竟，励学敦行，每有所得，辄沾沾自喜，以为真理在握；但一段时间过后，新知推翻旧知，原来这才是“真理”，内心嘲笑自己以前的孤陋无知；再过一段时间，我得机缘窥见“真知”的全貌，眼界大开，才发现此前的“旧知”“新知”都没错，都是真的，不过它们只是真知的局部而已。辄又沾沾自喜，忙着刷新大脑网格上的新纪录。

《庄子·秋水》里讲了一个故事，秋天涨水，百川灌河，河水一下子变得广阔无边，河伯于是欣然自喜，认为天下大概就自己最博大了。后来，河伯前行至北海，看到海面的宽广无边，这才望洋兴叹：“到处闻道，总觉得都不如自己。现在我见到了真正的大道，才知道自己的浅陋。我真是见笑于大方之家。”眼界决定世界，学道之人就应该不断告别过去，不断追求道行的崭新境界，达至袁了凡所说“从前种种譬如昨日死，以后种种譬如今日生”的生命体验。我们每天在工作，但真正的工作应该关乎心灵的根本转变。透过工作，我们能做从未做过的事情，重新认知世界，重新认知我们与世界的关系，扩展创造未来的能量。工作是一种修炼，是一种对自我的超越，在超越中体悟生命的意义。

南怀瑾先生在《如何修证佛法》中指出“见、修、行”三位一体的修证纲要，意思是说真正的求道是圆满的见地、真修实证和坚强的行愿三者一体的结合。我们做房地产营销，不也是这样吗？我们需要开阔自己的视野，圆满自己的见地，然后在实践中进行印证，在印证中进一步修炼和提升。通过提升的境界和修炼的道行，我们赢得社会的尊敬，尊敬又促进坚强的行愿。见、修、行三位一体，缺一不可。

《易经》里说，“君子豹变”。刚出生的小豹子，皮毛黏滞，混浊肮脏，长大后便会慢慢生就那一身好皮，无比精致，无比高贵。唯愿每位从事房地产营销行业的同行慢慢地走来，慢慢地蜕变，从幼小到壮大，从无知到有知，逐渐成为一个高品质的人。

地产营销逻辑树

是什么在影响销售?

说起房地产，地球人都知道李嘉诚“地段、地段、地段”的名言，“拿地时心痛，销售时撒欢，反之亦是”也早已成了很多开发商遵循的真谛，但在实际案例中，我们却看到位处深圳烫金地段——华强北的“玮鹏花园”一度销售迟滞；相反，位处深圳远郊、面不见海景、背靠大梅沙高速公路旁边的一个小山坡，如此“贫瘠”的自然资源，“万科·东海岸”销售却能一路飘红，最后卖出61925元/米^{2}的天价。仅仅一路之隔，几乎相同的地段，几乎相同的产品类型，位于广州增城的“碧桂园·凤凰城”均价4000元/米^2，“金地·荔湖城”均价6000元/米^{2}也照样销售红火。地段，究竟在何种情况、何种程度印证李超人的“至理名言”？

昆明的“俊园”以一招简单的“文化营销”就引来顾客趋之若鹜，长沙的“汀湘十里”高举“湖湘文化”的大旗前期却遭受市场冷遇。广州“南国奥园”在南方都市报连续10天发布整版广告之后，又全国首创28个版的媒体楼书，强势广告赚得顾客盈门；杭州“欣盛·东方郡”几乎没有发布一则广告，开盘当天即告售罄。广告在销售中究竟是举足轻重还是无足轻重？究竟是能一招制敌还是忽悠致败？

恒大高呼“跨越世界的豪宅”，高举高打高价，市场毫不买账；但自祭起“开盘必特价，特价必升值”“成本价销售”的大旗之后，销售便狂飙猛进。但是，我们也看到，有些楼盘高价畅销，有些楼盘低价受阻，同样的地段，万科的楼盘总是比对手贵1000元/米^2。价格，究竟在多大程度上影响销售?

销售团队执行力弱影响销售，有些楼盘改善销售能力，业绩马上起死回生，有些楼盘引入执行力超强的销售团队仍然回天乏力。销售团队是不是决定业绩的“救命稻草”？

销售业绩究竟从何而来？到底是什么在决定销售？实际上，房地产营销是一个系统工程，这个系统的工程包含若干小工程，小工程里面又包含若干小工种，小工种里面又包含若干道工序。作为一个专业的房地产营销人员，我们应该掌握一个完整的营销体系，从全局出发去形成系统思路。否则，从局部思考问题，要么“头痛医头，脚痛医脚”，要么“只见树木，不见森林”，其结果，问题发生了，但却不知道问题的根源在哪里。

“木桶理论”说，木桶盛水的多少取决于其中最短的那块木板，另外，还取决于各块木板之间拼合的紧密性。弥补了短板，但木板之间拼合不好，出现缝隙，最终水也会漏光。地产营销也一样，操盘人员首先要知道一个系统的营销木桶有多少块木板，每块木板要求的高度、特定的位置和顺序，它们之间又是如何无缝衔接。完整掌握这个系统之后再扎扎实实地去执行好每一个环节，销售业绩最终肯定水到渠成。因此，掌握地产营销的系统框架，这是操盘手的第一课。

麦肯锡的“逻辑树”

麦肯锡分析问题最常使用的工具就是“逻辑树”。逻辑树又称问题树、演绎树或分解树等，它是将问题的所有子问题分层罗列，从最高层开始，并逐步向下扩展，一直到无法穷尽为止。

“逻辑树”把一个已知问题当成树干，然后开始考虑这个问题和哪些相关问题或者子任务有关。每想到一点，就给这个问题（也就是树干）加一个“树枝”，并标明这个“树枝”代表什么问题。一个大的“树枝”上还可以有小的“树枝”，如此类推，找出问题的所有相关联项目。这样就能保证解决问题的过程的完整性，同时将工作细分为一些利于操作的部分，也有助于理清思路，不进行重复和无关的思考。

地产营销“逻辑树”

房地产营销同样可以采用麦肯锡“逻辑树”的方法将其分成若干个树枝，然后在大树枝上面又分出若干个小树枝，小树枝上面又继续分出若干个小树枝，直到无法穷尽，最后把营销工作细分成直接可以操作的单元为止。这样就能保证思考问题的完整性，防备前述“只见树木，不见森林”的情况出现，同时，也可以清楚地看出营销工作的短板或者“桶板”之间的缝隙。

西方现代营销学之父菲利普·科特勒提出“4P理论”，将产品（Product）、价格（Price）、渠道（Place）、促销（Promotion）作为营销体系的四大要素。2006年年底，科特勒先后在中国上海和台湾做《迈向品牌与全球化之路》的演讲，将“4P理论”修正为“CCDVTP”营销新模式，亦即创新(Create)、沟通(Communicate)、价值传递(Deliver Value)、目标市场(Target)和获利(Profit)；将“产品”(Product)与“价格”(Price)融合为“创新”(Create)，将“促销”(Promotion)转化为“沟通”(Communicate)，将“渠道”(Place)改为“价值传递”(Deliver Value)。和传统产品营销一样，我们也可以把房地产营销分为产品、推广、展示、价格、销售等五大环节，这五大环节共同构成科特勒所说的CCDVTP营销模式。产品环节强调创新，推广环节着重沟通，展示与价格传递价值，销售环节则主要是找准目标市场（包括时机与人群），利用销售技巧实现赢利。五大环节共同构成营销“逻辑树”（如图1-1所示）的五大枝干，五大枝干又各分出若干枝了，一直分到无法穷尽为止。

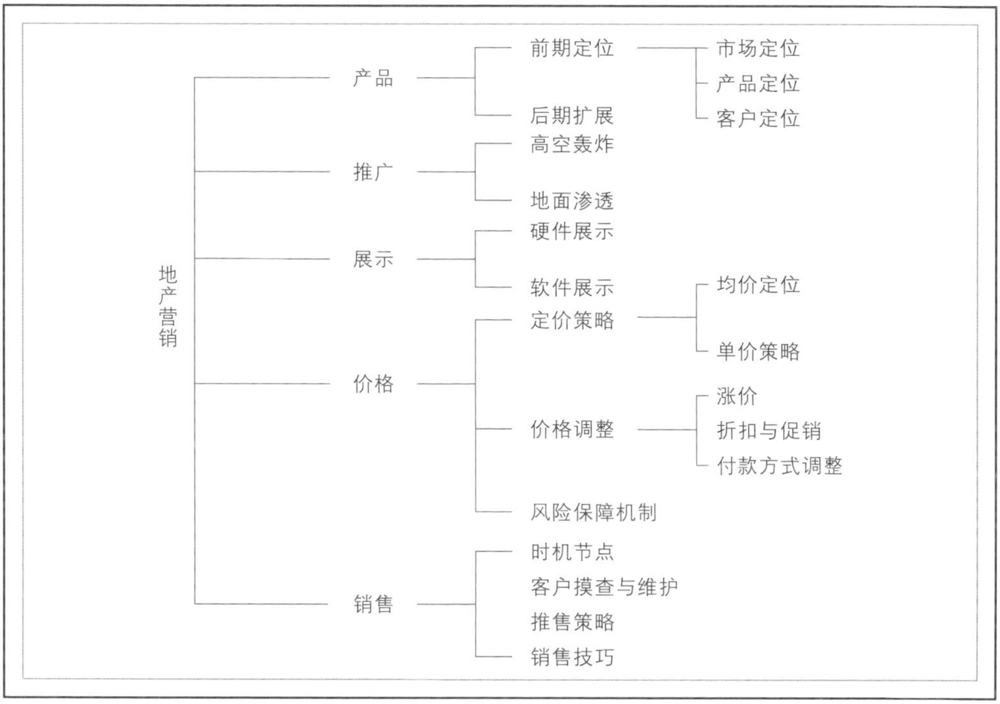

图1-1　地产营销“逻辑树”

“产品”是房地产营销中第一个也是最重要的一个环节，很多项目陷入营销的困境，主要原因就是产品供应出现失误。正如科特勒所说，以顾客需求满足为中心是营销观念的本质特征。“营销绝不等于推销，因为营销开始于公司制造产品之前。营销是经理人评估需求、衡量需求程度与强度并判断是否存在获利机会的家庭作业。”[1]真正成功的销售并不主要取决于推销的力度，而主要取决于企业满足顾客需求的程度。“产品”包括“前期定位”和“后期扩展”两个环节，“前期定位”主要是寻找顾客需求并满足，“后期扩展”是指在前期“核心产品”设计已经基本确定的情况下，重新整合项目资源，扩展项目的“形式产品”和“心理产品”，完善、增加专属于客户的各项附加权益及物业服务内容，包装、重塑项目概念。“后期扩展”属于产品的二次塑造，往往是打造产品的点睛之笔。“前期定位”主要包括市场定位、产品定位和客户定位等三个方面。“市场定位”主要包含竞争占位和档次定位。项目在竞争中是定位做领导者、挑战者、追随者还是补缺者，项目应该规划成奢华、高档、中高档还是中低档。确定了市场定位之后，再来做产品定位。产品定位又包括三个方面：

[1]《科特勒营销策略》第21页，〔美〕菲利普·科特勒著，高登第译，中信出版社2007年第1版。

（1）容积率如何分解。

已有规划容积率，项目是否应该做满？同样的容积率，如1.8，在产品规划上既可以选择“均质型”产品，即全部为小高层产品，又可以选择“级差型”组合产品，即可规划“别墅+洋房+高层”的组合，如何选择就需要分析市场竞争、客户定位等情况作出判断。

（2）产品类型定位。

同样的容积率，同样的产品类别，也存在建筑单体之间的差异，如多层住宅，又包含普通多层、创新多层、情景洋房之分；同样的建筑单体也存在功能之间的差异，如居住类高层，又包含普通住宅、酒店式公寓、产权式酒店、服务式公寓、商务公寓之分；同样的功能又存在产品亮点的差异，如生态型建筑、附加值型建筑、新技术新材料建筑等等。如何定位，分析市场和客户是关键。

（3）户型定位。

户型定位是地产营销的重中之重，同样的区域是定位大户型、中户型还是小户型，同样的功能是定位成豪华型、舒适型还是紧凑型户型，同样的面积是规划成普通户型还是高附加值平层户型或者跃层、复式户型，这对最终销售都非常关键。

如同样的85米^{2}面积，可定位成舒适型两室，也可以定位成紧凑型三室；既可以规划成平层，也可以规划成跃层，还可以规划成4.9米层高的LOFT住宅，买一层，送一层。

客户定位主要包含区域、阶层、年龄、置业习惯方面的定位，如万科就根据这几个维度将客户分成五大类，即追求尊贵的成功人士、注重家庭的望子成龙之家、价格敏感的务实之家、注重享受的社会新锐、关注健康的老年家庭。

“前期定位”的环节具体如下：

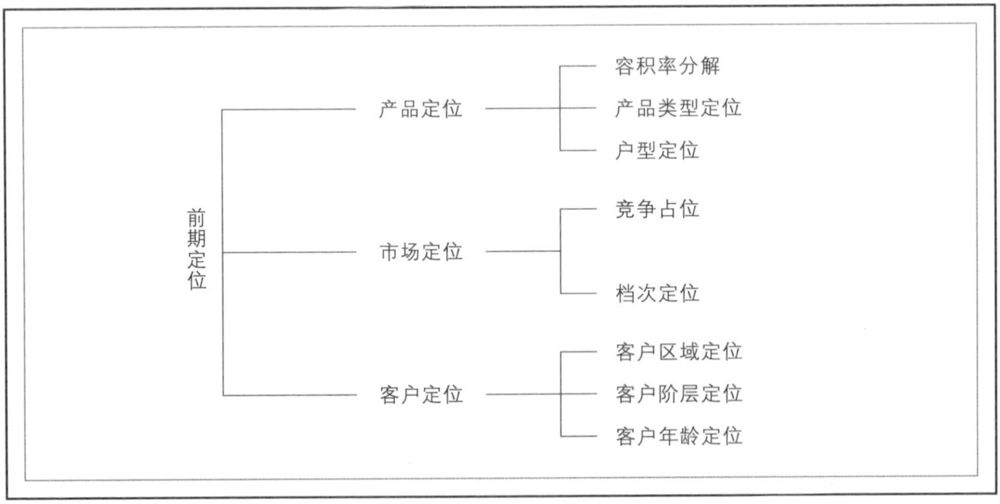

图 1-2　前期定位逻辑树

“推广”是目前房地产营销着墨最多的环节。推广的核心是与客户沟通，包括沟通的内容和沟通的渠道。“形象定位和概念包装”是沟通内容的核心，往往也是专业广告公司驰骋的最大疆场。一个先天并不优秀的项目，通过产品扩展、形象定位与概念包装甚至可以大放异彩。沟通的渠道包括“高空轰炸”与“地面渗透”两种方式，实践中，很多项目的推广往往只局限于“高空轰炸”动作，而“高空轰炸”动作又仅局限于大众媒体，也就是在报纸、电视、电台、户外媒体上打点广告，写点软文。其实，现代营销学强调的是“整合推广”。“整合推广”源于整合营销之父唐·舒尔茨的“整合营销传播”理论，也就是整合广告、公关、新闻、促销等各种手段为传播服务。确实，在一个楼盘处于逆境的时候，仅仅依靠传统的大众媒体高空轰炸的方式往往并不奏效。我们需要全方位、立体化、包含高空与地面的“整合推广”。

“高空轰炸”主要是依靠媒体宣传，实现一对多的命中，属于典型的传统的“阵地战”，在市场处于牛市或者项目处于顺境时，阵地战是最有效和最省力的方式。“地面渗透”则属于“运动战”和“游击战”，将敌人引出阵地、聚而歼之或者深入敌后、一对一命中。在项目处于逆境的时候，“地面渗透”作战方法往往比“高空轰炸”有效得多。“地面渗透”包含“活动营销”和“渠道渗透”等两种方式，渠道渗透又包含深入社区、大客户单位、外展场，或者与三级市场联动，与品牌商家、机构互相交换会员、联合促销等等。

活动营销属于前述的“运动战”，就是把客户引出来，让其在运动中歼灭。活动也有“歼灭性活动”和“消耗性”活动两种[1]。

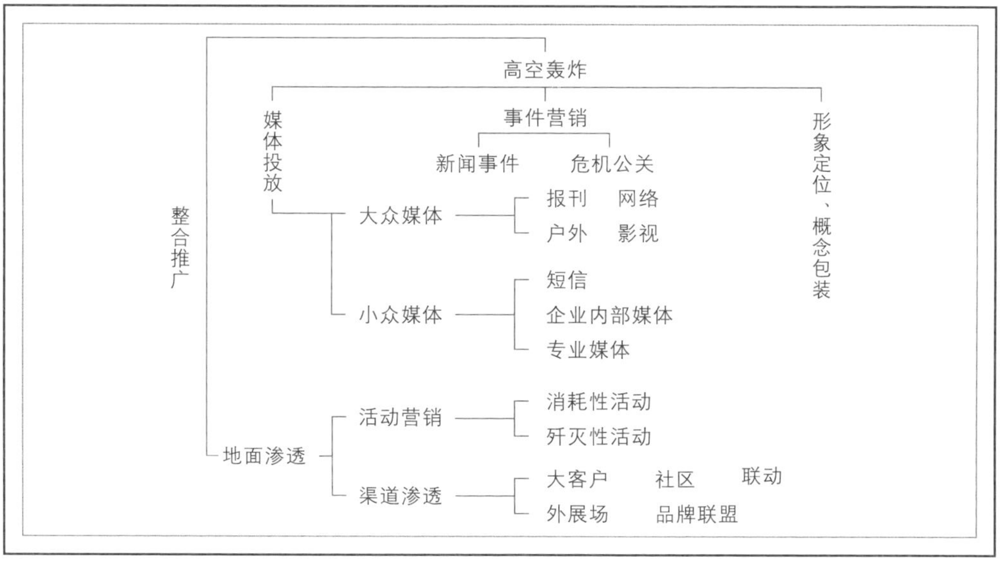

图1-3　整合推广逻辑树

[1] 详见本书“第七讲　活动营销：技术与实例”中的相关论述。

眼见为实，耳听为虚，作为大宗消费品的房地产，展示是传递价值的关键。国内的很多品牌开发商如星河湾、万科、华侨城等都把展示当成其核心竞争力，在这方面做到极致，项目现场对客户起到非常大的冲击力。完整的展示环节如下图所示：

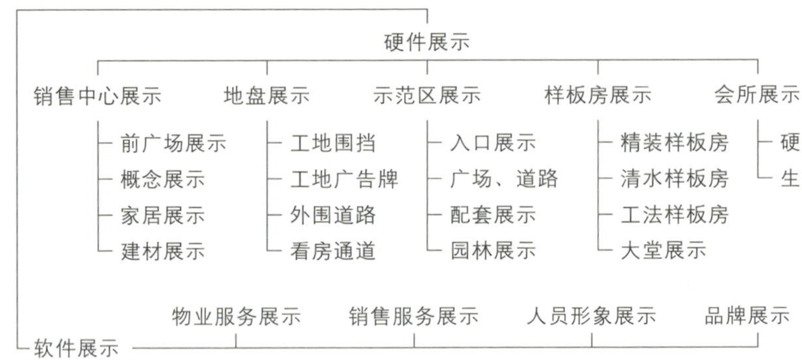

图1-4　展示逻辑树

在房地产销售中，经常有“来不来看环境，买不买看户型，定不定看价格”的说法，价格始终是消费者在购买过程中关注度排第一的因素。价格策略是房地产营销人员最重要的基本功，从一张价格表上完全可以看出一个策略人员的功底。

价格策略主要包含三方面：定价、价格调整以及风险保障机制。定价主要包括均价和单价，项目的价格定位，均价最为关键，跟营销策略息息相关；如何将均价分布到每套房源之中，则主要是技术工作。价格调整则主要包括涨价、降价促销以及付款方式调整。同样的价格，不同的付款方式对销售结果也有较大影响。淡市的时候，很多滞销楼盘靠降低首付、无条件退房等手段实现成功销售。

在成功打造产品、沟通客户、传递价值之后，销售环节则是精准把握目标市场、实现赢利的收获环节。目标市场把握主要包括掌控入市时机、营销节点以及分级维系客户两大动作；实现赢利则主要是制定推售策略、训练销售技巧与打造团队等两大动作。一句话，卖什么，卖给谁，什么时候卖，怎么卖是销售环节要解决的四大问题。

在竞争激烈的成熟市场，房地产营销已经进入无招时代。成功的营销只是将各个环节完美执行，无缝衔接，最终形成强大的合力，实现完美销售。

取势·优术：地产营销时空观

工具

世联地段指数图

案例

万科、远洋、星河·丹堤、昆明俊园、汀湘十里

法国军事家哈伯特有一句名言：“对于一艘盲目航行的船来说，所有的风都是逆风。”就是说，在做任何事情、任何判断之前，必须明确事情所处的时间、空间以及其他具体条件，针对具体的前提作出相应的判断。中国人常讲“局势”。任何一件事情，我们在布一个“局”的时候，肯定得考虑到“势”，“局”“势”相连，做“局”如果不考虑“势”，肯定得招致失败，这就是我们所说的营销“时空观”[1]——取势。对于房地产营销来说，任何一个问题都有很多种应对策略和解决办法，布任何一个“局”都有很多种“术”，具体取法哪种“术”，必须得详细考量其所处的时空条件，否则只会遭遇“逆风”。

举一个案例：2008年上半年，从元宵节开始，万科就在珠江三角洲、长江三角洲区域祭起降价大旗，虽然遭遇前期业主抵抗，但还是引来后期大量客户跟进，公司短期回笼大量资金。到了下半年的9月，随着世界金融危机的爆发，全国市场开始进入冰冻期，客户观望情绪空前严重。2008年11月，某上市公司位于某省会城市的项目急于回笼资金，也同样祭起降价大旗，但1个月只有区区30套进账，且引起前期200多名业主强烈反对，最终以停止降价、正常销售几乎停滞而告终。相隔短短5个月，为什么万科的降价很成功，上述公司的降价却会失

[1] 关于“营销时空观”问题，易居中国天津公司副总经理胡永明有较为精辟的论述：地产营销的核心是“预”“变”两字。“预”是营销战略，是对市场走势的超前预见、科学判断和准确把握；“变”是战术，是方法。“变”包括“变化、辨别、辨证”三个方面，“变化”是方针，必须根据市场的变化而变化。市场处于波峰期营销就要积极跟进，而处于下行期，营销也要积极妥协，但这种妥协是有度、有节，全盘掌控的，而不是盲目地“跳水”，引起市场恶性恐慌；其二是“辨别”。辨别是战术选择，即如何选择正确的营销途径和正确的实施方法。其三是“辨证”。辨证是地产营销中的逆向思维。就是在市场非常时期，不按常态出牌，往往可产生奇效。

败？为什么需要降价？降价的"术"有几种？每种都有什么样的适用前提？这些问题提示的都是房地产营销的"时空观"。违背"时空观"，就只能招致失败。

那究竟什么是房地产营销的"势"？我们究竟如何"取势"？我们说，最重要的"势"就是判断项目处于"顺境"还是"逆境"。

取势："顺境营销"与"逆境营销"

关于顺境、逆境的判定，有先天和后天两重维度，先天维度是"地段"，后天维度是"市场"。简单说，好地段的项目营销属于"顺境营销"，差地段的项目属于"逆境营销"；市场处于牛市时候属于"顺境营销"，市场处于"熊市"时候属于"逆境营销"。我们在做策略的时候，先天、后天维度必须同时兼顾，但稍偏重于后天维度；也就是说，地段优秀的项目遇到熊市照样属于"逆境营销"，地段陌生的项目遇到牛市，有时也可判定为"顺境营销"。

除了上述两重维度，还有其他原因如开发企业能力等因素造成的顺境、逆境也是需要考虑的。比如一个因为开发商资金链断裂导致搁浅又要重新启动的项目，哪怕市场再好、地段再好，"烂尾楼"的形象决定其只能属于"逆境营销"。

先天顺境：优秀地段

李嘉诚在谈及自己毕生房地产开发秘诀的时候，用了三个词：地段、地段、地段。地段几乎是决定项目命运的最重要的先天因素，这点早已成为行业共识。

什么是好地段？好地段究竟如何判定？深圳世联归纳的"地段指数"模型[1]可以较为直观评判地段优劣。

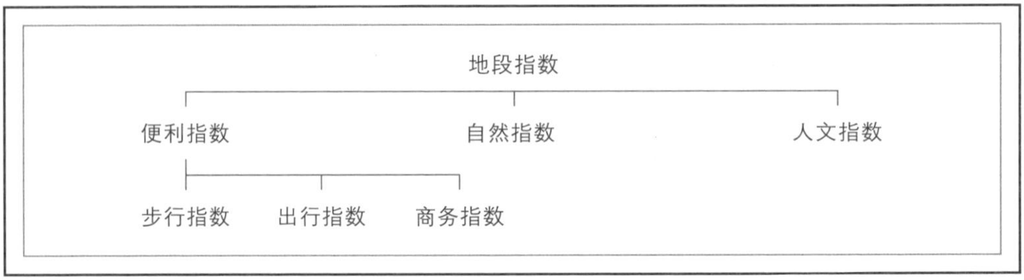

图2-1　世联地段指数图

项目的地段优劣评判维度包含便利（含步行、出行、商务）、自然、人文三大指数。三大指数之中只要"便利指数"达到实用指标，就可以说是较优秀地段，营销就处于"顺境"；"便利指数"中任一项达到愉悦指标，或者自然、人文指数中任一项达到很高水平，就可以说是豪宅地段了。反之，如果项目三大指数尤其是"便利指数"均处于较低水平，则项目地段较差，营销处于"逆境"。

[1]《世联观察/地产评论系列丛书》之《城市豪宅假说》，机械工业出版社2004年7月版。

表2-1 便利指数对应的城市资源

	“步行指数”对应的城市资源
实用指标	小商业、餐饮、医疗、金融服务、夜间照明等
愉悦指标	大商业、休憩型绿地、休闲娱乐运动场所、城市天际线等
	“出行指数”对应的城市资源
实用指标	地面公交、轨道交通、道路级数、机场港口可达性等
愉悦指标	交通工具的选择性、车行密度、林荫道等
	“商务指数”对应的城市资源
实用指标	酒店、写字楼、高档酒楼、金融机构、政府机关、可参与性公用建筑等
愉悦指标	豪华酒店、大集团机构总部、开放式公共场所（博物馆、会展中心、专业展厅）等

判断项目的地段优劣不能仅仅用一环、二环、三环，距市中心距离，市内和郊区等简单因素判断。比如深圳的西丽片区，属于深圳特区范围南山区，但其交通瓶颈和历史形象导致其房价却不如特区外的宝安中心区；沈阳的铁西区一环内房价还不如位于二环外的长白岛。世联董事长陈劲松在谈到“地段”时，提出最新观点[1]，认为应该用“Neighborhood”（邻里结构）来取代“Location”才能更细地说清楚Location的意义。因为“Location”涵盖了太多的东西，只有“Neighborhood”的概念才可以把位置的价值具体化。有句话说，“你是谁不重要，你周围是谁才重要。”沈阳的长白岛虽然地处二环外，但其紧邻沈阳富人区五里河；而铁西部分区域虽处一环内，但其紧邻杂乱、低档的原工厂区。因此，看其“邻里结构”是快速判断“地段”优劣的好办法。

成功判定地段所处的情势之后，再结合市场环境是处于“牛市”还是“熊市”，我们就可以准确把握项目营销所处的前提是“顺境”还是“逆境”，从而采取不同的营销策略与动作。

阵地战、运动战与游击战

昆明“俊园”在推广时使用“文化营销”策略，在项目地立起“昆明百年人文历史画卷”的百米形象墙，结果在当地引起轰动，销售不费力地就异常火暴。长沙“汀湘十里”在推广时同样采用“文化营销”策略，主打“湖湘文化”，但前期却收效甚微。

其中原因，就是“顺境营销”与“逆境营销”的不同。“俊园”地段集昆明城市之精华，属于典型的“顺境营销”；而“汀湘十里”项目位于长沙市望城县，地段偏远，属于典型的“逆境营销”。操盘人员缺乏“时空观”，势不同而术相同，自然会导致失误。

毛泽东在《论持久战》中将战争分为阵地战、运动战与游击战，并指出“阵地战”属于顺境下的作战方法，而“运动战”和“游击战”则属于逆境下的作战方法。毛泽东分析了抗日战争形势，指出在侵略者强大的压力下，中国处于弱

[1] 见陈劲松新浪博客《为什么郊区房价比市区跌得多》。

势，这时候，不适合采取正规军在固定战线上进行阵地攻防的“阵地战”，而应该采取主动出击、流动作战的“运动战”和“游击战”。

房地产营销也一样，处于顺境的楼盘，营销就可采取“阵地战”，坚守售楼中心阵地，直接采用广告推广高空轰炸，将每一个推广动作做到位，然后等待客户上门进行攻防围剿就可以了。这就是为什么“俊园”凭借一招“文化营销”就可以解决销售的原因。相反，处于逆境的楼盘，没有好的地段作为营垒，市场也处于颓势，这时只采取阵地战，即广告轰炸、坐等上门的做法往往就收效甚微。这时，采用“运动战”和“游击战”就成为必须。“运动战”和“游击战”都强调主动出击，在高空轰炸的推广之外加强地面渗透。“运动战”的渗透方式主要是根据节点的活动营销，将客户引出来，在运动中进行集中歼灭；“游击战”就是在广泛深入开辟客户渠道，挖掘客户资源，进行扎实的小众推广和带客上门工作，比如顺驰[1]的“客户资源部”就是典型的游击作战部队。

分清顺境和逆境，然后再采取相应的战术，这是非常重要的。“阵地战”、“运动战”和“游击战”说的是推广方面，很多“顺境”项目往往只要着重解决好“推广”环节就问题不大。“逆境”项目则需要展开产品、定位、推广、展示、价格和销售等房地产营销五大系统的浑身解数，系统整合，发挥营销合力才能解决问题。比如上述“汀湘十里”项目，光空喊“湖湘文化”不行，项目必须在定位、推广、展示、价格、销售各环节都做得非常优秀，营销才能水到渠成。深圳的“星河·丹堤”位于深圳关外，但却成为2006年宏观调控下逆市飘红的豪宅项目。万科绝大部分项目处在城乡结合部，但每每销售都能比周边楼盘贵出$^1/_3$以上的价格，这些“逆境”楼盘都是全面整合、内外兼修、发挥营销威力的结果。

必须注意时空的“八大战术”

究竟是采取“阵地战”还是采取“运动战”和“游击战”，究竟是只需着重推广还是需要五大手段并用，这说的是判定楼盘所处情势之后的大的作战方略。具体到微观的战术上，前提不同，采用的战术也不同。常见的有以下八处需要注意“时空”的战术，点提出来供操盘人员参考。

（一）卖场包装

卖场包装是亲民还是摆阔，这要根据目标客户群的定位不同而不同。两者没有对不对，只有配不配。不顾对象地一味豪华排场，卖场肃穆，结果普罗大众不敢进去，这肯定是一种失败。普通住宅的样板间一般以简洁、实用为主，针对普通百姓，繁琐豪华的欧式、古典风格反而会拉远他们与项目的距离，是不可取的。

（二）价格折扣

价格折扣方面，有“明折”有“暗折”。所谓“明折”，就是折扣全部公开，客户全部一视同仁，销售团队没有另外折让空间；“暗折”则是折扣不全部

[1] 详见“第八讲　渠道拓展与关系营销”中相关论述。

公开，销售团队手上另有折让空间。一般来说，“明折”适用于“顺境营销”，市场处于卖方市场的时候，卖方态度自信，客户一般不敢要求额外折扣，这时，采取“明折”更容易提高销售效率。反之，市场处于买方市场的时候，客户观望心态严重，下定犹豫不决，这时采用“暗折”，一方面迎合客户“贪便宜”的心理，一方面利用额外优惠“临门一脚”促进成交，不失为一种好办法。

（三）降价

因为购房者“买涨不买跌”的消费心理和老客户认为资产贬值的负面影响，通常情况下，“降价”是销售大忌。但有两种情况可以降价，一是“战略性降价”，一是“体面降价”[1]。何种情况下采取战略降价，何种情况下只能采取体面降价，都有很严格的要求，必须对症下药，否则只会伤害正常的销售。

（四）认购流程

在认购流程上，可以做较复杂流程“折腾”客户，也可以做简易流程方便客户。这关键得看买方是要塑造尊贵形象还是亲民形象。比如要求客户看房得预约，然后得交现金1万元，办理会员卡，会员才能享受选房权和优惠权，并且告诉客户只有300个名额；也可以让客户交2万元，直接定房号。前者折腾客户，是想塑造尊贵感和专属感，后者是塑造亲民形象，两个策略的目的和适用条件不同。

（五）选房方式

选房一共有四种方式：直接定房号、排号先到先得、排队先到先得、摇号抽签。在市场处于买方市场、大势低迷、客户心理容易波动的时候，采取一步到位，认购、选房合二为一的做法往往最可靠，可以最大限度防备客户流失。传统的诚意金蓄客、集中开盘消化的模式出现的背景是市场处于顺境。选房时，如果推出房源大于积累客户数量，供大于求，适合采取“排号制”，先到先得；如果供不应求，则适合采取“排队制”和“摇号制”，这样可以人为颠倒供求关系，制造市场紧迫感。但遇到市场逆境的时候，这种模式很容易就会出现开盘冷清，紧迫感荡然无存的局面。所以，成熟的职业操盘手需要很强的把握市场情境的能力，不同的时空选择不同的策略，这点非常关键。

（六）销售手法

在销售手法上，对于普通住宅非常适用的“团队配合”“强势逼定”“硬性销控”等对于别墅或者其他类型的高端项目均不适用。因为购买高端物业的客户基本都是非常理性、有谈判经验和多次购房经验的客户，对于这样的客户，销售团队需要的是体现高素质、高服务品质，坦诚以待，明白消费，而非像普通住宅那样的玩“信息不对称”。

（七）接待排轮

排轮方法有两种：一种是按每天签到时间排轮，一种是抽签排轮。在市场处

[1] 见本书“第十一讲　价格调整策略”中的相关论述。

于顺境的时候，客户来访较大，每个销售人员正常都可以轮到至少一次，这时适合采取抽签排轮，以抽签的顺序来决定排轮顺序，每个月一变是不错的选择；但如果市场处于逆境，客户来访不大，每个销售人员每天可能还轮不上一次，这个时候适合的方法是按签到顺序排轮，每天的排轮顺序都不一样，用以鼓励勤奋早起的销售人员。

（八）销售模式选择

中国内地的代理公司向来有“香港模式”和“台湾模式”的分别。“香港模式”注重发掘客户和渠道经营；“台湾模式”则注重坐销和推广。前者更适合高档物业销售，后者则更适合普通住宅；对于高端物业来说，采用大量广告的普及化方式不如主动出击型的直销和电话接洽显得有效。比如香港新鸿基地产在广州开发的顶级别墅项目“玖珑湖”就采用了在香港惯用的“联合代理”模式，售楼处的销售人员主要担任的是讲解、咨询、办手续的工作，而把客户的拓展放在所有可能带来客户的香港代理行身上，其开盘采取直销模式，直接邀请粤港澳最有名望的300名嘉宾出席，这样所产生的营销效果明显。因此，从销售模式来说，如果销售高端物业，关键是注重渠道；而普通物业则更关注推广。这是要注意选择的。

“时空观”是专业操盘手应该树立的最起码观念。如果没有最起码的方向感，现实之中就容易犯错误。某上市公司在沈阳开发的某楼盘开盘时推出500套单位，但客户积累只有300组，结果仍采用摇号选房，为颠倒供求关系，人为添加假号，结果造成想选的没选着，不想选的浪费房源，以客户大闹售楼处告终。盲目航行，只有逆风，操盘人员不可不慎。

战略与定位

工具

波特五力模型、区域机会分析模型、大盘品类表、完整产品模型图、竞争策略图、房地产市场细分表

案例

万科城、远洋天地、碧桂园

什么是战略？什么是定位？

1969年，美国人杰克·特劳特在论文《定位：同质化时代的竞争之道》中首次提出“定位”观念；1972年，他和艾·里斯在《广告时代》杂志发表系列文章，总标题为《定位时代》[1]，将“定位”观念继续深化；特劳特因此被称为现代营销学史上的定位之父。1980年，哈佛商学院年轻学者迈克尔·波特将“定位”引入战略领域，大获成功，因此成为哈佛商学院有史以来声望最高的教授，并赢得了全球顶级战略家的美誉，自此“定位”才被定义为“战略”的核心。因此，正本清源，本讲涉及所有“战略”“定位”方法均以特劳特、波特为正宗[2]，概念均援引自两者原著，其他宗派的说法均不予征信。

特劳特指出：“定位是企业战略的核心，然而定位并非源自企业内部。我最初之所以选择了‘定位（Positioning）’这个词，是因为定位一词在字典的定义是‘针对敌人确立最有利的位置（Position）’，定位只能在外部竞争中找到。事实上，一旦在外部找到了能被顾客优先选择的差异化定位，它将立即被引入到企业内部，从而成为企业一致性的经营方向。”[3]

从以上论述中可以看出，特劳特所说的“定位”实际有三大核心要点：①定位是竞争性导向而非顾客导向性思维，涉及如何打败对手而非做得更好；②定位

[1] 该系列文章后结集《定位》一书，中文译本由中国财政经济出版社于2002年出版，王恩冕、于少蔚译。
[2] 以麦肯锡为代表的管理咨询公司也谈战略，但其所说的“战略”实际上是着眼于内部 的运营效益，以改善运营效益的管理工具替代了战略。
[3] 见特劳特名著《商战》，中国财政经济出版社2006年版。

追求与众不同而非最佳实践，涉及如何把握机会而非利用经验；③定位应该导入企业经营的整个价值链，使之有一致性的方向。

"定位"的目的是打败对手，打败的方法是追求与众不同。特劳特所说的"不同"重心不是产品的不同，而是顾客心智上认为的不同，特劳特强调商业不是产品之战而是顾客心智之战。1993年，他在自己的经典著作《22条商规》中总结出两条定位规律：成为第一个创建定位者，胜过提供更好的产品；如果不能第一个进入某领域，就创建一个新领域使自己成为第一。特劳特所说的"创建一个新领域"实际上就是创造一个全新的、独特的"品类"，只有新"品类"才更容易占领顾客的心智。

2004年，特劳特最重要的合作者里斯推出了打造品牌的定义之作《品牌之源》，进一步昭示了"品类"是隐藏在品牌背后的关键力量，从此宣告人们对营销的认识从"品牌"进入到"品类时代"。"品类时代"的观念认为，创建品牌的第一选择就是开创一个品类。因为品类的开创者具有先入为主的优势，一出生就是领导者。当品牌成为新品类的第一品牌时，它就被普遍认为是原创者、正宗和先锋，并且是最好的。当其他品牌侵犯你的领域时，它们被普遍认为是模仿品，会更强化你是第一的认知。总之，品类＞品牌，市场规律已经证明，如果不创建品类，很难借助品牌差异攻占顾客的心智，因为在一个充分竞争的市场，品牌是参与市场竞争的起码条件而非攻城略地的充分条件。

波特传承这一"定位"理念，将之引入战略。波特所说的"战略"，就是以竞争性定位为核心，针对外部竞争对手，"有目的地选择一整套不同于竞争者的运营活动以创造一种独特的价值组合"。[1]波特利用其创造的"五力模型"，全面分析影响企业竞争战略的五种力量：供应商、购买者、潜在的新进入者、替代品、现实竞争，主张企业全面分析、权衡五种作用力量的影响之后，再决定实施其"三大战略"——总成本领先战略、差异化战略、专一化战略中的一种。波特"战略"思想的另一个重要贡献是提出了"配称"的概念。"配称（Fit）"指的是企业运营活动围绕竞争性战略定位进行的匹配与整合，"战略就是在企业的各项运营活动之间建立配称"。[2]"配称"是一个关于系统与结构的概念，正如黄仁宇在《万历十五年》里昭示的史观，"所有的错误都是关于结构的错误"，同样，定位不仅决定企业将开展哪些运营活动、如何配置各项活动，而且决定各项活动之间如何关联，这就是"结构"的问题。

总结一下，"定位与战略"指的是针对外部五种竞争力量选择战略、创建品类、建立配称。

房地产项目的"战略"导入

[1] 见迈克尔·波特《什么是战略》，《哈佛商业评论》1996年11～12月。
[2] 见迈克尔·波特《什么是战略》。

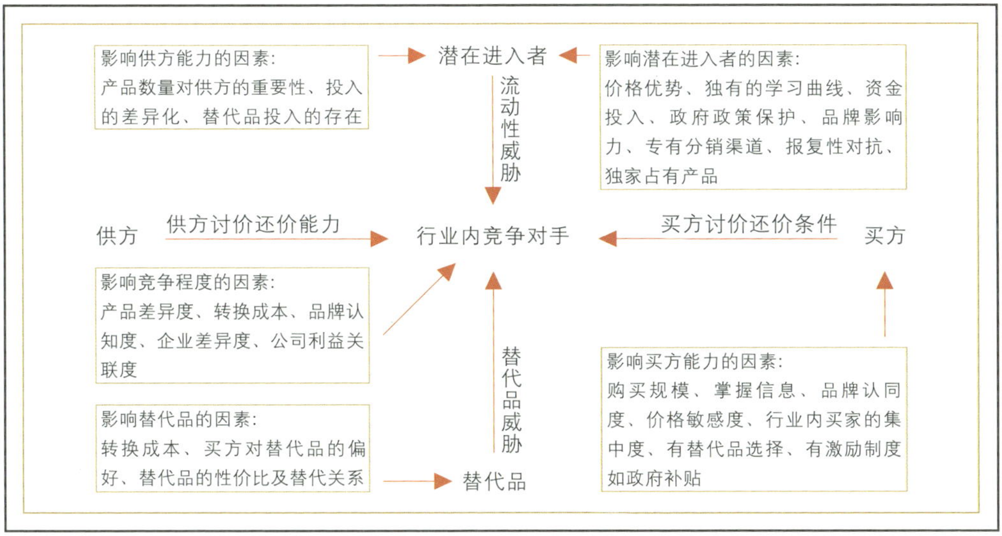

图3-1　波特“五力模型”及影响因素

如上所述，导入战略的前提是分析市场竞争，决策者必须清晰地掌握五个竞争“参与者”的作用情况。我们以碧桂园为例探讨如何采用“五力模型”导入其“全面成本领先战略”。

“碧桂园模式”的核心就是“全面成本领先战略”，该战略的内涵主要包含以下几点:

（1）低价拿地、低价倾销，赚取后期增值利润。

（2）打通产业链，形成原材料、设计、施工、销售、物业管理一条龙，将控制成本做到极限。

（3）工业化、规模化生产，标准化复制。

（4）配套集中配置，先行展示。

对照“五力模型”，我们可以看出，碧桂园导入“全面成本领先战略”正是科学分析五种竞争参与者力量格局的结果。一是供应方，房地产的供应方主要为国土部门、原材料供应商、设计方、施工方以及销售、物业管理服务商，碧桂园有能力控制供应方的讨价还价；二是替代品，碧桂园通过低成本、低价格策略形成了“价值下放”，即同样的价格能卖到更高形态的产品，一句“白领也能住别墅”的口号成功地打击了替代品——普通高层产品的竞争；三是潜在的新进入者和现实竞争，碧桂园通过“双低”策略有效地构建了进入壁垒，新进入者不敢贸然在同一片区与其争锋，现实竞争对手也一时难敌；最后就剩下购买者，碧桂园模式能否成功的关键就是客户的购买能力，买家的集中度、购买规模、价格敏感度等是决定其模式成功的关键。[1]

[1] 碧桂园模式在广东等发达省份所向披靡，但在兴安盟、满洲里等欠发达地区却成交惨淡，其关键原因就在于购房者的能力大小。

碧桂园依靠其“全面成本领先战略”一度风靡业内，换言之，另外的房地产项目要采取这一战略，必须在“五力模型”分析上获得和碧桂园相似的结果，否则难以成功。

一个房地产项目在确定战略之前，必须得详细分析“五力”的影响因素。

供应方：主要是开发商的拿地价格。超低地价、低价、正常价、地王价，地价不同，项目战略也会不同。现今的很多地王，楼面地价甚至超过片区的住宅价格，项目开发就必须得有战略，要么差异化，要么专一化，否则很难突破。

替代品：替代产品的威胁在房地产竞争分析中往往被忽略。郊区别墅项目只分析区域市场的竞品别墅，对于其替代品——市区的高层“大平面”产品或多层电梯洋房产品视为无物，在产品设计上不增加对比优势，定价上不加比准，结果市场被替代品抢占。因此，对于替代品的性价比、购房者的偏好、替代品的转换成本都需要详加研究。

潜在竞争：如上图所述，对于潜在竞争者在产品、投资规模、政策、品牌、渠道以及其战略打法都需要密切关注，提前采取应对战略。

现实竞争和购房者：对于这两者的分析早已成为业内共识，分析的内容见上图，兹不赘述。

详细分析完“五力”之后，基本就可以判断项目采取何种战略更为有利。一般来说，大盘可以考虑“全面成本领先”和“差异化”战略，小盘则可以考虑“专一化”战略，为特定的地区或特定的购买者集团提供特殊的产品和服务。

创建品类：大盘“差异化”与小盘“专一化”

无论是“差异化战略”还是“专一化战略”，其核心就是定位。房地产营销实践中，两种情况下，“定位”往往会成为首要且棘手的问题。一种是位于城市白金地段，土地成本非常昂贵的项目；一种是位于城市相对陌生区域，规模庞大的项目。前者要克服价格昂贵的抗性，后者要克服区域陌生的抗性。如何消除抗性、建立吸引力，最好的办法就是“下猛药”，创造出一个全新的“品类”，该品类既能保证项目有足够市场机会和充足客源，又足以在目标客户区域建立项目高度，树立唯一性。

对于房地产大盘来说，因其庞大的体量和包罗万象的产品类型，采用传统的STP[1]市场细分法去寻求定位肯定找不到答案，大盘定位只能采取战略定位的创建“品类”法。

大盘能创建一个什么样的品类，首先得分析区域机会，我们可以借助“区域机会分析模型”（如图3-2）。

[1] STP理论由菲利浦·科特勒发展温德尔·史密斯的市场细分理论而形成。STP理论中的S、T、P分别是Segmenting、Targeting、Positioning三个英文单词的缩写，即市场细分、目标市场和市场定位的意思。STP主张首先将市场切分成若干个子市场，然后从子市场中选取一个既有市场前景又适合自身情况且当前存在空白点的细分市场作为自己的目标市场，确立自己的差异化定位。

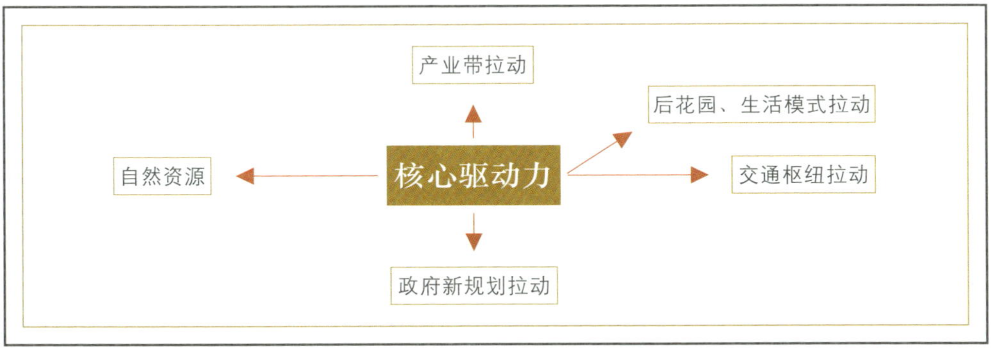

图3-2　区域机会分析模型

根据区域发展机会的不同，目前常见的房地产大盘“品类”有以下几种：

表3-1　房地产大盘品类表

品类维度	品类		典型项目	品类特征
后花园模式	以时间换空间型	产业嫁接	奥林匹克花园	体育、高尔夫、温泉、商业
		价值下放	碧桂园	别墅当白菜卖，价格势能差
	自然环境牵引型		万科兰乔圣菲	强势自然资源（包括天然和人工）
	人文氛围牵引型		万科第五园	强势先天人文资源或后天打造强势资源
	教育资源牵引型		深圳桃源居	强势教育资源引进
产业拉动	郊区新市镇型		万科东丽湖	有产业支撑，一生之城
	商务花园		总部基地	低密度写字楼
交通枢纽拉动	经济适用社区		北京回龙观	
	外销型社区		北京京津新城	吸引外区域客户

分析了市场“五力”之后，根据上述大盘品类表，很容易就能找出差异化的品类定位。以沈阳和平区“长白岛”区域为例，万科最先进驻长白岛，开发百万平方米纯住宅大盘“万科城”。万科在住宅开发方面是强项，但在社区商业运营方面一直是软肋，社区配套不足。“长白岛”属于新开发区域，生活配套严重不足，万科的开发模式解决不了长白岛的“短板”。针对这个现状，远洋就可以确立差异化的战略定位：产业嫁接，住宅+商业+商务，开创“复合业态”新品类。

至于较小规模的项目，根据“五力”分析，可以确立“专一化”战略。如星河湾、绿城、世茂三大开发商就是实施“专一化”战略最成功的开发商，他们只以“豪宅”作为企业唯一的开发产品，只为富人盖房子。“专一化”战略也有两种方向，一是利用STP法找到较小的未被满足的细分市场，如区域缺少小户型产品或顶端豪宅产品等，项目可聚焦该类市场，提供差异化产品。用科特勒的话说，这样的营销属于“回应营销”，另外还有“预期营销”和“塑造需求营销”。[1]“预期营销”辨认出萌芽中或潜在的需求，“塑造需求营销”则引进一项目前无人对此提出需求，甚至尚无人想到的产品或服务。现实中，很多项目开创的品类都属于“预期营销”和“塑造需求营销”，比如万科专利产品“情景洋房”，“锋尚国际公寓”的“告别空调暖气时代”等等。

实践中，我们采用科特勒所说的“水平营销”方法，首先将房地产住宅产品进行分解成若干层面，上述的“完整产品模型”（如图3-3）将产品分解为三大层面、十八个小项，然后将其中的产品小项进行科特勒所说的“替代、反转、组合、夸张、去除、换序”，就能产生一个新的品类。比如深圳“红树西岸”将其中的“结构”小项进行去除、夸张，就形成了它“超大体量无梁板式结构”奢侈产品；青岛“海信·清泉墅”将其中的“物业管理”进行替代、组合之后就形成了“数字化小区”的新品类；天津“朗钜·天域”项目将其中的“通风采光”小项进行夸张，成了新品类——“十米洋房”[2]。万科将其中的“装修”小项进行替代、组合、夸张，就成了其新品类——U5[3]。长沙“绿城·青竹园”项目将景观、装修等小项进行夸张、去除、换序，产生了新品类——“庭院精装修别

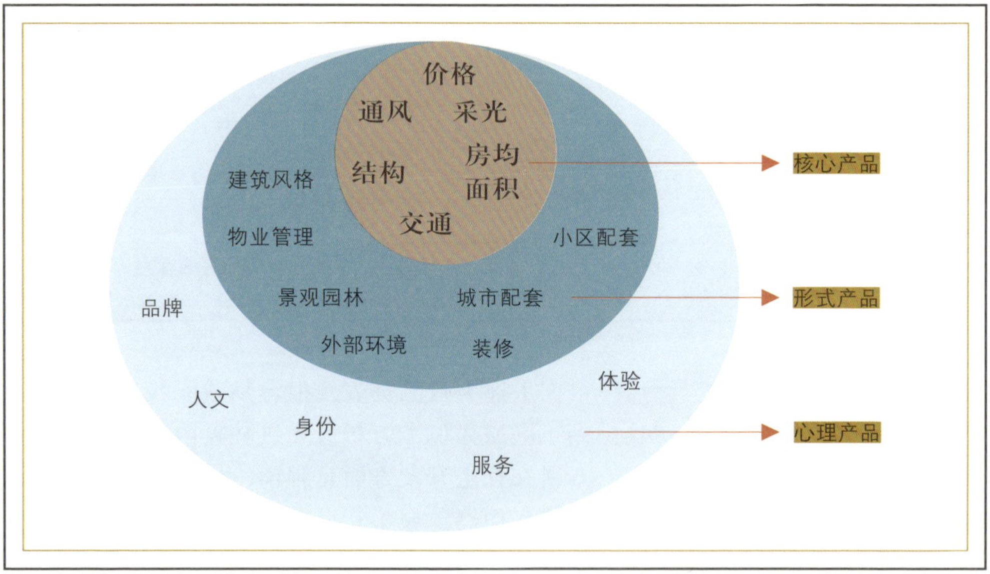

图3-3　完整产品模型

[1]《科特勒营销策略》第24页，〔美〕菲利普·科特勒著，高登第译，中信出版社2007年12月第1版。

[2]即进深仅十米，大开间、小进深、通风采光好的洋房。

[3]U5是万科提倡的“全面家居解决方案”，与传统精装不同的是，U5并非简单的毛坯+装修，而是住宅厨房空间系统、卫浴空间系统、收纳空间系统、玄关空间系统、厅房空间系统等5大创新空间体系的简称。

墅”，提出了“先造园、后造房、再造院”这一别墅开发理念，突破“家”的概念，开始“家园”的建设。北京南城某项目将“体验”小项进行放大、替换，成就了以“浪漫婚庆”为亮点的新物业品类。另外，保姆公寓、车巢停车、垂直循环立体停车等新的“配套”以及早期的入户花园、内庭院、电梯入户等元素均参与创造了新的住宅品类。

总之，只要精细研究全面产品模型，从其中的若干环节、细项进行突破，我们就能找到新的品类。对于一个较小规模的楼盘来说，找到了一个新的产品品类，其定位与战略就基本全部落地了；但对于大盘来说，找到了战略定位还只是第一步，还需要进一步构建配称，定位才能落地。

建立配称：定位落地

有了战略定位之后，下一步关键就是要研究如何建立配称。实践中，定位因为没有战略配称的支持而沦为一纸空谈的案例不胜枚举。战略定位只有得到一系列配称的支持才能和竞争对手大为不同，才能算是强有力的战略。在房地产营销中，围绕定位，需建立“三大配称”：核心价值体系、分期增值点、产品线结构。其中，“分期增值点”主要指的是各期产品出场时的关键支撑因素（如配套、景观、服务等），“产品线结构”主要指的是各条产品线之间的比例和分布以及各自的出场顺序。用“排兵布阵”来作比喻，战略定位是元帅，是灵魂；“核心价值体系”则是元帅的总兵力，即打赢一场战争需要的多角色、多兵种、多武器联合；“分期增值点”则是“重型炸弹”，在士兵突击之前用炸弹开路，炸开市场，尤其是大盘，必须有震撼市场的“绝活”炸弹；而“产品线结构”则就是真刀实枪的官兵了。炸弹发动进攻后，还得靠官兵去收获战争果实。如果这一环节缺失，那前面所有的部署都会成为“纸上谈兵”。

我们以上文提到的“远洋天地”为例来说明什么是配称。“远洋天地”本来已经确立了战略定位——“复合业态社区”，这一定位非常契合区域多住宅、无配套的市场机会点，具有市场高度和唯一性，但远洋地产在“三大配称”上没有呼应，尤其是分期增值点（开发次序）、产品线结构两者都没有支撑战略。“远洋天地”首先启动住宅开发，一方面住宅得不到配套增值点的支持，营销上没有“炸弹”；另一方面住宅的产品线结构没有研究市场的空当，结果导致大量的产品同质化，遭到几路对手的强势阻击，最后堕入价格战的泥潭。

“远洋天地”正确的做法应该是：

第一，建立核心价值体系：大型社区商业中心+服务式公寓+开放式风情商业街+酒店+高尚住宅。

第二，分期增值点：瞄准区域的商业空白，启动区首先建设大型社区商业中心。规划阶段，就必须考虑商业中心在整个项目的位置，以便形成完整的启动区；产品设计阶段，商业中心格局就必须考虑到大型超市的要求，如层高不低于

5.4米等；前期运作阶段，拆迁工作必须打“提前量”，确保商业用地能首先开发；借助政府等各方面力量进行招商的洽谈；项目后期有酒店规划，前期可以接洽酒店管理公司，达成合作意向，这样，启动区的“服务式公寓”可以直接嫁接酒店管理公司的管理模式；项目面市阶段，带着“大型超市、著名酒店管理公司”招商成功的光环入市。炒作“复合业态社区”概念，宣传重心放在“商”而非“住”，借“商”的定位产业“光环效应”[1]，真正的目的是卖住宅。

第三，产品线结构：直接瞄准竞争对手“万科城”。“远洋天地”推盘时，“万科城”前期低密度、低价格、高性价比的产品已经售罄，后期高密度、高价格、中大户型的产品基本只关注“彰显地位的成功者家庭”，而对“价格敏感的务实家庭”“注重享受的新锐家庭”这两类客户群体的需求基本忽略。针对这一现状，“远洋天地”的机会点有三个：低密度、大户型的明星产品；高密度、小公摊、中等面积、高附加值的现金牛户型；高密度的小户型。明星产品作为价格标杆，后两者赢取现金回流。

可惜的是，“远洋天地”在上述第二、第三环节缺失，导致只有定位没有战略，没有站在战略高度重视定位，市场实现的结果当然差强人意。

在“三大配称”中，如何确定产品线结构是最复杂的工作，最考验决策者的市场功底。如何确定“产品线结构”，最重要的还是得分析竞争对手，具体说，就是分析竞品项目的产品线结构，然后采取相应的“竞争策略”，根据竞争策略再来确定我方的产品线结构。在现代营销学中，竞争策略有领导者、追随者、挑战者和补缺者四种（见图3-4），选择的策略不同，产品线结构也不同。

行业老大	四种竞争策略简析	非行业老大，中大规模市场	
领导者	垄断价格 产品有不可重复性 过河拆桥	抗战者	改变游戏规则 强调新的评估标准 强调产品的特色和价值
追随者	搭便车，借势 以小博大，杀伤战术 价格战的制造者	补缺者	目标明确，挖掘客户 瞄准市场缝隙 创新产品和需求点
次／非主流市场		敏锐的机会主义者	

图3-4　四种竞争策略图

如选择“领导者”策略，过河拆桥、自我攻击、加以封锁是必要的，如沈阳“万科城”一直瞄准长白岛中大户型的主流市场，当竞争对手瞄准它的空当，进

[1] 商业的奥秘之一，就在于洞悉到战略定位于实际所卖的东西，以及真正赚钱的东西是不同的。麦当劳定位成汉堡店，但主要收益来自汉堡之外的其他食品，真正利润丰厚的是饮料和房地产。战略定位的目的是要产生光环效应。

攻中小户型市场的时候，万科也适时推出高密度、小户型产品，低价推出，快速消化，给对手以措手不及，这就是封锁对手、自我攻击。

如选择“补缺者”策略，则应首先发现市场空隙，然后去填补需求。市场空白点有需求空白点和推盘时间空白点。以下“房地产市场细分表”（见表3-2）从四个维度纵向切割市场，从细分市场中很容易就能找到竞争较弱、相对空白的地带。

表3-2 房地产市场细分表

<table>
<tr><th>细分维度</th><th colspan="2">分类</th><th>特征</th></tr>
<tr><td rowspan="7">客户类型</td><td colspan="2">青年升级型</td><td>以青年之家为主，单身由于家庭的裂变而引起的自然升级，喜欢潮流产品，注重交通</td></tr>
<tr><td colspan="2">青年栖居型</td><td>以青年家庭为主，郊区工作，来往不便，对目前的居住环境不满，希望在附近购置一套住宅用于自己居住，减少交通成本</td></tr>
<tr><td colspan="2">老年改善型</td><td>以老年家庭为主，现有居所年代较早，希望晚年实现居所的更新换代，用于健康养老</td></tr>
<tr><td colspan="2">富贵升级型</td><td>以富贵之家为主，不满足现有居所的品质和舒适度，希望购置一套居所用于升级换代</td></tr>
<tr><td colspan="2">富贵休闲型</td><td>富贵家庭，在市中心有多套居所，希望在郊区购买一套低密度产品用于第二居所</td></tr>
<tr><td colspan="2">收租投资型</td><td>多次置业，多选择租屋市场较为成熟的地段产品，对产品的变现能力要求也比较高</td></tr>
<tr><td colspan="2">占有投资型</td><td>多次置业，对价格的敏感度较低，先以占有为目的，对如何使用并没有明确的打算，同时看中产品的变现能力</td></tr>
<tr><td>产品类型</td><td colspan="2">别墅、洋房、普通多层、小高层、高层、超高层；平层、复式、跃层</td><td></td></tr>
<tr><td>户型</td><td colspan="2">80米^{2}以下，80~120米^2，120~144米^2，144~200米^2，200米^{2}以上</td><td></td></tr>
<tr><td rowspan="4">总价格</td><td>经济住宅</td><td>城市家庭年收入的2~5倍</td><td rowspan="4">以沈阳为例，2008年城市居民人均可支配收入17290元，每户平均2.81人，家庭年收入48584元；则总价10万~25万元属经济住宅，30~60万元属普通住宅，75万~200万元属高尚住宅，200万元以上属豪宅</td></tr>
<tr><td>普通住宅（中档品质型、中档功能型）</td><td>年收入的6~12倍</td></tr>
<tr><td>高级享受型</td><td>年收入的15~40倍</td></tr>
<tr><td>顶级高尚型</td><td>年收入的40倍以上</td></tr>
</table>

在成熟的市场，竞争对手可能遍布各个细分领域，市场没有真空地带，但在推盘档期上却可能存在空当。如图3-5中的六个竞品项目，在2009年上半年的推盘期间内，基本上以中高密度产品为主，少有低密度产品推出，我们可以得出结论：低密度住宅启动是项目机会点。

能找到空白点，我们可以选择“补缺者”策略；如果没有空白点，我们则可以选择“追随者”和“挑战者”策略。“追随者”的产品线结构和领导者的产品线类似，用价格战启动市场；后者则强调产品的特色和差异化，常见的手段是增强产品的附加值，如赠送面积等。

图3-5　六项目推盘档期分析

实践中，一个楼盘的不同产品可能采取不同的竞争策略，如明星产品采取挑战者策略，瘦狗产品采取追随者策略，现金牛产品采取补缺者策略；另外，同一个楼盘在不同的时期也可能采取不同的竞争策略，如前期采取追随者策略，中期采取挑战者策略，后期采取领导者策略，这些都是属于市场上常有的现象。操盘者根据竞争的需要排兵布阵、确定产品线结构，保证各类产品出场或差异化，或弥补空白，或价格厮杀，或封锁市场，各司其职。产品线结构初步排布出来之后，再用“波士顿矩阵”进行检验[1]，就基本可以得出较为科学的结论。

建立起核心价值体系和确立分期增值点，利用竞争策略推导出项目的产品线结构，最后，我们可以通过提问下列五大问题来检验定位与战略是否合理、有效。五大问题是：

（1）我们的哪些产品种类最具独特性？

（2）我们的哪些产品利润最丰厚？

（3）我们的哪些顾客最感到满意？

（4）哪些顾客提供的利润最丰厚？

（5）在我们的价值链中，哪些环节最与众不同和富有成效？

这五大问题都能找到圆满的答案之后，项目的“定位与战略”基本就大功告成。

实战举例

我们以印度尼西亚某财团在某开发区投资的大型地产项目为例，说明什么是房地产的“战略”与“定位”。

该项目总占地314万米²，其中包括85万米²的高尔夫租借用地，88.7万米²的路

[1] 详见本书“第五讲　波士顿矩阵在房地产营销中的应用”的相关论述。

网、水系与绿地，项目地最大的资源是有地下温泉泉眼，该市著名的城市内河未来拓延后会穿过项目地。经过市场论证，该项目战略定位为“国际水岸温泉高尔夫度假社区”，将温泉、高尔夫、滨河等度假产业与住宅嫁接形成一个全新的品类，然后是建立“三大配称”。分别如下：

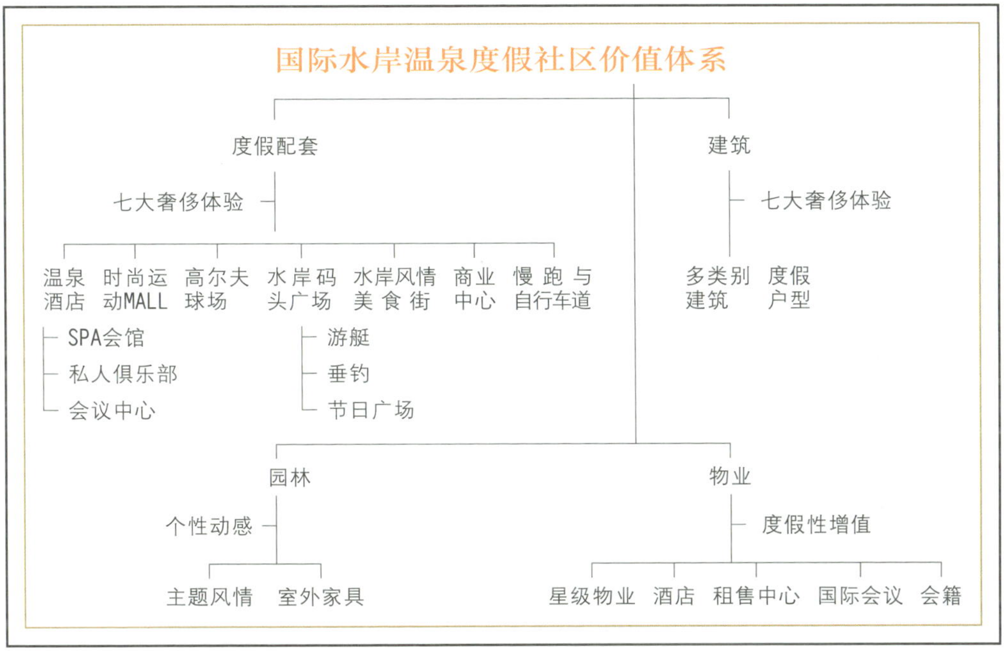

图3-6 项目核心价值体系图

图3-7 黄山德懋堂

图3-8 深圳东部华侨城别墅

（一）核心价值体系

“核心价值体系”是围绕战略定位建立起的一套独特的价值组合，这是发展战略中的重中之重。比如上述项目，“度假社区”的战略定位必须贯彻到所有的运营活动中，配置有关度假的七大体验，异域风情的主题园林，个性动感的室外家具，有度假“基因”的户型，有度假性增值服务的物业等等。

度假户型主要有三重基因：①外围空间的最大化利用，通过大露台、内庭院、天井、回廊、凸窗、落地窗等设计，将住房空间融入到大自然当中；②垂直空间的最大化利用，通过LOFT、地下室、错层、阁楼等设计，增强视觉感受和度假休闲体验；③功能房间面积和比例调整，比如卧室个数减少，主卧室增大，大客厅挑空，满足社交和聚会需要等等。

度假性的增值服务包括机票酒店预订、汽车接送、宠物看管、花草养护咨询等等。

（二）分期增值点

有了“核心价值体系”还不能保证战略定位的成功贯彻，项目的“开发次序”也是关键的一环，尤其是第一期“启动区”的建设，更是关系到战略定位能否赢得市场感知和回馈的最重要因素。由于消费者的“眼见为实”心理，很多项目虽然有了好的战略定位，但都停留在宏大的蓝图规划层面，在启动区根本没有

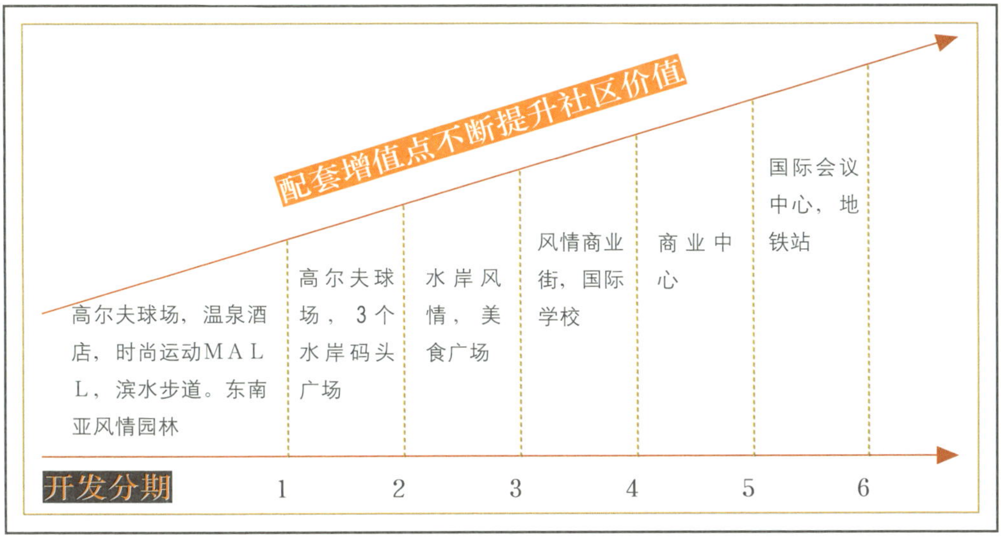

图3-9　项目分期增值点

实物体验，导致战略定位成为一纸空谈，营销上根本无法发力。

上述项目的“度假”定位要得到有效支撑，在启动区就必须首先建成“高尔夫球场、温泉酒店、时尚运动MALL、滨水步道、东南亚风情园林”等大手笔的配

图3-10　昆山“大自然花园”游艇俱乐部

套，给客户提供一个完美的度假体验，项目的战略定位才能真正落地。

（三）产品线结构

“产品线结构”最考验市场工夫，其每一个部署都必须详细分析竞争对手的产品属性、市场档期以及区域市场的现状，根据竞争策略，科学推论，切忌想当然。比如本项目第一期入市时间选择在2009年6月，原因是6月份项目竞争对手都处于推盘中后期，市场新放量较小；分期规模选择4万米²，是因为该区域2008年总消化量为10万米²，4万米²是一个较为安全的推盘量；物业类型选择联排和高层小公寓是因为别墅和小户型属于区域稀缺产品，别墅作为明星产品树立项目档次，小户型作为现金牛产品快速回笼资金，同时，这两类产品也符合度假产品的

时间轴	第一期 2009年6月	第二期 2009年10月	第三期 2010年7月	第四期 2011年4月	第五期 2011年11月	第六期 2012年4月
分期规模	4万米²	6万米²	6万米²	7万米²	3万米²	6万米²
物业类型	联排／ 高层公寓	叠拼／ 独栋复式	小独栋／ 普通高层	独栋复式／ 高层公寓	叠拼／联排 双拼	商务花园
面积区间	190~230米² 36~80米²	170~220米² 160~200米²	220~320米² 86~140米²	160~200米² 35~80米²	170~230米² 220~280米²	200~700米²
户型配比	联排30% 公寓70%	叠拼20% 复式80%	独栋25% 高层75%	复式35% 公寓65%	叠拼70% 双拼30%	400米² 以下65%

图3-11　项目产品线结构图

调性；“户型配比”也是分析市场上各类产品消化总量的比例得来的结论。

产品线结构确定之后，每条产品线针对竞争对手的增值点研究也是项目前期定位的重要方面。深圳华侨城“蝴蝶谷名苑”项目占地仅4160米²，只有一栋高层，63套房子，但却以每平方米58000~64000元的单价荣获2008年“中国十大最昂贵房产”，其中最大的亮点之一就是其户型的增值点。“蝴蝶谷”的每一个户型均三面全景花园，270°观景，单户各自拥有园林，做到真正的空中别院。180°的环型花园布局，园林穿插于内分离客饭厅与起居空间，自然分隔动静区域，大型露台以及花园步道替代了室内走廊。专梯专户，取消电梯间，无公共走道，空间更合理化应用，最大化地增加建筑使用率。

图3-12　深圳“蝴蝶谷名苑”户型

这样一个将户型卖点做到极致的项目，竞争力自然是不可阻挡的。前面的所有战略定位如果能最终在户型上成功落地，一路飘红的销售前景就在情理之中了。

以上用实例介绍了“定位与战略”的完整思路与章法。在目前中国房地产的营销环境下，虽然每家都谈定位，但真正领会并贯彻定位思想的开发商少之又少；尤其是大盘开发，绝大部分开发商在战略定位的贯彻方面都显稚嫩。但实际上，定位与战略是如此重要，值得整个行业去持续探索与贯彻。

客户意向调研

工具

焦点小组座谈会配额表、客户购买动机模型、客户定性调研大纲、万科客户价值取向排序表、问卷设计大纲

案例

万科、深圳海怡东方、沈阳翰文·外滩

在世界销售史上，现代营销观念的出现是一大革命。营销观念转变了以卖方和产品为中心的推销观念，注重以顾客为中心，找到并满足顾客的需求与欲望。营销的工作不是为产品找到合适的顾客，而是为顾客设计合适的产品。顾客需求成了现代营销学分析和解决问题的起点。

对于房地产营销来说，正确把握目标市场和客户的购房需求是决定项目能否顺利开发赢利的关键，尤其是在陌生区域开发的项目或在成熟区域开发产权式酒店等区域陌生产品，对客户需求的把握往往就成了重中之重。

对客户需求的把握一般是通过市场调查实现的。房地产市场调查主要包括市场宏观信息、片区信息、竞争项目信息以及客户需求四大部分。这些信息可以来自政府机构数据、专业报刊、网络资讯等间接途径，但主要是通过直接调查得出。片区信息和竞争项目信息调查通常来说比较简单，最复杂的是客户意向调研。

客户调研根据前期、中期两个阶段的不同，调研的目的不一样，调研方式也不一样。

在前期规划设计论证阶段，产品还未成型，调研的目的是了解客户需求，从而满足或者引导客户的价值取向。这个阶段的调研方向分定性调研和定量调研。定性调研的方法主要有深度访谈、焦点小组座谈会和头脑风暴会等三种；定量调研则主要有定向拦截访问和电话访问等两种方式。

在中期销售执行阶段，项目产品已经完全成型并投放市场，市场已经对项目作出反应，有来电、来访客户，有交诚意金认购客户，有签合约成交客户。这个

阶段的调研主要目的是有针对性地制订和调整营销策略；调研的方法主要是以客户登记表、问卷访谈、网上调查等方式为主。

上篇　前期客户调研

定性调研和定量调研

前期客户调研可分为定性调研与定量调研两种，有时也把这两种调研方式结合起来。

房地产行业中，常用定性调研方法主要有深度访谈、焦点小组座谈会和头脑风暴会议等三种，三种方式的适用范围、优缺点如表4-1。

表4-1　三种定性调研方法优缺点

研究方式	深度访谈	焦点小组座谈会	头脑风暴会议
适用范围	需要深入了解客户或项目信息，且被访者不便向群体阐述信息的情况。——专业人士沟通——高端客户访谈	需要深入而广泛了解客户需求、行为习惯以及成因的项目，概念测试较复杂的项目。——前期规划中定位调研	多角度研判现有想法，强烈要求创新的项目。——定位与营销策略探讨
优点	探讨话题相对较深入，访谈内容多；能避免公开讨论敏感性话题或可能引起尴尬的情况	在“群体动力”的互动效应下获得更有深度、广度的信息；在自由、相互激励的环境下，消费者能畅所欲言；尤其对于深层的消费动机和品牌形象的描绘，具有较好的效果	对行业有所理解的专业人士相互激励，在自由环境下获得深度的信息；在开放状态下，易于获得创新性的概念
缺点	不确定样本的代表性、典型意义	样本量小，不具随机抽样代表性；对高层次、高素质的人群预约难	

（一）深度访谈

对于房地产前期调研来说，“深度访谈”是一个非常好的办法。尤其是对于开发商首个异地开发的项目，要深入了解当地的房地产消费习惯，避免水土不服，“深度访谈”基本上是首选。

“深度访谈”选择的对象非常重要。一般来说，相关的政府官员如规划局、国土局、房产局、建设局等主管干部以及银行主管房产信贷人员、当地地产专业人士、当地地产项目销售主管、资深销售人员、当地地产媒体从业人员等人士是必不可少的访谈对象；另外，一定数量的目标消费者也是不可或缺的。一般来说，访谈的对象至少在30人以上才可较深入了解市场情况。

对政府官员、银行官员、媒体人士访谈的目的一般是深入了解区域的宏观经济、房地产供求情况、消费者支付能力、消费者投资趋势等等，但同时这些人员也是项目最重要的目标客户群体，访谈也可以了解他们自身的价值取向和置业倾向，也可以了解他们对当地消费者置业倾向的一些分析。对于业内人士的访谈则是了解市场的“捷径”，组织者可以从“区域”和“产品类型”两个维度遴选业内人士。比如某公司计划在某区域开发中式别墅项目，我们就需要找到操盘该片区竞品项目的业内人士、操盘该市别墅项目的业内人士、操盘该市中式风格项目的业内人士分别进行专题访谈。深度访谈的执行者除了事先预约好访谈对象外，还需要制定较详细的访谈大纲。

举例，某项目就开发中式风格产品所做的业内人士访谈大纲:

（1）在××市，对中式项目感兴趣的都是哪些人？他们具有何种特征？从事何种职业居多？

（2）客户对中式感兴趣主要集中在哪些方面？如文化底蕴、立面风格、马头墙、四合院？

（3）客户购买中式项目的动机是什么？为什么选择中式？

（4）相比较中式与欧式，客户如何评价？客户有没有觉得中式项目高档？

（5）您觉得在××市打造一个类似第五园、芙蓉古城之类的中式别墅项目有无发展前景？

（6）××市至今还没有一个比较典型的中式项目，您怎么看？

（7）您大致判断一下在沈阳喜欢中式的客户群体有多大？

（二）焦点小组座谈会

“焦点小组座谈会”也是常用的定性调研方法。座谈会是一种圆桌讨论会议，通常是由6~10人聚到一起，在一个主持人的引导下对某一主题进行深入讨论。因为是多人讨论，在有经验的主持人的主持下，焦点小组的受访者相互之间有一个互动作用，一个人的反应会成为对其他人的刺激，这种互动作用会产生比同样数量的人做单独陈述时所能提供的更多的信息。焦点小组座谈会通常适用于房地产产品定位、测试新概念、测试产品的可行性等场合。

1. 座谈会的硬件准备

座谈会的场地一般选择干净、柔光的小会议室，会议室必须要求配备带有单面镜的观察室（如图4-1）。物料方面，主要有圆桌、椅子、白板、录音、录像设备、会议使用的测试品（如示卡卡片）等；座谈会过程中，需要有专人在观察

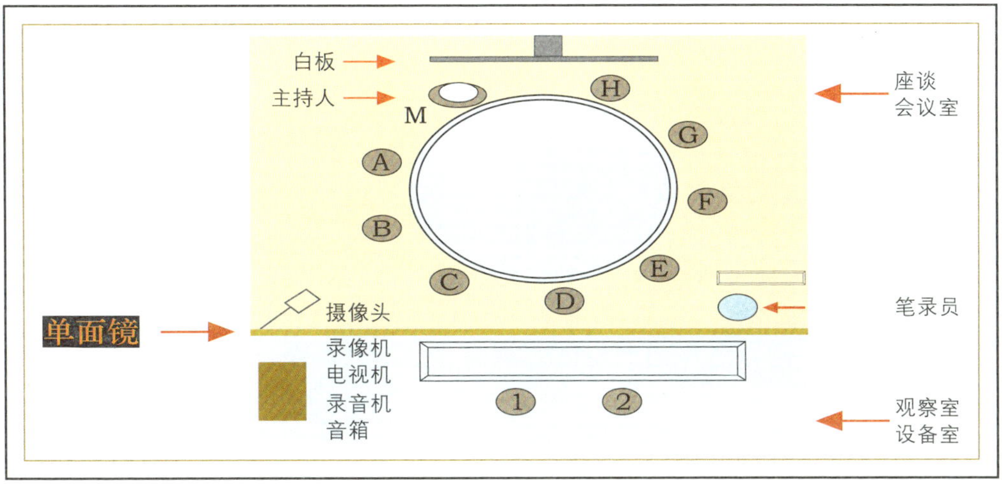

图4-1　焦点小组座谈会示意图

室录音、录像，专人在座谈会议室笔录，方便座谈会过后整理定性小结。

2. 座谈会的软件准备

座谈会成功的关键是找到合格的参会人员和一名优秀的主持人。甄别合格的参会人员较为复杂，第一步需要制定系列配额条件。如沈阳“翰文·外滩”项目组织的一次座谈会样本配额条件如下：

表4-2　焦点小组座谈会样本配额表

	配额条件	普遍条件
第1组	打算一年内在沈阳首次置业的市内四区客户	样本均为家庭购房的主要决策者； 年龄25~50岁，每组25~35岁、35~50岁的消费者均布； 每组的女性消费者至少2人； 学历在大专以上； 行业均布； 样本现所在沈阳市内四区均布
第2组	打算一年内在沈阳二次以上置业的市内四区客户　已加入各种中高档客户俱乐部（消费/体育/休闲/娱乐等）的消费者至少4人	
第3组	打算一年内在沈阳置业的沈北新区“三缘”客户[1]其中已在沈阳购房者至少4人，与翰文集团有关联的客户至少3人	

第二步是召集联络员，每个联络员最多联系3名被访者，且每组座谈会只能选择其中1名被访者，以免被访者之间互相认识。

第三步是将联络员收集到的参会人员信息汇总。

第四步是进行电话甄别，电话甄别时，排除以下性格特征的被访者：过于内向，不善表达；过于强烈表现/突出自己；语言表达不清楚。

[1] 三缘客户：指因血缘、亲缘、工作缘而去所在地购房的客户。

第五步是邀请/预约客户。

第六步是对已甄别人员进行复核。

通过以上六步严格的程序，我们就可以确定合格的会议成员了，一场成功的座谈会即将开始。

（三）头脑风暴会议

“头脑风暴会议”主要是邀请专业人士进行的关于定位或概念测试方面的调研。这种方式一方面是邀请业内人士给项目“把脉”，他们长期浸淫在当地市场，对一线客户的需求都有自己较为深入的观察和了解，邀请专业人士站在局外对项目初步构想进行冷静判断，有时会起到“一语惊醒梦中人”的效果。另一方面，本书第三讲提到的创建新品类，都需要专业人士在一起脑力激荡获得最佳产品创意。

总之，定性调研的目的是“仔细倾听消费者是如何谈论他们的最爱，以及为什么他们会忠诚（不忠诚）”，我们需要采摘“消费者的第一手意见，包括他们怎样生活以及在这样一个快节奏的社会里他们看重什么等等”[1]。

定性调研往往是一种假设，是指导性的。一般还会采用定量调研，量化地检验前期假设、定性结论，研究客户群体特征。通过定性调研往往会找到一个问题的相关影响因素，而定量调研则会找到一个影响因素的影响程度。如为先定性、后定量的时间安排，应在对定性研究小结出关键研究内容后设计定量问卷初稿。

常用定量调研方法主要有：定点/街头拦截访问，电话访问，入户访问，网上调研、邮寄调研、传真调研等方式。其中最常用的就是“街头定点拦截访问”，其步骤如下：

第一步，按照项目预期的目标客户群体特征，寻找人流量大、对各城区有辐射的街区。

第二步，在选定的街区内租定测试场所，一般租借人流量较大的餐饮店铺、街道内学校课室等。环境有通透性/开放性，且安静，测试场所内的灯光、阳光必须充足；有防雨设施。测试室可容纳5套以上的桌椅，桌椅之间需相隔一定的距离以避免访问进行时相邻座位的影响。在测试室外摆放一些桌椅，让被访者休息和等待，并摆放杂志/报纸、小食品，可避免被访者因等待太久拒访。

第三步，在街头拦截客户进行第一次甄别，对于初次甄别符合条件并且愿意参加测试的客户，将其引导到测试室等待测试。

第四步，测试室进行二次甄别，对符合条件的客户开始测试。测试完毕赠送小礼品。

经过定性、定量调研过后，执行者需要对终端消费者特征、行为习惯、产品需求以及对概念的评价、认知途径与认知度、品牌联想和营销评价进行综合分析，然后提供营销建议。

[1]《倾听顾客的弦外之音》前言，〔美〕邦妮·高伯特、赫尔玛·M. 罗森塔尔著；裴蓉译，企业管理出版社2004年5月第1版。

前期调研要知道什么

前期客户调研中最关键的就是要了解客户的价值取向。

（一）客户价值取向模型

客户价值取向模型认为，客户决定购买主要有五个方面，如图2[1]所示：

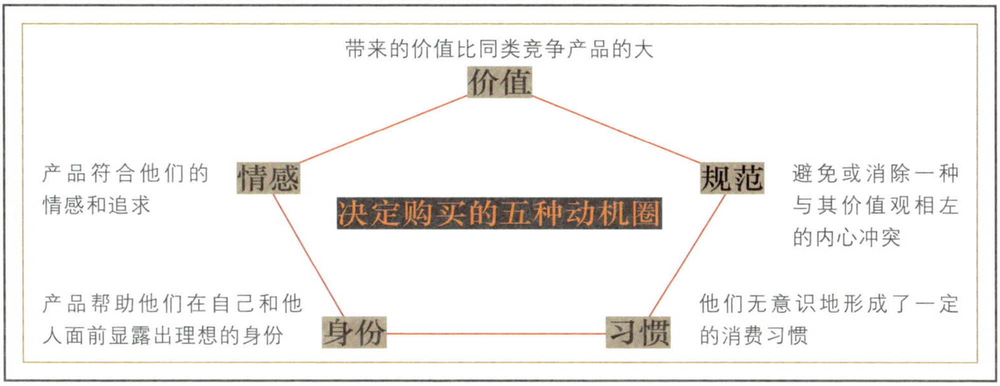

图4-2　客户价值取向模型

在前期客户调研中，对这五个方面的动机探察都非常重要，不可有一项遗漏。湖南“涟水名城”项目在前期调研的时候就遗漏了规范、习惯等重要问题，给后期销售造成相当大障碍。“涟水名城”在设计的时候出现大量东西朝向的房子和异形客厅、餐厅的房子，在市场不成熟的地方，房子南北向，室内格局方方正正，这是一种规范的价值观，与这个价值观相左就容易造成销售障碍。另外，当地客户无意识地形成了客厅与卧室均衡的消费习惯，涟水名城大客厅、小卧室的设计也不符合当地消费者的习惯。

在前期市场调研的时候，一般首先得对未来的产品规划和开发理念有一个前期的策划，然后将这些策划点拿到市场进行定性和定量测试。

价值方面，罗列出项目所有优于竞争对手的价值亮点，测试对目标消费者的吸引力和满意度，同时探测消费者的负面反应。比如电梯洋房卖点，消费者会不会产生否定观点？如造成物业费升高、公摊太高、华而不实等；大型水系、人工湖卖点，对消费者的吸引力怎样？他们会不会担心后期维护成本过高加重物业费负担以及吸引蚊子、安全隐患等等问题；“亲情两代居”[2]套房设计，一套120米^{2}的大房子紧邻一套30米^{2}的小房子，隔得开、离得近，市场会不会乐意接受？有时，楼盘有种种竞争对手没有的价值，但客户愿不愿意为这些价值埋单也是

[1] 引自《世联提案完全图解》第118页，机械工业出版社2009年12月第1版。

[2] 调研中，我们发现，家有65岁以上父母的中年人对“亲情两代居”户型认可较高，父母不超过60岁的年轻人则不认可这种产品，认为既不能真正分开、照顾私密，住偏房还使年轻父母不悦。

前期调研需要探察的，比如赠送地下室、阁楼、入户花园、全地下停车等，但这些增加的建安成本使价格上升，高于竞争对手价格，这些会不会改变客户忠诚度？

除了前期已经策划好的竞争价值外，在调研当中探询到策划未曾涉及的目标客户的价值需求也是至关重要的。比如客户对户型的要求，对小区停车位的要求，对教育配套以及其他生活配套的要求，对户型面积、格局和总价的要求，喜欢什么样的立面风格等等。这些都可以对随后的产品设计提供意见参考。

规范方面，主要是探询目标客户有哪些已经成型的、不能与之冲突的价值观，以及项目是否与目标客户已经成型的价值观存在冲突。比如风水观念，项目紧邻教堂、庙宇、塔，是否会有负面影响，应该作为卖点宣传还是应该回避？客户对项目产品朝向、户型设计方面的需求规范，如是不是一定需要南北向、客厅和主卧室是否一定南向、次卧室北向如何、能否接受暗卫生间、能否接受靠山墙的房子、能否接受商业上面的住宅、能否接受坡屋顶、顶楼的阁楼、顶层的阁楼如果要单独计算价格能否接受、是否愿意和父母一起住、是否愿意和保姆一起住[1]、是否愿意张扬还是低调等等。对规范的探究非常重要，很多楼盘在前期调研的时候就是没有注意避免或消除与客户固有价值规范的冲突，最终导致楼盘的滞销。

习惯方面，主要是调查客户无意识中形成的消费习惯，比如对生活圈的依赖等等。比如早期去深圳的客户就有“罗湖情结”，置业只考虑在罗湖。前期调研的时候主要是了解客户对项目所在区域的认识，客户是否已经形成了根深蒂固的习惯认识，如认为××区缺少文化底蕴、区域形象很差等。

情感方面，主要是了解客户有哪方面的情感需求和身份意识等。

身份方面，客户是否有和普通人保持距离的身份意识？客户心目中什么样的房子才能体现自己的身份等等。

在前期调研中，将以上五个方面的问题深入细致地进行调研和测试是非常关键的，尤其是对客户价值、规范、习惯三大方面的把握甚至直接关乎项目开发的成败。如表4-3的访谈大纲举例。

表4-3　某项目焦点小组座谈会访谈大纲

问题类别	问 题 内 容
价值	□您需求物业的面积区间、户型、价位是怎样的？
	□总价在70万元左右的（经济型）别墅对您是否有兴趣？
	□您会选择小高层吗？小高层如果赠送内庭院（示卡）或入户花园，保留一个弹性空间您是否感兴趣？
	□您知道电梯入户吗？ 小高层如果采取电梯入户您是否感兴趣？
	□小高层圆楼（示卡）设计您感兴趣吗？圆楼的面积比较大，基本为140米^{2}的，您会购买吗？
	□您会不会追捧亲情两代居的套房（示卡）？如果这种套房价格每平方米要贵100元，您会认同吗？
	□如果购买洋房，您会选择多大面积的？觉得退台洋房（示卡）的吸引力怎样？
	□您喜欢什么样的建筑风格？觉得简约的北欧风格（示卡）怎样？

[1] 现实中，很多大户型产品均设计保姆房，但实际生活中与保姆住一起会互相干扰隐私，目前，有些高档小区专门设置“保姆公寓”，6~8人一间，低月租，真正保护保姆和业主双方的隐私，非常受欢迎。

(续表)

问题类别	问 题 内 容
价值	□您喜欢水系（示卡）吗？自然环境对您的吸引力大不大？
	□如果您选择郊区（××片区）置业，您主要看重的是什么？
	□您觉得××片区的价位应该多少？
规范	□您能接受高层、超高层吗？
	□能不能认可商业上面的住宅？
	□多层洋房上面的5层、6层怎样？
	□能认可顶层复式吗？
习惯	□您会不会考虑到郊区置业？如果会，动机是什么？
	□您对××片区的感觉怎样？如果到××置业，觉得最大的顾虑在什么地方？
	□您知道中心绿岛吗？××片区未来的政府规划您是否有信心？
	□到××投资置业，对物业上升空间有信心吗？
情感	□您有桃花源情结吗？
	□您家里置业的决策者是谁？
	□您置业首先考虑哪位家庭成员的需求？
	□是否和父母住一起？您希望居住的社区有哪些针对孩子的配套？
	□提起家、房子，您内心涌现的情感是什么？
身份	□您觉得一个项目怎样才能体现您的身份？（示卡）大、豪、贵、特别、稀缺？
	□您希望在小区里有什么样的配套才能满足您的生活需要和体现您的身份？
	□您平时喜欢怎样的消费场所？高档场所一般去哪里？
	□您加入了哪些中高档客户俱乐部？
	□您喜欢什么样的活动？
	□您觉得什么样的风格和立面才能体现您的身份？

前期定性调研的时候，必须得倾听客户的“弦外之音”，把客户所说的翻译成对项目有用的信息。在深度访谈和焦点小组座谈会的时候，特别要注意“永远不要停留在第一答复之上，真正的回答通常埋藏在第二个，或是第三个答复之中”[1]。另外，在定性调研中，要注意客户的阶层、年龄、职业、性别不同，得出的答案可能完全相反，不能偏听。正如邦妮·高伯特所说：“（定性调研的）这些信息是以一种不科学的方式收集的，不要把这些调查应用于本次研究所涉及的人群之外。” 比如政府官员不喜欢财富“露白”，一般不接受别墅产品，但换成私营企业主却只选别墅；某些区域年轻人喜欢高层产品，但中年以上的却对高层产品有抗性；中高端客户排斥四层电梯洋房，高端客户却认为电梯是必须；还有上文提到的“亲情两代居”产品，年轻人不接受，中年人却喜欢；[2]中年成功人士不接受商业裙楼之上的住宅，认为嘈杂吵闹，年轻人却毫不介意。深圳的中式别墅项目万科“第五园”出来之后，没想到最受有文化的年轻人追捧，而不是之前估计的年龄大、怀旧的人群。这样的例子不胜枚举，定性调研虽然样本量偏少，但调查者还是必须听取各个阶层、各类客户的意见，不能光听到一面之词便下结论，这就大错而特错了。

[1]《倾听顾客的弦外之音》第54页。
[2]《倾听顾客的弦外之音》第6页。

下篇　中期客户调研

中期客户调研主要包括上门客户调研、认筹客户调研和已成交客户调研。调研的目的主要是验证前期客户定位、深入把握客户价值取向、了解客户的认知渠道及生活习惯等。

前期客户定位验证

在前期定位阶段，一般会对项目的核心客户群、重点客户群、游离和偶得客户群进行预判，但从项目亮相开始接受来电、来访一直到后阶段完成30%、60%销售，都需要对前期客户定位不断验证以及修正、调整。

深圳"海怡东方"初期定位的核心客户群为在深圳科技园工作的白领，但后续对成交客户的调查却发现，科技园白领阶层购买力不强，难以承受项目的高价格，不是项目的核心客户群体。项目的核心客户群为"都市专业精英"，即在以深南大道为轴线的繁华商圈工作的成功专业人士，包括金融、证券、房地产等行业的中高层管理人士以及高科技行业的高级技术人员和高层管理人员。中心区、华强北、华侨城、科技园、南油、蛇口、梅林、坂田是客户重点集中区域。

这一验证结果出来以后，对项目宣传的调性和重点、媒体种类的选择、后续分展场和巡展的选址、直邮投放区域的选择都有重要的指导作用。

中期调研阶段，包括前期客户验证在内的调查一般都是通过问卷实现的，问卷一般包含以下内容，如表4-4：

表4-4　调查问卷大纲

问卷前言	向被访者介绍访问内容；访问员执行情况；问卷编号	
正式问卷	动机与需求	调查置业目的、次数、需求、期望等
	产品认识评价	调查客户对产品的认知情况
	满意度	调查客户对产品的满意度
	满意度行为表现	自身购买、向亲友推荐物业的情况
	信息沟通习惯	沟通方式及有效度；媒介习惯；对楼盘活动参与的情况
	开放式征求意见	更多、更广泛的了解意见与建议
背景情况	记录客户属性、职业、家庭状况、生活方式、价值观等背景信息	

对客户价值取向的摸查

对客户价值取向的摸查主要是价值点和抗性点调查，方式主要是对到访、成交客户进行问卷调查。在这方面做得较好的是万科，万科设计好"抗性、价值点

排序表”，让客户勾选排序，表格如下:

（1）客户抗性排序（请选择三个项目，并以1、2、3排序）见表4-5。

表4-5　客户抗性排序表

排序	抗性概括	具体描述（每项可做多条描述）
	地段位置	
	交通	
	社区周边环境	
	社区规模	
	后期待建	
	价格过高	
	一期商业影响	
	社区内部配套	
	二期产品	
	其他	

（2）客户价值点排序（请选择5个项目，并以1、2、3、4、5进行排序）见表4-6。

表4-6　客户价值点排序表

排序	价值点概括	具体描述（每项可做多条描述）
	万科品牌	
	万科物管	
	地段位置	
	片区规划前景	
	地段情结	
	交通便捷	
	周边配套	
	社区规模	
	社区规划特色	
	建筑设计特色	
	户型设计特色	
	社区内部配套	
	投资回报	
	其他	

排序表对调整项目宣传展示重点、引导客户判断具有非常重要的作用。像万科针对客户的抗性点除了在宣传和展示上引导外，还专门制作了“关于项目抗性因素的统一说辞”，让销售人员规范引导客户、化解抗性。

总之，磨刀不误砍柴工，前期做好客户调研，把准客户脉搏，后期销售实现就可少走弯路。从这个意义上讲，怎么强调客户调研的重要性都不过分。

波士顿矩阵在房地产营销中的应用

工具

房地产波士顿矩阵、地块价值综合打分表

案例

大连岭湾·国际、沈阳翰文·外滩、大连众益·阳光海岸

什么是“波士顿矩阵”

“波士顿矩阵”（如图5-1）是美国著名的商业咨询公司——波士顿咨询集团首创的一种规划企业产品组合的方法，其作用是解决如何使企业的产品品种及其结构适合市场需求的变化，同时，如何将企业有限的资源有效地分配到合理的产品结构中去，以保证企业收益。

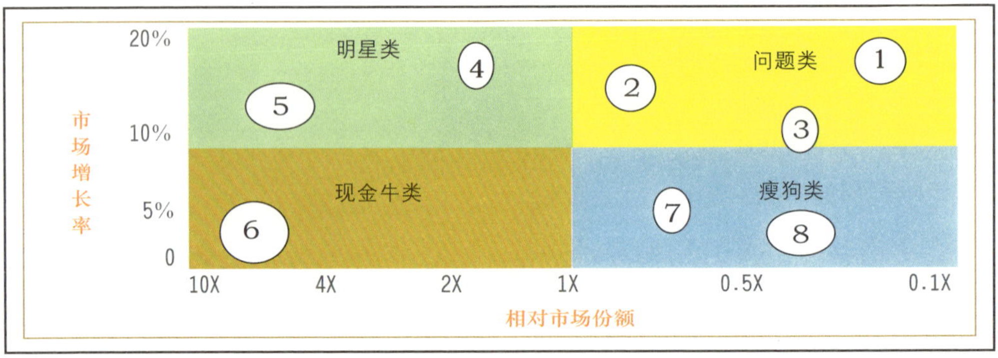

图5-1 波士顿矩阵

“波士顿矩阵”认为，一般决定产品结构的基本因素有两个：市场引力与企业实力。反映市场引力的最重要指标是“销售增长率”，这是决定企业产品结构是否合理的外在因素；而反映企业实力的最重要因素就是市场占有率，它直接显示出企业的竞争实力。

通过“销售增长率”和“市场占有率”两个因素的相互作用，会出现四种不同性质的产品类型，形成不同的产品发展前景：①销售增长率和市场占有率双高的产品群——明星产品；②销售增长率和市场占有率双低的产品群——瘦狗产品；③销售增长率高，市场占有率低的产品群——问题产品；④销售增长率低，市场占有率高的产品群——现金牛产品。

“波士顿矩阵”对于企业产品所处的四个象限具有不同的定义和相应的战略对策。

（1）明星产品：加大投资以支持其迅速发展。

（2）现金牛产品：又称厚利产品，这类产品已进入成熟期，其特点是销售量大、利润率高，可以为企业提供资金，而且由于增长率低，也无需增大投资，因而成为企业回收资金，支持其他产品尤其是明星产品投资的后盾。对这一象限内的大多数产品，市场占有率的下跌已成不可阻挡之势，因此可采用收获战略，即所投入资源以达到短期收益最大化为限。

（3）问题产品：这类产品的市场机会大，前景好，但在市场营销上存在问题，例如在产品生命周期中处于引进期，因种种原因未能开拓市场局面的新产品即属此类问题的产品。对问题产品应采取选择性投资策略，即首先确定该象限中那些经过改进可能成为明星的产品进行重点投资，提高市场占有率，使之成为“明星产品”，对其他将来有希望成为明星的产品则在一段时期内采取扶持的政策。

（4）瘦狗产品：也称衰退类产品，对这类产品应采用撤退战略，首先应减少批量，逐渐撤退，其次是将剩余资源向其他产品转移。

房地产营销“波士顿矩阵”

“波士顿矩阵”经过改进后，也可广泛地应用在房地产营销中。

如上所述，“波士顿矩阵”划分象限的标准是：市场引力和企业实力，前者是外在因素，后者是内部因素。在房地产营销中，“市场引力”在房地产上主要指产品在市场上的差异化程度，即产品的创新程度、附加值、舒适度、空间层次等因素；而“企业实力”这个内因具体到房地产上主要指产品先天实力，即占有的地块资源。

也就是说“市场差异化程度”和“占有的地块资源”这两个因素是划分房地产“波士顿矩阵”象限的两个因素。按照这个标准，我们可以把产品分成四类。

第一类产品：明星产品，既占有最佳的地块资源，同时产品的创新程度、附加值、舒适度等方面具备明显的差异化优势，属于稀缺的物业类型，甚至创造了市场第一，客户需求量高，可实现高市场价值。

第二类产品：现金牛产品，占有较佳的地块资源，但产品在市场上的差异化程度不高，属于成熟市场中的领导者，具有广泛的客户关注，它是项目现金的主要来源，客户的需求量较高，可实现较高市场价值。

第三类产品：问题产品，占有的地块资源较少，但产品的差异化程度较高，属于市场少见的创新产品。这类产品需要不断投入以增强其竞争能力，可通过持续投资如展示、包装、推广等发展为明星单位。目前客户需求较低，经过转化后可实现较高市场价值。

第四类产品：瘦狗产品，占有的地块资源较少，同时产品的差异化程度低，优势较弱，市场承接度低，客户需求量较低，可实现市场价值较低。

对这四类产品，我们采取的具体战略对策是：

明星产品，极力包装，打造旗帜产品，树立价值标杆；

现金牛产品，现金来源，创造销售速度和销售气势；

问题产品，追加投入，培育、转化，使之成为明星产品；

瘦狗产品，尽早出货。

由此改进形成的房地产“波士顿矩阵”如图5-2：

图5-2 房地产波士顿矩阵

从“房地产波士顿矩阵”上我们可以看出，一个项目理想的产品线格局是：

（1）产品线丰富，梯次明显，无内部竞争。

（2）必须有价值标杆（楼王等）。

（3）必须有创新产品。

（4）必须价值最大化，问题、瘦狗产品占的比例不能太大。

“波士顿矩阵”在房地产营销中主要应用在以下四个方面：产品线规划、产品线验证及调整、推售策略、价格策略。

“波士顿矩阵”应用之一：产品线规划布局

项目前期，规划布局是重头戏，可以说，规划及产品设计成功，项目就成功了50%。项目规划布局最重要的原则就是“价值最大化”，一方面要把最好的资源（包括地块资源和规划资源）给最好的产品，使资源集中形成价值标杆；另一方面也要注重资源分配均好性，确保销售无障碍。

“价值最大化”的前提来自对地块先天价值的判断。在房地产营销中，我们判断地块价值可以从进入性、昭示性、私密性、景观的可利用性、资源的可利用性、可塑性以及噪音等七个方面进行综合打分评定（见表5-1）。这七个方面根据实际情况可以有所取舍，权重也可以调整。对地块综合打分后进行排序，就容易得出价值最大以及次之的地块，然后再根据“波士顿矩阵”布局产品就容易了。

表5-1 地块价值综合打分表

价值分区原则	权重	具体内容	备注
进入性	10%	地块有无道路通达或临近	
昭示性	10%	地块的可见性	对公寓等公建类重要
私密性	10%	地块的幽、隐程度	对高端产品（如别墅）重要
景观的可利用性	25%	包括近景和远景	
资源的可利用性	20%	除景观以外的商业、市政配套资源	
可塑性	15%	地块的功能可变性	如地貌平坦或相似则不需此项
噪音	10%	地块是否临市政主干道等	根据道路级别分区

举例：深圳龙岗某地块[1]。

该项目地由七个条件各异的地块组成（如图5-3），B1地块在小区中央，可见山景以及主景观轴水景，景观价值高，私密性强；B2地块在小区中央，相对平坦，现状为待拆迁厂房，可塑性强，私密性强；B3地块位于小区南面，是一块落差近30米的坡地，山体可塑性强，景观视野非常开阔；B4地块临乡村道路，人气较好，噪音不大，景观一般；B5地块临市政主干道，噪音影响很大；B6地块背对市政主干道，昭示性强；B7地块临市政主干道，昭示性强。

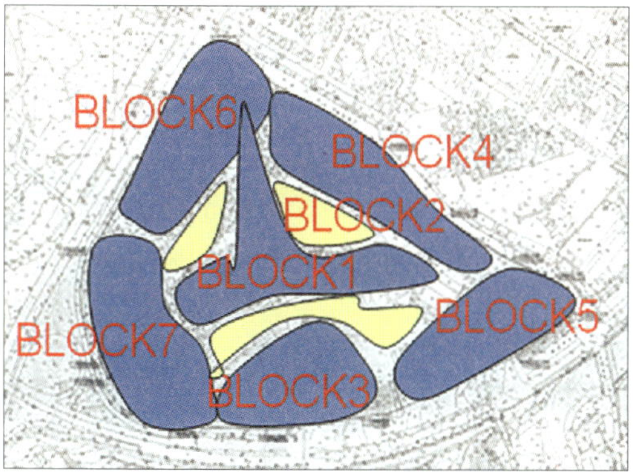

图5-3 龙岗某地块图

根据以上打分原则进行综合打分，排序如下：B1>B3>B2>B4>B5>B6>B7。

根据排序，我们就可以进行基本的规划布局建议了。（见表5-2）

表5-2 地块产品规划布局建议

	地块属性	综合得分	产品建议
B1	中心型	96	明星产品，包括楼王（如圆楼）和其他低密度高端产品
B2	中央型	91	现金牛产品，如舒适型平面户型

[1] 引自深圳世联操盘案例。

（续表）

	地块属性	综合得分	产品建议
B3	临山型	93	明星产品，如台地别墅
B4	社区型	86	现金牛产品，如一梯四户、一梯五户高层
B5	临路型	85	问题产品转化为明星产品，如创新板式小高层
B6	背路型	78	问题产品转化为现金牛产品，如公寓或板式高层
B7	临路型	74	瘦狗产品，如点式高层

实践过程中，很多楼盘在规划布局时根本没有考虑资源的分配均好性，结果造成销售死角，导致滞销。这方面，大连“众益·阳光海岸”就是一个失败的案例。

该项目位于大连开发区，南向可观一线海景，北向临铁路货运站，公交出行便利。园区整体按西班牙风格设计，大量的植被和雕塑小品，环境非常优美。但就是如此优秀的项目，其超高层产品却严重滞销。究其原因，主要就是小区产品线规划的失误。

项目容积率为2.55，规划布局时将南区全部规划为低密度产品，包括别墅和洋房，而北区全部规划为超高层建筑以拉高容积率。这样就违反了上文提到的规划原则：资源分配均好性——销售无障碍。北区本来有铁路货运站缺陷，先天资源较差，后天产品规划上就应该用创新产品来弥补，实现均好性，该项目北面却偏偏规划高密度、抗性大、无亮点的超高层产品。结果，项目第一批销售的都是低密度的明星产品，第一批的价格当然不高，所以销售速度很快，很快售罄；超高层产品舒适度低，再加上北侧铁路货运站的影响，只能是瘦狗产品，瘦狗产品积压到最后，项目滞销肯定是必然。并且，麻烦的是，超高层占地面积虽小，但建筑面积却是整个小区的大半，这样就导致整个项目销售的失败。这就是规划时没有考虑“价值最大化”的原则导致的失误。

“波士顿矩阵”应用之二：产品线规划与评价

设计院对项目产品进行初步规划和设计后，需要营销团队根据市场情况对方案进行评价和调整，这时用“波士顿矩阵”对产品线进行分解和梳理，是一个很好的办法。

举例1：大连“岭湾·国际”项目。

我们利用“房地产波士顿矩阵”对上述产品线分解如表5-3：

产品线进行分解后，根据“波士顿矩阵”理想的产品线格局的四大特征，很容易就得出以下结论：

（1）明星产品价值标杆较为突出，小区内大三居，户型最大，板式设计，超大楼间距，内外景观丰富，资源集中形成了价值提升。

表5-3 “岭湾·国际”产品线分解

高 产品差异化		
	板式小高层两房，117~131米²，15.3%　明星类	左右点式高层两房，90米²，19.5%　问题类
	板式小高层两房，89~103米²，点式高层，90米²；多层一房，45~60米²，57.4%　现金牛类	点式小高层两房，82~90米²，7.7%　瘦狗类
	高　占有地块资源	

（2）瘦狗产品、问题产品占比例27.2%，比例合理，产品资源分配基本实现了价值最大化。

（3）问题产品占比例19.5%，临小区规划路，其占有地块景观资源较少，在设计上后天差异化程度太小，难以转化为现金牛产品或明星产品。

（4）产品线太过单一，90米²左右的产品面积区间占近72.9%。

（5）产品线内部竞争非常严重。共计有左右点式高层与中间点式高层之间的竞争，左右点式高层与点式小高层之间的竞争，左右点式高层两房与板式小高层之间的竞争。

根据以上分析，最终建议产品线修改如表5-4：

表5-4 “岭湾·国际”修改后的产品线

产品地位	产品类型	面积区间	套数比	备注
明星(15.3%)	板式小高层三房	118~131米²	15.3%	维持不变
现金牛(57.5%)	点式高层小三居	92~100米²	16.1%	维持不变
	板式小高层两房	90米²	13.8%	维持不变
	点式高层两房	60~80米²	16.1%	面积改小
	一房	45~55米²	11.5%	面积改小
问题(19.4%)	左右点式高层	三房105~120米²	4.9%	重新设计
		超值两房70米²	9.7%	
		超值一房40米²	4.9%	
瘦狗(7.7%)	点式小高层两房	82~90米²	7.7%	维持不变

修改后的产品线按舒适型、普通型、紧凑型分布产品，丰富产品线，且有效避免产品内部竞争。

举例2：沈阳“翰文·外滩”项目。

“翰文·外滩”初步产品线规划，用“波士顿矩阵”分解梳理如图5-4：

根据理想格局的四大特征，分析出上述产品线主要存在以下问题：

高 产品差异化		
	双拼/联排，12.5%　明星类	小高层，70~90米²，25%　问题类
	退台洋房，90~130米²，27% 宽厅花园洋房，130~170米²　现金牛类	多层，70~90米²，14.5%　瘦狗类 退台洋房5/6层，70~85米²，10%
	高　占有地块资源	

图5-4　“翰文 · 外滩”产品线分解

（1）明星产品、现金牛产品比例占50.5%，比例相对过小；瘦狗产品比例占24.5%，比例过大；

（2）瘦狗产品与问题产品存在内部竞争。

最终建议产品线如图5-5：

高 产品差异化		
	双拼/联排，20%　明星类	小高层，75~115米²，22%　问题类
	退台洋房，90~140米²，40% 宽景洋房，130~150米²，8%　现金牛类	瘦狗类 退台洋房5/6层，70~85米²，10%
	高　占有地块资源	

图5-5　“翰文 · 外滩”建议产品线

营销部门给设计院做“户型配比建议”是一个非常重要的工作，配比失调将直接导致后期的销售受阻。除了考虑外部战略及消费者需求等常规因素之外，户型配比有三个相当重要的策略原则：资金策略、竞争策略和回避风险策略。资金策略指的是哪部分可以满足资金快速回笼（如赠送或创新户型），哪部分满足提升利润；竞争策略则是站在市场角度，考虑凭什么打赢竞争，低价格？差异性？稀缺性？“房地产波士顿矩阵”刚好可以非常直观地反应户型配比的这三个策略，因此非常实用。

“波士顿矩阵”应用之三：项目推售策略

一个房地产项目的产品线包括明星产品、现金牛产品、问题产品和瘦狗产品，成功的销售就是要保证所有的产品同时热销。这就像一支完整的综合作战部队，将军在排兵布阵突围的时候，必须考虑冲锋、主力、掩护和伤员四组人马的调配。尖刀部队（明星产品）率先冲锋，杀出重围；重装备部队（问题产品）后面负责掩护，主力部队（现金牛产品）在中间保存有生力量，伤员（瘦狗产品）第一批全部率先转移。在房地产销售中，对各类产品推售顺序的策略安排非常重要，明星、现金牛、问题和瘦狗产品的搭配推售、同时热销相当关键。深圳万科

“东海岸”一期2003年开盘时，推出的产品就包括多层、小高层、公寓和联排别墅，明星、现金牛、问题、瘦狗等各种产品类型适当搭配，保证了全盘的热销。

除了开发节奏分期中的产品类型适当搭配外，为了制造市场稀缺效应，房地产营销经常采取的做法就是同期产品分批推售。如一期一共600套房子，往往也分三批推售。这时候也相当于作战时的分批突围，推售策略也非常关键。深圳“鸿景翠峰”项目利用“波士顿矩阵”对产品线的分解来制定分批推售策略，可供参考。

第一批推出单位：30%明星产品＋45%现金牛产品+100%瘦狗产品；良莠搭配，启动市场，保证不同客户的不同产品需求。

第二批推出单位：25%明星产品＋35%现金牛产品+80%问题产品；实现问题类产品转化，以现金牛产品主力实现项目均价。

第三批推出单位：45%明星产品＋20%现金牛产品+20%问题产品。利用明星产品博取剩余价值。

值得一提的是问题类产品的推售。对于问题类产品，对其培育和转化是关键，所以，第一批推盘时并不急于出手，因为这时的展示较弱，客户对产品的创新点、增值点等利益感知不强。等到后期推售的时候，往往园林已经呈现，现房或样板间也已呈现，问题类产品有条件展示到位，这时再主力推出，使之成为项目的明星产品。比如“涟水名城”项目的情景洋房一楼产品，一楼在三四线城市一向接受度低，销售前期，一楼产品的独门独院无法展示，导致这个“新鲜事物”遇冷，成为“问题产品”。等到后期现房阶段，庭院样板间出来之后，当地客户惊呼“一楼就像别墅的感觉”并进而追捧，问题产品从此培育成为明星产品。这时再销售，价值最大化就在情理之中了。

“波士顿矩阵”应用之四：项目价格策略

房地产项目在定价时，产品线内部不同产品需要采取不同的价格策略，这时用“波士顿矩阵”给各类产品进行价格策略调整也是非常好的办法。本书第十讲《价格制定》中对此有所论及，兹不赘述。

上文所说的分批推售策略，主要也是通过价格策略进行“软销控”实现的。比如第一批推出30%的明星产品，第二批推出25%的明星产品，第三批推出45%的明星产品，同样是明星产品，为了实现不同批次的推出，在价格制定上必然有所差异，计划第二批推出的单位价格必定高于第一批推出的单位，第三批又比第二批高。这也是“波士顿矩阵”在价格策略上的应用之一。

总之，将楼盘产品线放在“波士顿矩阵”上分解后，我们就很容易判定产品组合是否健康；一个健康的产品线放在“波士顿矩阵”上定位后，我们在之后的营销作战中就很容易正确排兵布阵、分配资源。“波士顿矩阵”在房地产营销中是最有用的工具之一。

整合推广：章法与借鉴

工具

住宅卖点全表、定义区域的两大方法

案例

北京UHN国际村、北京星河湾、深圳花样年·花好园、深圳特发·泊林花园

每天一打开报纸，各种房地产广告都充斥其间。“酒香不怕巷子深”的观念早已过时，“整合推广”已经成了房地产营销的规定动作。“整合推广”是“整合营销传播”的一个重要组成部分，或者说是“整合营销传播”的第一个阶段——策略传播的协调。西方整合营销之父唐·舒尔茨博士关于策略传播的协调的论点可作为整合推广的定义：“策略传播的协调，即各种外部营销、传播要素、连贯性的实现以及不同职能间的配合。重点一般会放在发展全面传播的方针政策以及实践上，同时通过营销传播传递‘一种形象、一种声音’。”[1]实际上，整合推广就是将零散的传播要素组合在一起，形成最具价值和最具效率的一个整体，让他们传递一种形象、一种声音。

如前所述，房地产营销的“整合推广”包括“高空轰炸”和“地面渗透”两个环节，要动用大众媒体、小众媒体、新闻事件、公关活动、渠道促销等所有手段来传递同一种形象，这其中，以媒体广告为核心的广告推广是整合推广的重头戏。

上篇　广告推广的一般章法

在资讯过剩和同质化日趋严重的时代，广告推广主要解决的问题是让客户与

[1]《整合营销传播：创造企业价值的五大关键步骤》第17页，唐·舒尔茨著，何西军、黄鹂等译，中国财政经济出版社2005年第1版。

项目优势信息充分对称，让客户知道、了解项目并形成价值偏好。广告推广如何解决三大问题："对谁说、说什么、怎么说"，这其中，都有可以遵循的规律。

一般来说，广告推广必须遵循五大步骤：

第一步：罗列价值点

罗列价值点并不困难，对照下表6-1，我们就可以初步"拎"出项目的全部价值点。

表6-1　住宅卖点全表

价值点类型	价值点构成
区位	城市规划新区、中心区、CBD、CLD、CRD[1]、繁华路段、公园、滨水、山麓、奥运板块、地铁、商业地段、风水宝地（如龙脉、粮仓旧址等）
配套	会所、泛会所、泳池、大型超市进驻、学区、运动中心、风情商业街
外部景观	水景（包括海景、江景、河景、湖景）；山景、公园景、高尔夫景
园林景观	中心花园、主景观大道[2]、主题园林（如北美风情园林、法式园林、澳洲风情、东南亚风情园林、地中海风情园林、热带海滨风情园林、新加坡风情园林、江南园林等）、园林规模、树木卖点[3]、绿化率、水化率[4]
建筑硬件	板式住宅、实用率、楼间距、建材与配置、新工艺新材料、创新技术、精装修[5]厨卫精装修
建筑风格	建筑艺术、西班牙风格、德式风格、欧陆风格、法国风格、意大利风格、海派建筑风格、和式筑居、新加坡风格、古典中式风格
户型	10米洋房（10米短进深）、入户花园、错层露台、圆楼、错层、跃式、复式、花园、（内）庭院[6]、赠送面积凸窗、270°转角窗、空中花园、大露台、阁楼、百变户型（可上、下、左、右任意组合）
产品类别	独立别墅、小独栋、Townhouse[7]、Cityhouse[8]、豪宅、情景洋房、产权式酒店、酒店式公寓、商务公寓、国际公寓、小户型、Loft、SOHO、SOLO、Hoffice[9]、Studio[10]、HOPSCA

[1] 休闲娱乐中心区。
[2] 深圳"云深处"别墅项目就通过炒作一条小区路，创造出"全国第一的私家路"卖点。
[3] 北京星河湾项目广告"三年前他们先到了""她四百岁，正值妙龄"，都是主张树木卖点的上乘之作。
[4] 北京"中海城"项目主打水景社区卖点，定位为北京第一个以"水化率"为衡量指标的水景社区。
[5] 万科"全面家居解决方案"即推行其"精装修"卖点。
[6] 对于洋房、别墅等高端建筑形态来说，"庭院"与"花园"已经越来越多的成为开发商强调的卖点。北京"诸子阶"、上海"湖畔佳苑"别墅提出"精装修庭院"概念，北京的"万万树"提出"买庭院送别墅"的"独栋庭院"概念，北京的"卡尔生活馆"项目推出"十字型户型"，号称每户有四个花园。
[7] Townhouse概念有被滥用的倾向，其实，真正意义上的Townhouse产品强调既有Town（城镇）的支持，又要有House（独立住宅）的低密度品质。从长远发展来看，应定位于第一居所。Townhouse产品应用的生活环境必须兼顾城市配套设施的完善和交通的易达性和便利性，最好在城市边缘，有优美的自然环境，周围的教育、商业、医疗、休闲设施配套完善。位于远郊的、第二居所定位的联排别墅在建筑形态上可称为Townhouse，但其生活品质却达不到真正要求。
[8] 即有天有地的城市House。六层住宅分上下两户，每户三层。下面有院，上面做露台，也有地。
[9] Hoffice=Home+ Office，有家庭归属感的写字楼。一般来说，整个亚洲的写字楼员工会对办公室有逃避的情绪，而在国外，很多写字楼设置了很多人性化家庭化的服务，比如可以把小孩寄放在保姆间，自己仍然安心的工作。
[10] Studio的英文直译就是"工作室"的意思。在国外，SOHO族主要是指那些住在城市郊区，在家办公的艺术型人才，他们往往从事的是独立性很强的工作，而Studio却是必须以城市里成熟的商务环境为依托，小团队型的工作模式，因此，Studio往往位于城市商务中心，面积小而精。经济、实用是最大的特征。

（续表）

价值点类型	价值点构成
功能提升	健康概念、投资概念、绿色概念、e概念、环保概念、生态概念
功能嫁接	教育概念、音乐概念、艺术概念、运动概念、旅游概念、高尔夫概念
软性价值	开发商品牌、专业组合、物业管理、文化、文脉、口碑、知情权卖点[1]、富人区、成熟社区、安全、生活方式[2]、品位、户口、一生之城、国际社区

第二步：基于产品的人本解读——FAB法则

在罗列价值点之后，需要的是对产品价值点进行人本体验的解读，这个解读就用到FAB法则[3]。FAB对应的是三个英文单词：Feature、Advantage和Benefit，所谓FAB法则，是指在描述项目价值点的时候，在讲述了产品的具体事实和特征（F）之后，要紧接着描述该事实与众不同的优点（A）以及结合消费者自身情况带来的利益（B），也就是对产品的卖点从“人本体验”角度进行解读，以追求与客户心理上的对位。

如北京“UHN国际村”项目，罗列出在地段、整体规划与建筑形态、社区环境、楼内空间、配套等五大方面的价值点，我们以地段和规划为例来说明推广中的FAB策略。

（一）地段

F：国际村地处东北三环/太阳宫板块核心/国展北部/坝河南岸。

A：可以享受发达的城市交通网络，各项配套亦较发达，繁华、舒适两者兼得。

B：太阳宫板块属于纯居住性质，自然环境较好；但板块作为北京“老菜乡”的历史和目前的“大工地”现状，对于客户更具意义的是与作为时尚、繁华的地标性原点——燕莎的关联性。如果以京顺路为轴线，太阳宫板块实际上与燕莎板块有着极强的对称性，这种对称不仅仅是地理表征，更重要的是对于我们的客户而言有着重要的心理和物质意义。从心理区位上说，客户更愿意也有理由说是住在国展附近而非太阳宫地区。因此，最后，对地段的人本解读为“市中心在燕莎”[4]，主张以燕莎为原点和参照系来重新评估项目地段价值。

在推广实践中，类似上面案例的“重新定义区域”是操盘人员的必修课。定义区域的方法无外乎以下两种：

1. 改变或重新建立项目参照系

深圳的“星河·丹堤”位于深圳梅林关口，属于特区外，俗称关外，形象较差，不符合项目的高端定位。推广中，项目定义区域为“西银湖”，银湖是深圳

[1] 深圳星河国际项目提出的“八大革命纲领”就属于典型的知情权卖点。

[2] 北京“摩尔生活馆”推广理念是以“享乐主义”的生活态度，专为城市小资阶层打造的创意生活领地；深圳“趣园”提出“私房”概念，主张为思想、为情感、为精神营造一个独立空间的“私房主义”生活方式。

[3] 详见本书“第十二讲　地产销售的九大制胜话术”中对FAB的解释。

[4] 案例印证了陈劲松关于“简单的区分‘市内’和‘郊区’还是失之于过粗，应该用‘Neighborhood’（邻里结构）来取代‘Location’才能更细的说清楚Location的意义。”的观点，详见本书第二讲相关注释。

传统的豪宅别墅区，以银湖作为参照系，重新定义项目所在区域，有效拔高项目区域形象。同样的，深圳的别墅项目“圣·莫丽斯”位于特区外龙岗区陌生区域，区域定位为“香蜜湖上游”，香蜜湖是深圳的豪宅片区，以其为参照系定义区域，与“星河·丹堤”异曲同工。

通常情况下，好的片区如富人区、CBD、口岸等等都是常见的可用的参照系。

2. 重新定义区域属性

在激烈的市场竞争情况下，项目之间的竞争已经不是跟楼盘在竞争，而是跟区域在竞争，重新包装、定于区域的独特价值，也是推广的必修课之一。

深圳的“金地·梅陇镇”项目在推广时将“龙华二线拓展区[1]”包装成“福田[2]后花园”；深圳南山区高新技术科技园南区被包装成“南硅谷”；深圳竹子林片区被包装成“中心西区”，这些都属于成功的区域重新包装。

（二）规划

F：反围合式布局，不低于50米的宽阔楼间距。

A：反围合式布局带来了开敞通透的空间感受，同时使朝向、景观的均好性得以保障；大间距保证采光、释放花园空间、避免对视。

B：红鹤广告经过人本解读后卖点言说直扣消费者利益和居住体验。如：

新中国成立前——开放式前沿规划区别于传统兵营式社区，让人不再在狭窄而刻板的楼间受限制（“放风”），重获大花园中玩耍的自由；

疏远人与人的距离——阔达108米的超大楼间距，提供人与人之间较大物理距离的可能。至于密切人与人的交流，我们有其他办法。

第三步：价值点加工、锻造，提炼“一种形象、一个声音”

初步罗列出价值点之后，接下来的工作是对众多价值点的甄选、加工、锻造，使其整体协调统一成“一种形象、一个声音”，也就是我们通俗所说的“主题语”。价值点的加工、锻造素来有两个方向：一是“产品”角度，一是“客户”角度。从这两个不同的角度出发，营销史上有三种学说：USP、品牌形象论和定位论。其中，“USP”和“定位论”是从“产品”角度阐述价值，“形象论”则从“客户”角度阐述价值。

表6-2　三种营销学说比较

	独特的销售主张USP	品牌形象论	定位论
产生时间	20世纪50年代	20世纪60年代	20世纪70年代
核心理论、主张	强调产品具体的特殊功效和利益	塑造形象长远投资	创造心理位置强调第一
方法和依据	实证	精神和心理的满足	类的独特性
沟通的着眼点	物	艺术、视觉的效果	心理上的认同

[1] 龙华属于深圳宝安区，是传统意义的特区外即关外，但龙华是深圳由关内向关外拓展的第一站，所以叫二线拓展区。
[2] 福田区是深圳中心区，最好的区域。

"USP"，即英文"独特销售主张（Unique Selling Proposition）"的缩写，50年代初由美国达彼思广告公司董事长罗瑟·瑞夫斯（Rosser Reeves）提出。20世纪根据罗瑟的论述，"USP"具有以下特点：

（1）每个广告都必须向消费者陈述一个主张："购买此产品你会得到这种具体好处。"

（2）这一主张必须是该品牌独具的，是竞争者不会或者不能提出的。

（3）这一主张必须具有足够力量吸引、感动广大消费者，招徕新顾客购买你的东西。

从"USP"的定义我们可以看出，其核心就是表现与竞争对手的差异，USP就是我们通俗所说的"卖点"，只是这些卖点必须是竞争对手不会或不能具备的。实践中，地产楼盘的"USP"可以有很多点，项目卖点只要和竞争对手具有明显差异性，都可以叫做"USP"。当"USP"中的某一点足够强大，足以在整个行业内树立独特性而不仅仅限于对比竞品的独特性，"USP"就变成了"定位论"，意味着项目凭借独特销售主张创造出了一个全新的品类。

如广州"星河湾"项目的"USP"是水文章，虽然相邻的几个楼盘如金海湾花园、绿茵水岸别墅都有优秀的水景园林设计，但"星河湾"的独特性在于其将水文章做到极致，做成水景园林品牌。"星河湾"每个组团都有开放的私家泳池，应用水循环净化处理技术，将珠江水变成干净水，开盘当天特地花钱雇人在泳池游泳，放红鲤鱼在水系里面遨游。不过，广州"星河湾"的水文章虽然优秀，但在房地产界早已有之，因此只能创造对比竞品的独特性但不能创造全行业的独特性。北京"锋尚国际公寓"提出"告别空调暖气时代"，创造出一个全新的品类：中国第一个低能耗生态住宅；广州"奥林匹克花园"提出"运动就在家门口"，第一个提出"复合地产"概念；北京"星河湾"提出"全成品豪宅"的概念。他们的"USP"足以撼动整个行业，这就是"定位"——开宗立派、创造第一。

"USP""定位论"都是基于产品主义的角度加工、锻造价值点，不同在于"USP"是"表现差异"，"定位论"是"创造第一"；前者是打品牌，后者是创品类。

另外有些楼盘，或者卖点的差异化并不明显，或者产品非常高端、已经步入有市无价的艺术品行列，这时，从"客户"角度、精神层面塑造品牌形象是一个不错的选择。比如深圳"花样年·花好园"的"70年代生人专属社区"，北京"裘马都"项目的"迎归资本疆场大业功成者"，上海"汤臣一品"项目的"拥有者，代言上海；拥有者，全揽上海；拥有者，见证上海"等都是从客户角度进行的价值点锻造。

价值点加工、锻造最终追求的目标和标准有两个：统一的形象和声音、与客户心理对位。

采用"形象论"和"定位论"的项目统一形象和声音较容易，如深圳"花样年·花好园”项目2004年推出的时候，无论在广告推广、公关活动还是卖场包装都围绕“70年代生人”这一概念发出统一的形象和声音，如售楼处放置勾起70年代人怀旧的校园黑板报、脸谱，售楼处里甚至连人的服装、行为举止都有所设计，保洁人员上身穿白色丝绸褂，下身穿黑色灯笼裤；邀请朴树、老狼、叶蓓、汪峰等知名校园歌手莅临售楼处，物业管理也针对70年代白领首创社区电子商务“彩生活”平台模式，与众多商家建立起合作关系，为业主提供送货上门的服务。

实际操盘中，常见的情况是楼盘有好多条USP，这时往往需要再对其进行归纳、提炼，形成一个统一的形象和声音。如北京“UHN国际村”项目，经过价值点罗列、解读、加工后，提炼出项目在地段、整体规划与建筑形态、社区环境、楼内空间、配套等五大方面的USP，最后，再进行归纳：居住在前沿。之后，所有的推广都围绕“前沿”关键词发出统一的形象和声音。

除了要求统一的形象和声音之外，与客户的心理对位也是非常关键的。正如姜汝祥所说：“房地产行业的本质是关系人们身份的变化”，在推广中注意心理尤其是身份的对位是重中之重。

第四步：确定推广节奏

现代广告理论的渊源是由拉维奇和斯泰纳创立的“效应层次模型”，即假想消费者会顺着“知道　了解　偏爱　购买　说好”的逻辑路径去识别能满足他们的产品或者服务，因此，在推广节奏上，我们也是遵照这个逻辑顺序层层推进。

在推广的“知道”环节，也就是俗称的项目“形象期”，主要任务是告知“我来了”，解决市场认知度。实践中，有些楼盘还将这个阶段进一步细分为预热期和出炉期。预热期一般是公关事件、新闻和话题炒作。正如特劳特所说：“原则上应该是公关第一，广告第二（公关播种，广告收获）。广告不能生火，只能在火点着以后扇火。”[1]在项目预热期，如果能有效开展公关活动，以新闻开路，将会收到事半功倍的效果。2002年，深圳京基地产“碧海云天”项目邀请克林顿到访，一举成名；2004年3月，位于深圳香蜜湖湖眼的豪宅用地（面积9.3万米^2）出让。拍卖之前，深圳特区报等媒体展开新闻炒作，系列文章《土地，从“资源”转变为“资产”》《“9万3”拍卖访谈实录——万科等发展商观点荟萃》《香蜜湖“9万3”拍卖映射出的豪宅空间》《香蜜湖：一拍倾城》《理性看待“9万3”之案例借鉴》等文章，引起了业界的激烈讨论。2004年4月，中海拍卖成功，后命名为“香蜜湖1号”，前期媒体出色的土地营销[2]动作轻易地为其完成了营销预热。

北京的“非中心”写字楼项目2005年夏季面市时，在北京很多户外广告牌上都只有“非中心”三个字，引起巨大的悬疑；2005年5月，在第八届科博会“中

[1] 见《新定位》第206页，特劳特、瑞维金著，中国财政经济出版社2002年10月第1版。

[2] 在深圳等一线城市，国土局土地交易中心作为“地主”，联合媒体、代理公司共同进行的主动“土地营销”在片区联合炒作、托市，项目前期预热方面起到相当大的作用。

国城市发展与区域经济国际论坛”上，开发商才正式公开项目，“非中心”指的是位于朝阳区的多层独栋写字楼群。这个具有颠覆意义的项目迅速引起了媒体的注意，在业内外的议论中项目完成了预热。

项目的出炉期，最重要的是确立项目的推广调性，是高端还是中端，项目建立的形象高度是面对全市还是某些区域；面对人群的阶层、年龄和区域都必须明确；项目是高举高打，还是适度神秘，这些都需根据实际情况予以制定。总之，塑造项目的联想空间在这个阶段是最主要的。

深圳某市区楼盘，先天条件均较优秀，但一亮相就打价格牌，以低价楼盘的形象出现，本来可能的联想空间全部乌有，造成一个低档的大甩卖的形象，以后尽管做了很多美化的充满想象力的广告，但已无补于事。相反，深圳“万科·17英里”项目在亮相时就可以保持低调。为了保持市场的神秘感和期待感，第一阶段的户外广告牌只有一句广告语“万科·17英里　我能与这个世界保持的距离”，发布也采取了时隐时现的阶段性发布策略，第一次发布1个月后，中间间隔了20日，然后再开始第二次1个月的发布，第三次的发布则间隔了2个月，其目的就是为了提升项目的神秘感和关注度。

在推广的“了解”环节，主要任务是描述“我是谁”，解决产品认知度。本阶段最重要的是要让项目的优势卖点和消费者充分对称，最常见的套路就是所谓的卖点分述。

在推广的“偏爱”环节，可以着重渗透项目在展示、活动邀约方面的信息，客户往往是通过实地参观、体验本项目才赢得好感，形成购买的偏好。因此，本阶段，媒体信息以“示范区开放”“现场售楼处开放”“样板间开放”“××元宵游园灯会”“××自助美食节、红酒品尝”等等展示和活动信息为主。

在推广的“购买”环节，主要是释放销售信息，如认购、选房、开盘、加推、促销等信息为主。“好感”以及“购买”环节主要解决的是“品牌认知度”的问题。在销售初期，项目一般都是以“销量促品牌”，在认购、开盘火暴的情况下，推广方面一定得炒作项目受追捧的情况。在前两个阶段告知“我来了”“我是谁”之后，再向市场宣布“我很牛”。

在推广的“说好”阶段，主要解决的是口碑传播问题。口碑传播的最好方法是讲故事，现身说法。成功地楼盘一定要有传奇因素，旺销的楼盘一定要学会表演。北京当代集团的高科技楼盘Moma在推广的时候就成功地利用了“讲故事”的方法，宣传册《Moma说不完　Moma的一百个故事》巧妙地将卖点融入到一个个消费者的购买经历当中，将楼盘偶然的或其他原因为主的成功，转化为必然的传奇原因的成功，给客户以不断的惊喜。这种价值转换非常准确的切中“讲故事”的要领。

但以上所说的推广节奏在不同的前提下是有所取舍的，正如李宗苗先生所说：“比如工薪大盘、中低档楼盘，解决‘知道’即知名度应可胜券在握，倘若区域竞争比较激烈，‘了解’环节的投入当然不可小视；如果是特别顶端的豪宅项目，你可以不用考虑‘知道’、‘了解’，而直接解决‘好感’，与此同时，在圈层认同问题上不要吝啬你的银子。”[1]

第五步：媒体排布与创新

在推广的媒体上，向来有“大众媒体”和“小众媒体”之分。“小众媒体”是相对于“大众媒体”而说的，指的是受众群体相对狭窄或者针对特定人群的媒体，如专业杂志、企业内刊、直邮单张等等。一般来说，两者之间的分工为：大众媒体树品牌，小众媒体争销量；大众媒体打头炮，小众媒体补充和强化。比如我们常见的DM单，在很多城市，直接派人上街散发DM单拦截客户成了销售的利器，DM单作为一种小众媒体，其最主要的功能就是促销量，所以释放的信息也应该以价格、促销、户型等销售信息为主，有些DM单却偏偏弄一些花哨的形象宣传，这就张冠李戴了。

在媒体的组合方面，不同阶段的媒体也应该不同。“知道”阶段，最好的媒体是户外广告；“了解”阶段，最好的媒体是报章。由于地产传播的特殊性，平面媒体特别是主流报纸的影响是最大的。

肖勇、李咏涛在《中国房地产媒体营销实战方略》[2]一书中提出媒体营销的十大军规，该书站在媒体经营者的角度讲述如何营销地产媒体，反过来也可以启发我们的地产媒体营销之道。十条军规中的第三条军规——饱和攻击，在很多情况下，能取得相当的效果，可以说是房地产营销中的重要媒体攻略，尤其适合大开发商、大盘在开盘亮相时的媒体策略。“饱和攻击”原本是纯粹的军事用语，指的是同时进行高强度、多层次、全方位的攻击。地产广告“饱和攻击”理论指的是“通过集中版面、集中主题、集中媒体、短时间、高强度密集投放，不断创造单日新高、单周新高，迅速吸引眼球，锁定市场，把客户‘打懵’。”[3]

2001年7月20日，“南国奥林匹克花园”在《南方都市报》发布28版铜版纸印刷的“理想生活手记”媒体楼书；2002年8月，深圳“嘉宝田花园”在深圳商报打响“品牌周”宣传，从周一到周五，每天都有广告、新闻，将广告投放变成接力传播，对读者形成反复影响；2005年8月，北京“星河湾”在《中国房地产报》正式推出4个整版的《星河湾价值报告》，让行业内外从更高的角度认识星河湾；2005年9月，《中国房地产报》以8个整版的篇幅推出“非中心”特刊，对“非中心”写字楼项目进行哲学、经济学、城市规划学等全方位的深入解读；还有深圳“碧海云天”的“四连版”广告，深圳“丹枫·白露”的连续6个整版的漫画广告，以《谁动了我的奶酪》书中原文照搬的口号来号召投资创富；深圳“港湾丽都”一天认刊8个半版广告。

[1] 见李宗苗搜房博客文章《媒体、代理、广告——地产服务业下一步怎整？》

[2]《中国房地产媒体营销实战方略》，肖勇、李咏涛主编，东方出版社2006年9月第1版。

[3]《中国房地产媒体营销实战方略》第80页，东方出版社2006年第1版。

这些形式创新的媒体投放方式都取得了非常震撼的效果，实际上，广告费并没有多花，只是将分散的广告投放集中在一个点释放，在信息爆炸、媒体泛滥的时代，极大程度的引起关注。

除了形式创新之外，还有投放地点的创新。2003年，“上海豪宅国际媒体路演”在欧洲、北美及中国台湾、香港地区热烈展开，在媒体林立的情况下，上海部分豪宅开发商在刻意制造“国际化物业”概念的同时，将海外媒体的报道作为其彰显身价的手段。海外媒体的报道引起的短期热点效应明显要比国内媒体的投放强得多，特别是在高价房的运作上，更是有着非同一般的影响力。2003年11月22日，上海“协和丽豪酒店公寓”在开盘现场的柱子上裹满了香港《经济日报》的通篇报道，通过其渲染后，宣称“已创区内物业最高价格”。目前，在上海，通过境外媒体炒作来抬升身价，已经成为很多豪宅运作的常规手法。

下篇 跨行业借鉴

在房地产的整合推广环节，最可值得借鉴的是汽车行业和娱乐行业，尤其是娱乐行业中的商业电影“大片”推广，其诸多动作均值得房地产行业借鉴。

2002年、2004年，张艺谋先后执导的两部商业大片《英雄》与《十面埋伏》在票房上均取得了空前的成功，标定中国国产电影在商业运作和整合推广上的全新高度，其营销上颇多可圈可点之处均值得房地产行业借鉴。

首先我们看一份《英雄》推广动作的时间表。

表6-3 《英雄》推广动作时间表

序号	时间	动作
1	2000-11	《英雄》初定开拍
2	2000-2002	实现策划从选人、选景，张曼玉、章子怡不和，李连杰撞人，放映人自杀等软文炒作，媒体围绕着《英雄》的跟踪报道不绝于耳
3	2002-06	影片基本杀青，进行混录合成，音乐动效同期制作
4	2002-07-13	天津《新快报》突然曝光《英雄》的多张剧照，报道同时附上广告招商内容，这一“绝对新闻”被30多家媒体转载
5	2002-08-02	张艺谋携《英雄》在香港湾仔会议中心举行大型新闻发布会。来自中国内地、中国香港、新加坡、马来西亚等亚洲地区的100多名记者与张艺谋进行面对面的交流

（续表）

序号	时间	动　　作
6	2002-08-02	在《英雄》香港新闻发布会上，张艺谋宣布《英雄》将推出漫画版[1]，而且由香港漫画大师马荣成执笔编绘漫画《英雄》
7	2002-09-09	一部名为《缘起》的记录片不断见诸报端，该片记录《英雄》诞生全过程，是成都女孩甘露跟踪《英雄》剧组从北京到敦煌、九寨、横店地等长达4年之久，从400多个小时的素材带中精选成的180分钟的纪录片
8	2002-10	关于《英雄》出征奥斯卡的报道成为了媒体对《英雄》报道的主要内容
9	2002-10-24	《英雄》在深圳新南国影城一个只有100个座位的影厅独家“试映”，每场只让进50个观众，防止盗版，观众必须持本人身份证，引起媒体炒作，观众期待更深入一层
10	2002-11-19	同名小说《英雄》面市
11	2002-11-22	《英雄》出品公司和与国内顶级公务机—“挑战者604”的拥有者彩虹公务机公司在北京钓鱼台国宾馆举行合作签约仪式暨新闻发布会，剧组将包两架专机用于首映式；签约仪式上，还现场播放了《英雄》的精彩片段和拍摄花絮
12	2002-11-29	电影VCD、DVD音像版权拍出1780万元的天价，创出国内音像制品版权交易最高纪录，形成一个轰动热点，使《英雄》变得热上加热
13	2002-12-06	上海某软件公司把《英雄》的人物造型、道具以及故事情节等搬到网络游戏《遗忘传说》中，推出游戏版《英雄》。据悉，这是国内电影业与游戏业的首次合作
14	2002-12-06	《英雄》纯商业广告登录包括央视在内的全国十几家电视台
15	2002-12	以张艺谋和其他主要演员构成的一联精装《英雄》版邮票以及一系列的豪华海报印制完成并发售；同时，各大影院都上了大型户外喷绘、POP挂旗、人型立牌等诸多终端宣传用品
16	2002-12-14	在北京人民大会堂举行全球首映式，陈鲁豫担任首映司仪；做完全球首映礼后，剧组又先后乘包机赶到上海和广州，接连举行了两场新闻发布会
17	2002-12-20	别出心裁地举行“全国零点公映”活动，炒作已久的《英雄》在全国14条院线42家影院同时启动

前后跨度近3年，集中推广期半年，一环扣一环，一浪高一浪，直至最后的高潮爆发，欲擒故纵，张弛有度，《英雄》的营销推广堪称经典。对于房地产尤其是大盘的推广来说，可资借鉴的动作至少有以下几点：

漫画版、游戏版、纪录片、同名小说、纪念邮票的推出，为前期上市造势

“文本营销”在房地产业界不算是新鲜物件。

深圳“特发·泊林”项目推出漫画版《泊林的故事》，以漫画的方式展现

[1] 推出电影漫画版是一种符合国际“商业推广惯例”的做法。首先这是一个很好的宣传方式，同时也能吸引更多的英雄观众。小朋友如果被漫画《英雄》所吸引，必然要去看电影《英雄》，而小孩要看，又必然带动家里的大人去看。

图6-1 《泊林的故事》漫画

2006—2048年主人一家在“泊林花园”的生活场景与心路历程。如“2040年8月，老同学来深圳，并说来看我，等了一杯茶的功夫，仍不见人，一通电话后，原来是他迷失在偌大的园里。见着他，老泪纵横，我们拥抱了足足3分钟。”

深圳“中海·阳光棕榈园”推出“阳光奇缘”爱情童话网络游戏。

王受之应邀为深圳“星河·丹堤”“万科·第五园” 和无锡“圣芭芭拉”天津“水晶城”项目撰写的著作《哈罗，中产》《骨子里的中国》《微风吹过圣芭芭拉》以及《水晶城：历史中建构未来》以及翟跃东为武汉万科“金域华府·茂园”主编的《诚实的建筑》，都可谓是文本营销的经典之作。前三者在产品设计阶段就谋划出书，营销前置，充分勾勒跨时空的生活方式，形成对客户的有效牵引。《水晶城：历史中构建未来》则是在“水晶城”项目即将收官之际为项目继续推波助澜，为万科最大化攫取最后的超额利润，并对万科“尊重历史、尊重传统文化”的品牌内涵做了一次梳理和宣传。《诚实的建筑》继《历史中构建未来》之后再一次从建筑中溯源人文历史，渲染着万科对于原生态环境的敬畏之心。伴随着这些著作的出版，签名售书、新闻发布等活动，也都起到了很好的宣传效果。

至于纪录片，业内成功的案例不多见，尤其是像《缘起》里面详细记录张艺谋如何说服李连杰、梁朝伟等加盟，亲身上阵示范动作，在戏外老谋子有板有眼地教章子怡说陕西方言，章子怡成为摄影师杜可风的专职模特等幕后趣事的纪录片在房地产推广中几乎见不到踪影。

深圳某别墅项目在销售时，客户首先被引进社区门口的某栋别墅，然后业务员请听音乐、喝咖啡、吃西点，彻底放松后，便有心无心地引看这栋别墅的各个房间，在楼梯拐角的书房中，敲门进去会发现一间十分紧凑甚至零乱但又很富格调的书房，一个建筑师正在那里画图或看书，这正是这个别墅的设计师，他会给客户看这个别墅设计的所有资料，包括曾经否定的几十个方案，以及世界各类别墅的代表作。在一番客户听不懂的对话之后，他会告诉客户，这是最好的别墅。然后，你才开始参观山上在售的豪宅，这时候，你脑子装满全世界优秀的别墅和大师那句忠告。但没有人会知道，这个大师是假的，真的设计师早就走人了，留下的只是销售经理。这个"大师书房"的策略其实就有纪录片的影子，与其销售经理"装神弄鬼"，不如弄一部《缘起》的纪录片，岂不是更能打动客户。

北京"星河湾"的系列广告文案：

3年前他们先到了
从3年前开始，他们被不断地从深山里接出来，
一路上，他们乘坐专车，缓缓而来……
最终抵达北京星河湾专用育林圃，被奉为上品。
为保证园林的整体美感，
包括3位林木专家、两位园林专家寻树组一行5人，
3年来，跋涉于全国同纬度的深山密林，
专门用于选树的越野车行程已超过15万公里。
往往跑遍三四座山头，
才能发现一株符合要求的大树，我们是指真正的大树。
5辆专列悄悄进京
他们原本生长在3000公里以外，自然灵性，温润入玉。
一旦淋了雨，就散射出流动的光彩。
他们很重，也很大，最大的一块重达27吨。
2004年6月，5辆专列悄悄进京……
在北京星河湾一期园林中，共动用了5000吨黄蜡石，
而这才只是个开始。
她400岁正值妙龄
3年前，在智利，星河湾挑中了她，
很多必要的斡旋工作就在那时候开始了。
2年前，所有的启程准备终于完成，她乘船来到上海，
她的体重和随身土壤足足有27吨。
在上海，她生活了整整1年，这是她适应中国的必要程序。
走过52座梢木桥 就到家了。
4艘马来古船被还原了，
穿上完好的梢木甲板经过细细的打磨，

铺在星河湾总长4000米的溪水上，
走在这52座梢木桥上，
桥板咚咚的声音一如数百年经历的回响。

这些文案多有传奇色彩和满足人们窥探内幕和隐私的心理，为什么没有营销推广的全局意识，在这些细节开始营谋的时候就收集素材拍一部《缘起》的纪录片呢？那将有多大的说服力？

综上所述，《英雄》大片所用的五大文本营销手段房地产项目一般只涉及其一二，尤其是纪录片环节基本是阙如。像《英雄》这样打文本组合拳，将每项文本均做到极致的方式房地产界更是望其项背了。正如唐骏所说："未来企业营销的手段是什么？人们在生活中常常感觉很压抑，希望有自由的空间放松一下。让人放松的最简单方法就是娱乐。不娱乐不行，传统的营销模式肯定在今日市场中走不下去。"房地产营销何不借鉴娱乐业，让自己的营销娱乐起来。

我们设想一下，一个房地产大盘完全可以借鉴《英雄》五马齐驱的手段来为项目造势。如：

（一）从项目谋划开始就筹划拍一部纪录片《缘起》

包括项目拍地时的紧张气氛、拍卖过程中的有趣花絮、与已故大师陈逸飞畅谈项目艺术与建筑的见解[1]、施工过程中老板不惜损失数百万元砸景观玻璃、全球同纬度寻树[2]、15次推翻设计方案、举办建筑大师论坛、竞拍大师手稿、参加国际大奖、夜邀国际顶尖设计大师加盟、聘请国外专家进行工程监理等等幕后新闻。

（二）在项目设计阶段就邀请畅销书作家李欣频出版《北欧：冰与阳光最美的恋情》[3]

项目整体设计为北欧风格，设想邀请台湾文案天后李欣频为项目撰写关于北欧风情与建筑艺术的专著，为项目充分营造一种北欧的生活方式，引起客户的向往。

（三）出版漫画版、游戏版楼书

通过漫画、游戏将项目卖点充分融进其中，让客户在娱乐、互动中接受项目的生活方式。

在美国等发达国家，网络在线互动游戏已经成为最常见、最有效的病毒式营销手段。2001年，美国百事可乐旗下的"红色代码"饮料上市前在网上专门编制了《"红色代码"任务》的互动游戏，刚推出4个星期，网站就有超过100万的点击率。也是2001年，凯迪拉克旗下SUV品牌Escalade推出一个大型的DVD游戏大赛的活动。这一游戏要求参与者使用Escalade车战胜困难与各种艰难，最终为世界恢复秩序，大奖获得者将赢得一辆Escalade车。游戏光盘通过现场派发、汽车展览、邮寄商品目录等方式送到消费者手中，结果前4个月其网站每月访问量都达到了20万人次。

---

[1] 深圳"万科·17英里"项目高层就曾和陈逸飞有过接触。
[2] 出自星河湾老板黄文仔的典故。
[3]《冰与阳光最美的恋情》《湖与童话缤纷的王国》已经由李欣频出版，上文只是举例。

对于房地产来说，如果目标客户群是年轻人，针对他们开发一款这样的互动游戏，将游戏光盘在目标消费者出现的场所派发，同时开通网络在线游戏，优胜者予以重奖一套小户型房子，肯定能起到相当好的宣传效果。

（四）发行小区“园林十二景”纪念邮票

通过纪念邮票，充分表现项目园林景观的卖点，体现项目的珍贵。

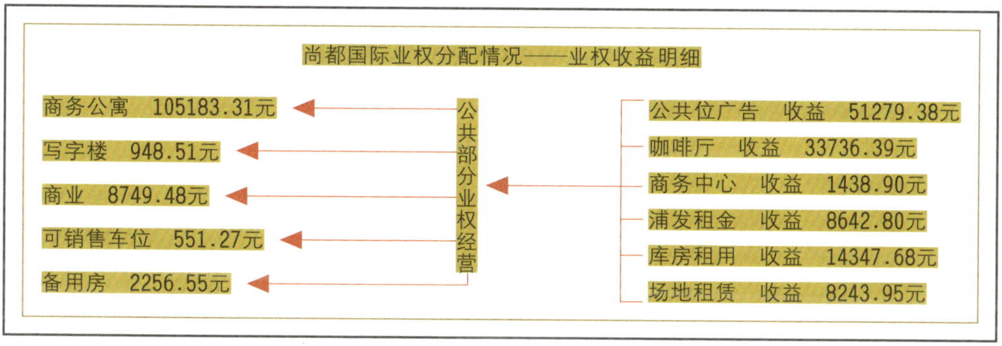

图6-2　“尚都国际”业权分配图

拉大旗，立牌坊

在《英雄》推广的时候，出品方就利用“进军奥斯卡”的口号煽动了观众的民族情绪。到《十面埋伏》的时候，这种煽动更是刻意为之，到达极致。《十面埋伏》把自身推广和振兴中国民族电影结合一体，将自身塑造成为振兴本土电影的民族英雄，把支持《十面埋伏》等同于支持民族电影。出品方甚至在沈阳组织了万人支持民族电影签名活动。

在房地产推广当中，“拉大旗，立牌坊”思路也有为之，但像电影大片做到如此声势的几乎没有。

《中华人民共和国物权法》出台后，北京华远集团“尚都国际中心”推出《业权收益明细》，严格按照物权法核算业主权益，2005年业主每套内平方米获得1.84元收益。

万科在多次房交会推出“企业公民展”。2007年、2008年，万科连续发布《万科企业社会责任绿皮书暨年度企业公民报告》，系统展现万科如社会发展与安定、能源与环境保护、传统延续与创新等方面做出的努力。2008年4月23日，福州万科举办“城市生长人居成长”公益展，展示万科24年推进城市发展进程的理念与实践。塑造企业公民形象，拉起城市建设、社会责任方面的大旗，万科、华远还有潘石屹[1]、冯仑等都是“拉大旗，立牌坊”方面的高手，与《英雄》

[1] 2008年5月24日下午，潘石屹在北京八达岭长城上举行“让中国精神高高飘扬——放风筝抗‘非典’”活动，以“中国精神”的名义为其“长城脚下的公社”做宣传。

图6-3 万科“企业公民展”

《十面埋伏》树立民族主义大旗有异曲同工之妙，值得整个行业借鉴。

菲利普·科特勒2006年在其演讲《迈向品牌与全球化之路》中指出品牌的七大共同元素，即创业故事(creation story)、信念(creed)、仪式(rituals)、神奇口号(scared words)、标志(icon)、对手(nonbelievers)、领袖魅力(leadership)，他认为品牌运作的方式和宗教如出一辙，从故事的起源、教条，一直到领袖魅力。无论是上述的《英雄》还是万科[1]、华远、王石、潘石屹、冯仑都是在利用宗教式的品牌运作来进行推广，创新的诉求与公关的操作是他们成功的共同方程式。

[1] 2006年1月，王石出版《道路与梦想》；2007年6月，万科物业管理公司更名为物业服务公司；2007年10月，万科启用新标志；这些都是万科品牌运作的元素。

联合促销

《英雄》《十面埋伏》入市的时候，与其他品牌之间的捆绑广告与联合促销也做得相当出色。比如方正科技，在观众购买《十面埋伏》的电影票时，还同时领到了一张有方正标志及名称的刮刮卡，凡中奖者皆有机会领取方正的一款MP3产品或享受方正的优惠购买活动。

对于房地产推广来说，抓住比如年度大片上市这样的机会，效仿方正科技，与之捆绑销售，设计一张精美的刮刮卡，客户即使没有中奖也可以有收藏价值，应该能取得较好的效果。深圳的“星河·丹堤”还选择与深圳几家主要的电影院线合作，在大片放映之前播放30秒宣传片，取得的效果也是非常不错。另外，房地产新上市项目还可以选择与新上市汽车品牌合作进行联合促销，借船出海，也是可以考虑的思路。2009年1月，天津“万科·东丽湖”与丰田汽车联合展示、佛山“碧桂园·王城”和宝马3系联姻都是这方面的成功案例。

策划大事件——让在媒体具有强势话语权的关系人表达关键词

盛大新闻发布会、包机首映式、天价拍卖等一个接一个新闻事件让《英雄》赚足了眼球，各种报道铺天盖地，归根结底，其中的奥妙就是“让在媒体具有强势话语权的关系人表达关键词”，自然能赢得媒体的关注。新闻发布会、楼王拍卖在房地产界并不是新鲜事，但关键是如此的密度和阵势是房地产所不及。深圳“中信·栖湖”项目在2005年举行的“中信年度产品全球品鉴会”，邀请凤凰卫视主持人胡一虎主持就是这方面的成功案例。另外，如南京雅居乐等项目也时常通过邀请名人等活动吸引市场关注。

从本行业掌握推广的基本章法，从外行业吸取创新思路，我们才能在房地产行业收获一个又一个的奇迹。

活动营销：技术与实例

工具

工程检查日志、房展会技术要点、圈层营销活动举例、聚集人气活动举例、感情维系活动举例、危机公关活动举例、事件营销活动举例

案例

北京万通、北京炫特区、广州星河湾、深圳万科·东海岸、深圳熙园、深圳蔚蓝海岸、天津万科·东丽湖、厦门万科、无锡圣芭芭拉、湖南涟水名城

“活动营销”是房地产营销最重要的环节，一个楼盘销售可以不做广告，但绝不能不做活动，尤其是对于陌生区域的楼盘，“活动营销”几乎是吸引人气、积累客户的不二之选。

如前所述，消费者购买房产一般要经历“知道、了解、好感、购买”等四个阶段，对应这四个阶段，营销的动作主要包括“定位、推广、展示、价格、销售”五大环节。在这“四大阶段”和“五大环节”之中，广告一般只能起到造梦、吸引眼球，使客户产生联想和希望的作用，而活动则因为其零距离接触消费者以及变被动为主动的两大优势，在房地产营销的每个节点都起到至关重要的作用。项目造势与推广、客户积累、展示和体验、价格的公布、认购与开盘等都必须依靠“活动营销”搭建的平台。

“活动营销”的关键在哪？首先，看两个案例。

第一个案例是郑州“思念·果岭山水”，2005年该项目为认购举行了盛大的嘉年华活动，因其位于郑州著名的黄河大观景区内，强大的景观资源与众多的活动场所以及精彩的现场餐饮、娱乐活动吸引了近万名客户参加，活动可谓相当成功。但结果到认购的时候，成交的客户却寥寥不到20人。

第二个案例是深圳的“万科·17英里”三期，2006年，“万科·17英里”经过“售楼处风波”之后，三期重新高调亮相销售，其强销期正值深圳的盛夏，为了吸引客户，达成大量成交，“万科·17英里”每个星期都要举办客户活动，其中一次的主题是“滨海生活体验日”，有游艇、刨冰、游泳等活动，参加的客户

也是很多，非常投入，活动的氛围非常好，活动结束的时候已经傍晚时分，客户直接打道回府，结果很多都没怎么进售楼处，更不用说销售了。

顾名思义，“活动营销”的形式是活动，其目的是为了实现销售。换言之，再热闹、再成功的活动如果对销售没有帮助就不是一次成功的活动。但这句话我们得掰开了看，对销售的“帮助”得分不同的性质、不同的目的，如上面两个案例，郑州项目的活动目的是为了客户认购，如果认购不成功，那活动就是失败的；“万科·17英里”的活动如果是以增强体验、维系客户为目的，只要达到这个目的，哪怕没有带来直接的销售，活动也是成功的。

针对不同的营销目的我们应该安排哪些活动，具体的活动又应该怎样组织才能更好地促进销售，这是本讲要解决的问题。

“消耗性活动”与“歼灭性活动”

在准备活动方案之前，最重要的是确定本次活动要达到的目的，然后根据不同的目的策划、部署不同类型的活动。

“活动营销”的目的主要有三个：

第一，制造新闻。在项目的亮相、起势阶段，通过制造新闻事件以扩大项目的知名度，拔高项目的形象，提升项目的宣传调性，这类的活动营销以制造新闻事件、扩大项目知名度为目的，我们称之为“事件营销”。

第二，改变态度。项目建立知名度后，要解决的问题就是开始积累客户，并且使之改变态度、产生偏好，打造项目美誉度。尤其是先天有缺陷如较偏远的项目，要解决现场人气不足、消除客户抗性、增强吸引力，这都需要“活动营销”。

第三，达成销售。项目建立知名度、美誉度，最终是为了达成销售；项目积累起一批意向客户后就要开始消化，最终将其变成现实客户。在各重大营销节点上的“活动营销”就是为了达成上述目的。

毛泽东在《论持久战》中把战争按目的分为“消耗性战争”与“歼灭性战争”，如果把营销比作一场战争，营销活动也可以分为“消耗性活动”与“歼灭性活动”。上述第一、第二种目的的活动都可以称作“消耗性活动”，因其不以销售为直接目的，而是为了改变客户的认知和态度。为了分析问题的方便，我们把第二种营销活动独立出来，称之为“事件营销”。上述第三种目的的活动可称之为“歼灭性活动”，因其目的是为了歼灭意向客户使之达成销售。除了上述三种类型外，还有的大型活动延续较长时间，配合营销节点，兼具“消耗”与“歼灭”两种目的，并且带有事件营销性质，我们姑且称之为“综合性活动”。

根据上面分析，我们将“营销活动”分成四大类：事件营销、消耗性活动、歼灭性活动以及综合性活动。

“五大方针”与“十六字诀”

活动营销要取得好的成效，精心策划和彻底执行是关键，精心策划的关键点又在于活动必须具备吸引力、关联度、可信度、操作力和传播力等五大方针。

没有吸引力的活动营销是苍白的，比如做一个干巴巴的产品说明会，搞一个植树节种树活动，这些对消费者根本没有多少吸引力，活动人气就不一定能够保证了。

缺乏关联度的活动营销是幼稚的，策划活动一定要和楼盘的卖点和形象气质有关联，一个古典中式风格的楼盘却去搞“啤酒节”，一个针对年轻白领的小户型楼盘却去搞“少儿跆拳道训练营”这些都是可笑的。

另外，弄一些可信度不高如“买房抽奖中宝马”之类的噱头，或者操作难度很高的如“邀请普京参观楼盘”活动，还有传播力不强的活动等等都算不上一次好的营销活动。

除了“五大方针”外，一个优秀的活动营销还必须具备“动之以情、晓之以理、攻之以心、诱之以利”十六字诀。

“动之以情”就是在一个活动营销策划中，要充分吸引社会大众的注意和参与，就必须注入“情感”因素，以情动人。深圳桂芳园第七期命名为“蜜月岛”，在其开盘的时候请50对新人巡游小区并举办“西班牙金桂婚典”；潘石屹在申奥成功的时候用3600公斤写有“2008北京”的幕布把现代城SOHO包起来，万科东丽湖举办的“浪漫七夕，相约东丽湖”活动，这都是主打人的情感。在策划营销活动时经常需要一个由头，这个由头往往就得用人的情感来主打和包装。

“晓之以理”就是告诉至少一个足以打动消费者心动和参与的理由。“超级女声”红遍大江南北，最主要的原因就是参加超女可以实现当明星的愿望。北京远洋天地的业主车模大赛、深圳招商海月花园主办的少儿钢琴大赛、佛山怡翠玫瑰园主办“漂亮妈妈大赛”（冠军奖金8万元）全程现场直播等都是“晓之以理”的代表。

“攻之以心”就像“谈恋爱”一样，让对方彻底失去心理防线，心甘情愿地接受。这就要求我们必须针对不同的客户或者不同的问题对症下药，让他们彻底被征服。例如万科推出“工法样板房”、北京珠江地产推出“阳光计划”即阳光产品、阳光交易、阳光服务、阳光交房等四部分、宁波金地国际公馆的“公馆真人秀展示活动”,还有万科所最擅长的体验展示活动等都是对消费者进行的攻心战术。

“诱之以利”：没有利益驱使的活动是不完美的，尤其是以成交为目的的活动，必须设定一定的优惠利益作为逼定工具。不过促销一定要做到适可而止，要把握一个度。

掌握了“五大方针”和“十六字诀”，基本上就可以掌握活动营销的要领，也可以此去评判活动的成功与否及其原因。

“歼灭性活动”技术要点

“歼灭性活动”直接关乎销售，是房地产营销活动中最关键的动作，如内部认购、解筹、开盘、加推单位、尾盘去化等重大节点活动都需要举办“歼灭性活动”以直接促进成交。“歼灭性活动”除了活动本身以外，还需要推广、促销、展示等一系列动作的配合，活动的规模相对较大，涉及的技术要点也比较复杂。主要如下：

（一）时间：攻心要选对时机

考究举办歼灭性活动的时间，我们需要研究两个问题：一是在哪一天做活动？二是在一天的具体什么时间做活动？

关于在哪一天做活动要分两种情况：一种情况是开盘前的蓄客期，这个时候的活动主要根据工程节点和营销节点确定[1]，基本比较容易；一种情况则是开盘后的持续销售期，要确定活动时间，关键的技术要点就是分析客户的成交周期和客户曲线。

所谓成交周期就是从客户第一次进线或到访起算到最后成交的时间周期，按通常情况来说是半个月。取一段时间如上两个月的成家客户样本进行统计，取多数客户的成交周期为参照。

知道客户的成交周期后，我们还需要分析上段时间的客户曲线，客户曲线包括成交曲线、进线曲线、上门量曲线。（如图7-1）根据销售的原理——积累一批，消化一批，即一段时间的任务是大量积累新客户，新客户到一定量以后，必须举办活动进行较大规模集中歼灭。这样，客户成交量就往往会呈现一条曲线，有波峰、波谷。波峰就是客户成交量最大的时候，这往往表明前期积累的客户已

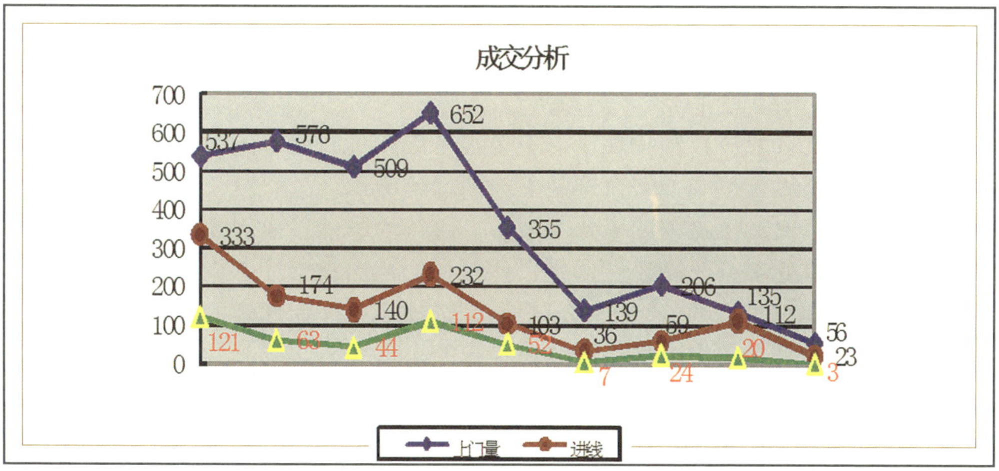

图7-1　客户曲线图

[1] 北京“炫特区”选择活动时机的特点是“出其不意、逆向思维”，别的房地产公司都放假回家过年了，“炫特区”一期却在雪花纷飞的大冬天轰轰烈烈地开始认购，然后以大型活动例如音乐会等积聚人气。

经被“歼灭”得差不多了，这个时候如果紧接着做活动，成交效果肯定不好。因为客户也需要一个休养生息、慢慢积累的阶段，这个阶段往往要间隔一到两个成交周期。我们观察客户成交曲线，如果距离上次成交的波峰有一两个成交周期的时期间隔，然后再观察这段的上门量曲线和进线曲线，如果客户进线和上门量有一定的积累，这样就表明举办“歼灭性活动”的时机基本成熟，猪羊已肥，可以“磨刀霍霍”了。

举例来说，上次成交的波峰是5月20日，项目63%的客户成交周期为20天左右，5月20日至6月10日至今已经积累了60批意向客户，这就表明6月中旬左右基本具备了举办“歼灭性活动”的时机，再看日历，6月15日是周六[1]，基本就可以选择6月15日做营销活动，有一批经过休养生息基本养肥的客户等着我们去磨刀霍霍。

基本确定6月15日做活动后，再选择15日的什么时候做活动也大有学问，其技术要点就是分析客户具体成交时间。

美国某保险公司对其客户成交时间作出分析发现，73%的客户成交时间都在下午三时，因此，要求其业务员与客户签约的时间尽量选择在下午。从客户到访到最后成交的时间要三个半小时。

对于房地产销售来说，同样也有上述考究。因为每个具体地方具体项目的不同，所以做活动之前，必须对以前的客户成交时间作出统计研究，才能选择一个合适的时间。就本人的经验来说，房地产成交的时间也大多在下午，营销活动也放在下午为宜。原因：一是根据心理学原理，上午人比较理性，强调算计，下午则相对较感性，容易冲动；二是房地产销售属于大宗买卖，客户考虑的时间相对较长，一般来说，从客户最后一次上门到签约，时间也至少要三四个小时，而上午的时间往往较短，所以选择在下午两时为宜。

当然，如果是具有仪式和象征意义的活动，如奠基、开盘等则必须选择在上午，其他的选择下午为佳。

（二）地点：攻心要“造场”

活动的地点一般放在销售现场，主要需考虑宣传和展示的需要。如有开放式广场、水系、园林等呈现与配合则是上佳活动场所。

还有一种情况，楼盘前期不具备展示、接待的条件，或者需要一个大的楼堂馆所容纳大规模的客户，则往往选择一些高档的酒店宴会厅、剧院等。沈阳“远洋天地”项目亮相时候的“媒体见面会”则选择了在浑河岸边的沈水湾公园露天码头，主要目的是为了突出其一线浑河景观的卖点。

（三）人物：“羊群效应”与“意见领袖”

“擒贼先擒王”，营销既然是一场战争，那首先需要战胜的就是敌人的领袖。对于房地产销售，素有“羊群效应”之说，羊群的动向得看头羊的。对于传

[1] 周末适宜举办活动是一二线城市的惯例，但四线城市则不一定，四线城市平时生活节奏较为散漫，上班时间制约不强，周末则喜欢扎堆娱乐，因此，可选择非周末举办大活动。

播来说，首要的任务就是影响“意见领袖”，现实销售中，焦点客户、业内人士、小孩、媒体都可能会成为“意见领袖”。

对于人物的考究，技术要点主要有六个：

一是演员和观众。如果把房地产销售的签约当作演戏的话，销售人员和最后成交的客户可算是舞台上的演员；但演戏光有演员还不行，必须还有观众。所以做一次“歼灭性活动”，演员即前期积累的意向客户的邀约至关重要，这类活动首先切记的一条就是“抓客户”，没有客户，就是没了主角，活动肯定是失败的。但除了主角以外，观众的邀请也非常重要。通知了意向客户以后，还必须通知一些老客户和他们的亲朋好友，另外比如房地产公司会员俱乐部的会员等等都可以邀请一部分。这部分人可能并不能成交，但其作用是烘托成交气氛和进行口碑传播。需要成交的客户看到有这么多客户在销售现场，也会感到紧迫感和优越感，会促进其成交。另外，很多观众本来只是抱着看看的念头来参加活动，但受到活动现场气氛的感染，也加入了演员的行列，最终也成了现实客户，这种例子比比皆是，也就是所谓的“羊群效应”。观众最终能否变成演员，也是衡量一次营销活动是否成功的重要标准。

二是业内人士。在深圳的房地产界流行一个说法：“同行是大客户。”确实，专业人往往是其亲朋圈中的意见领袖，他们的意见是最有权威性和说服力的。亲朋好友要买房了，很多往往会去咨询自己的业内朋友，所以，“得业内者得天下”，深圳很多楼盘尤其是豪宅在销售时都专门安排“阳光接待大使”（即业内人士接待专员），专门为业内参观人士提供咨询服务，并根据身份给予较为详细的资料。在重大活动节点，邀请业内人士共同参与体验。除此之外，还提供项目宣传资料给予代理商、广告公司、建筑设计单位、园林设计单位等相关合作公司。总之，上述“业内推广”系列动作都是必要的。广州的“星河湾”就曾创下了开盘一个月，业内上门参观者超过20万人的神话，对其项目的影响和口碑起到了巨大的作用。

三是焦点客户。所谓“焦点客户”是指影响力大、交游面广、购买力强的典型目标客户，他们在自己的圈子中具有相当影响力，打动他们就打动了一个圈子，可轻松实现圈子里的“链式传播”。像深圳“熙园”在推广时就专门举办了系列“焦点客户访谈”活动，取得了很好的效果。

四是小孩子。小孩子是客户中最不可忽视的群体，小孩子往往第一个、最积极地向家长表达自己意见，其在很大程度上能影响家长的决策。所以，在做活动的时候，千万不要忘记孩子，有必要为他们准备些小礼物，如小金鱼、漫画书、风筝或者小玩具等等，小礼物要在一入场的时候就给小朋友。

五是媒体。一次成功的营销活动要讲究“余音绕梁，三日不绝”，活动过后的媒体炒作与放大也比较重要，媒体的介入可以成功地扩大项目的影响与口碑传播，塑造项目的销售速度与销售气势。所以，在组织活动之前，媒体的邀请以及新闻通稿的准备都是必不可少的。

六是领导。领导在活动中往往具有仪式和象征意义，在组织活动之前必须提前就预约好领导的日程安排。

（四）由头：动情或晓理

举办活动必须有“由头”，比如庆祝节假日，项目亮相、开工、售楼处开放、样板房开放、封顶、开园、认购、升级、算价、开盘、开业等营销节点，还有与某单位联谊，答谢老客户，举行肯德基品尝周、澳大利亚风情周活动等等。

所谓“由头”，就是给客户一个参加活动的形式理由，由头要么动之以情，如举办“客户答谢会”“消夏音乐会”，要么晓之以理，如“项目正式认购”“项目封顶”等等。为什么必须找“由头”，原因主要有：避免商业意味太浓，给客户造成廉价甩卖的印象；必须师出有名，不能盲目折腾客户；用由头去统帅活动全局。

活动的“由头”是反映策划智慧的地方，要注意的是，活动的由头必须与项目的精神气质吻合。如项目宣扬是澳洲风情园林则可以举办“澳大利亚风情周”活动。

（五）主菜

有了“由头”以后，就要考虑安排主活动。如果是开工、开盘等重大节点，主活动可以是仪式，可以是系列销售流程等，如果是节假日，也可以配合大型美食节、大型演出或者系列嘉年华活动等。

（六）参与：攻心术

在举办活动的时候，为了加长客户逗留时间，通行的做法就是组织一些可参与性、趣味性甚至带有博彩性质的小活动穿插其中，这些小活动客户乐意参加，还可以获得一些小礼品、小奖品。常见的参与性的小活动主要有高尔夫推杆、真我素描、DIY活动、幸运飞镖、圈牛仔等等。沈阳的“穗港·公园里”借新品上市推出只要到访售楼处即可赠送出生当天老报纸的活动，也赢得了客户很高的参与度。

（七）促销：诱之以利

活动只是搭台，但真正的目的是为了成交，而成交需要强有力的逼定工具，这就需要促销。我们说很多活动只是凑热闹，没有达成有效成交，往往就是没有有力促销措施的配合。结合活动，制定一些促销政策，这是非常必要的。[1]

（八）展示[2]：攻心术

展示是最重要的攻心术，是活动营销需要考虑的重中之重，一场没有展示的活动可以说效果去了一半。在房地产营销中，“眼见为实”是一个颠扑不破的真理，把自己最好的卖点真实地展现出来，这比做一百次宣传都有效。

做活动的展示主要有两类，一是软展示，即在项目已有硬件的基础上展示未来的生活方式等。如广州“星河湾”在开盘当天，为了突出它的“水生活”卖

[1] 关于促销的方法及招式，详见本书“第十一讲　价格调整策略”中的相关论述。
[2] 关于展示的相关论述详见本书“第九讲　体验营销与展示策略”。

点，特地买来上万条锦鲤在园内溪流里畅游，花钱请来男女老少在游泳池嬉戏，创造了脍炙人口的佳话。万科更是擅长展示生活的营销高手，天津“东丽湖·万科城”展示 的“烧烤夫妻”“瑜伽妈妈与孩子”等等生活场景都给客户造梦，塑造一种完美的生活方式。

展示的第二项是硬展示，即需要项目硬件的配合，包括项目的外围导视、园林、场地装饰、活动包装、看楼通道、清水房、工法样板房、精装样板房等等。这些工作都需要营销部门以外的工程、制作公司方面去完成，在执行中往往出现这些部门完成时间滞后于营销节点的需要，或者完成内容不合乎要求等情况，深圳世联采用“工程检查日志”的管理工具，写上要求完成的工作、完成要求，并且配上图片以及示意，让主管领导签字后，每天交给相关执行部门，加以督促，确保配合节点。

附：世联“工程检查日志”范例

传真Facsimile：	编号：
致To：交楼指挥部	传真号码Fax No：
收件人Attn：	抄送：
发件人From：品质管理小组	日期Date：2007年11月1日
主题：关于一期工程检查日志	页数Page(s)：5页

关于一期工程检查日志

今天上午我组主要针对一期园林进行了巡查，现将相关意见整理如下,请相关负责人给予反馈并跟进整改:

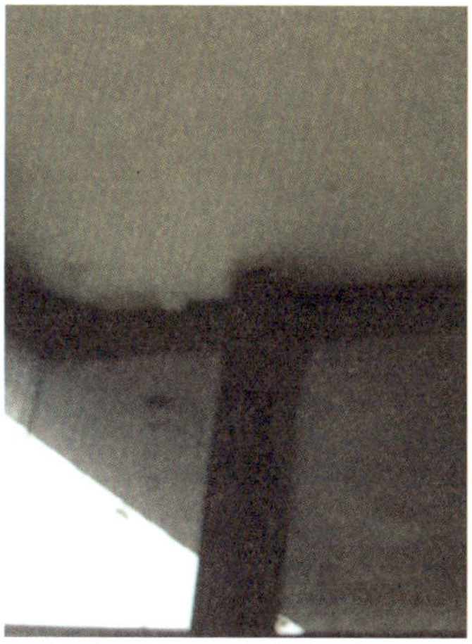

问题一：
位置：小区主入口岗亭。
问题：①外墙裂缝，需整改；②岗亭天花不平，斑驳脱落；③玻璃胶粗糙，需整改；④岗亭小窗开动声音较大，需调适整改。
问题二：
位置：小区主入口岗亭旁的灯柱。
问题：灯柱表面漆已脱落，刮花，需整改。

（九）推广

活动的时间、地点、“由头”、主菜、辅菜（参与类小活动）、促销、展示等全部确定了以后，剩下的就是要将其传播出去。传播主要是考虑各种媒体的组合，包括大众媒体，如户外广告牌、主流报纸、电视、网络等，另外还有部分有针对性的小众媒体如财经类杂志、短信、直邮等都非常有效。广州“星河湾”在开盘当天把当日出版的《南方都市报》包下来32个版面，全部是它的卖点分述广告，从开发商的精品意识到客户专车的24小时服务等等每一个细节都不厌其烦地详尽介绍，此举创造了全国第一份“媒体楼书”，当然给人以深刻印象。

（十）物料和道具

活动的内容都确定了后，一系列的宣传物料和活动道具需要去准备，必须要做到事无巨细都提前准备好，免得临时慌乱。比如剪彩活动事先一定要多准备几把剪刀、几朵花，防备临时有领导出现；话筒、音响一定得事先调试好。

（十一）推售：精确制导

“歼灭性活动”的最大目的就是为了成交，在活动之前，一定得做好预销控，计划主推哪些单位，推出单位的搭配是否合理，怎样去引导、分流客户这些都是很关键的问题。总之，活动之前，“卖给谁，卖什么，怎样卖”这三个问题是一定要思考清楚的。

在一般情况下，推售单位至少要有一个“价格标杆”和“瘦狗产品”的搭配。价格标杆是最高价单位，用以拉升和衬托其他单位的价格；瘦狗产品则是占有资源少、产品有缺陷、市场不欢迎的产品，往往在活动中作为“特价房”或“促销单位”推出，以促进销售量。

（十二）销售：攻之以心、诱之以利

前面的万事俱备，只欠销售这场东风。销售环节要考究的技术要点主要有三个：一是统一口径，如产品上市的统一说辞、针对项目不利因素的统一说辞等等都必须准备充分并训练成熟；二是现场成交气氛营造，对于现场成交气氛，一般有喊柜台、叫号、踢客等措施；三是对销售人员逼定技巧的考察与培训一定得到位，防止在临门一脚的时候丢失客户。

在逼定的时候，销售人员一定要将“诱之以利”的手段应用到位，用优惠或涨价的手段挤压客户。队员之间可以相互配合，制造争抢房源的氛围；下级也可

以向上司申请暗折扣等逼定成交。总之，要利用各种手段让客户交钱，哪怕500元“小定”[1]。记住，千万不要空手放走摇摆不定的意向客户。

（十三）服务：攻心术

服务主要指客户的接送、指引、接待等各环节的衔接一定要到位。如果在夏天，可以给客户准备遮阳伞、湿纸巾、饮料等，其他如雨伞、自动鞋套机、自动擦鞋机等都需要给客户考虑到，体现未来物业服务的周到，给客户良好的感受。万科有些项目在看房的电瓶车上配上导游说辞，给客户良好的感受。

（十四）闭环：桶板效应

木桶装水的多少取决于最短的一块木板，但更取决于木板之间的无缝衔接，桶板再高，如果中间有裂缝，水还是全部流掉了。一次完美的“歼灭性活动”，其整个流程是一个闭环，不能有任何遗漏，否则客户就会从遗漏的环节中走失。在本讲开头提到的郑州思念项目，之所以最后的销售失败，跟好几个环节的缺失有关。首先是展示，项目的展示极不到位，结果偌大的一个园子，客户不知道以后生活在里面能干什么；其次是促销，没有强有力的逼定工具，客户没有购买的冲动；再次是销售，销售人员的逼定工夫不到家，关于销售不利因素的统一说辞根本没有；最后是服务，项目离郑州市区有将近40千米，对于这样的项目，交通不便成为一个最大的销售障碍，而项目物业管理公司根本没有采取服务措施如客户接送专车等。几个因素的缺失结合起来，水中蓄有再多的鱼，结果也从漏洞中跑掉了。

总之，“歼灭性活动”的所有重心都必须围绕成交，在设计活动方案的时候始终得考虑“抓客户、促成交”，如何促成交，就是“既要好看的，又要好吃的”。一个好的活动，既能让客户感受好的气氛，让客户尽情参与，服务周到让客户心情愉快，这是好看的；同时，更重要的，就是给客户好吃的，即有无促销、有无稀缺单位推出等都是给客户的实惠。

房展会营销

在房地产营销实践中，各地举办的大型房展会如深圳的春交会、秋交会等活动受到目标消费群体的极大关注，对于处于销售阶段的项目来说，也是一次“歼灭客户”的好时机。既然属于“歼灭性活动”，也就必须要遵循“歼灭性活动”的原则：有好看的，有好吃的，流程形成闭环，以达致销售为目的。

房展会要达致销售，其技术要点主要如下：

（1）好看的。如提前推广、积聚人气、卖点展示等。

（2）好吃的。如促销、收集客户资料、楼盘游览、提供服务、市场调查等。

以上说的是举办房交会的常规套路，从很多大城市的情况来看，房交会的实

[1] 实践中，销售人员可根据客户诚意度情况，让诚意高但带钱不够的客户交少于1000元的小定金，并声明不退，这样可进一步锁定客户。

表7-1 房展会动作表

序号	营销招式	具体内容	备注
1	提前推广、打响眼球争夺战	展会未到，声势先行。在展会到来之前在主流媒体上发布促销广告	
2	积聚人气（如展会路演等）	在整个展会中搭台唱戏，举办类似于“楼盘模特秀”之类的展览或是歌舞演出；活动要具有“公益性”，不能“商业味”太浓	适合少部分开发商展示企业形象、创造品牌效益并有效克服展场竞争，同时也将获得更多的销售机会
3	品牌宣传（如举办论坛等）	在房交会会议中心举办论坛，邀请专家和媒体，发布新产品、新主张等；或者主办“企业公民展”等活动	
4	卖点展示	部分适合展示的卖点可以搬到房展会，如数字化小区卖点，就可以现场演示网络游戏、视频点播、信息管理、物业服务等内容	楼盘将获得更多的眼球效益和销售机会
5	客户资料收集（如凭客户资料卡抽奖等方式）	凡取楼书者，留下真实姓名和地址，就可以在每天下午3时参加抽奖活动，有得到手机或MP3的机会。中奖者若在现场可以当场拿奖品；若不在现场，开发商将派人送到中奖者家中	有效防止看展者仅为礼品和资料而留下假的联系方式
6	散发宣传资料	派一两位促销人员扮成“卡通猴”“唐老鸭”等可爱逗人的形象，专门发放楼书或传单	形式应该尽量新颖，避免展会同质化
7	联合促销	房展会多在五一、十一等节假日举行，可借此机会和市民五一消费所涉及的汽车、旅游、购物、娱乐等有关商家联合进行促销	效果更多是眼球效应
8	推出特价房	改平常的打折优惠为大胆的“跳楼价”，除销售业绩外，也可吸引市民和新闻的眼球关注	活动需周密筹划，争取“跳楼价”一出，推广目标水到渠成
9	安排楼盘游览活动	设置看楼直通车，参观楼盘的同时必须配合强有力的促销计划，以让看楼满意的市民当场签约	闭环效应，必须多环节的衔接、配合
10	市场调查	展会上可用问卷、对目标客户进行市场调查，如示卡调查等方式	事先准备好问卷、卡片等工具[1]

际成交意义已经变得越来越弱，而是作为房地产开发企业和项目品牌亮相和宣传的“秀台”，尤其是住交会、地博会这样的全国性盛会。

品牌走秀最典型的当属万科的“企业公民展”[2]，有地产教父之称的冯仑也是个中高手。2003年，万通以“万通地产新战略”为主题将其四大新业务、四大事业部以及万通中心、海南小东海项目和以个性定制为主业的万通筑屋公司等新项目强势推展深圳住交会。同时，为配合新战略的形象与业务展示，万通还在展会现场举办声势盛大的“万通地产新战略发布会”；另外，万通还携旗下万通筑屋公司举办“地产定制在中国论坛”，国内“地产定制势力”悉数登场，整个住

[1] 详见本书“第四讲 客户意向调研”中的相关论述。
[2] 详见本书“第六讲 整合推广：章法与借鉴”中的相关论述。

交会掀起了“定制地产”的新高潮。通过这三大组合拳，万通做了一次很好的形象展示和品牌公关活动。

消耗性活动

与“歼灭性活动”磨刀霍霍、杀气腾腾的氛围相反，“消耗性活动”则可以淡化商业意味，尽量体现人文关怀，并不急着一时一地的成交，因此也不一定需要促销措施的配合。从某种意义上说，“消耗性活动”是一种“植入式营销”，即将营销活动悄无痕迹地植入到客户地生活轨迹当中去，从而取得“润物细无声”的效果。

上文说到的深圳“万科·17英里”举办的海滨生活体验活动，本来就应该是一次好的“消耗性活动”，不应该将其功能定位为达成销售。原因之一就是项目在上周末刚刚举行过“歼灭性活动”，有限的客户难以支撑频繁的收割；原因之二就是项目的时间安排不对，深圳的周末，客户起床的时间一般较晚，“万科·17英里”离深圳市区较远，等客户去到项目地，时间肯定不早，再进行三四个小时的体验活动，当然无法安排销售的环节了。针对这种情况，本来就应该将“消耗性活动”与“歼灭性活动”完全分开，使之成为一次单纯的体验活动或销售活动，这样客户的感受就会好些。

“消耗性活动”按目的又可细分为积累客户、聚集人气、感情维系、危机公关四种。

（一）积累客户活动：圈层营销

“积累客户”在房地产营销中至关重要，所谓巧妇难为无米之炊，再好的项目没有客户光顾也是枉然。积累客户除了使用常规的推广然后等客上门的手段外，利用活动营销主动出击是最好的方法，尤其是对上门量不足的项目来说。

利用活动积累客户的关键是拓展渠道，开展“圈层营销”，常见的活动如表7-2。

表7-2　圈层营销活动列表

类别	序号	活动名称	活 动 内 容	备　注
招募	1	会员招募及会员组织启动	万科22年作品鉴赏暨闽南万客会答谢会，在答谢会现场搭建一条长达25米的作品鉴赏长廊，将万科22年来最具有代表性的原创精华作品展示出来。专门定做了分别代表了12个经典楼盘的服装，以时装表演的形式，展示其独特的产品内涵。活动的高潮为闽南万客会的启动仪式，4个与万客会同岁的孩子唱着闽南歌谣将象征“万科家”造型的小屋子用积木拼出来，标志万科客户俱乐部正式启动	将会员招募与品牌宣传合并，为跨地域公司进入异地品牌宣传的较佳手法
联谊	1	俱乐部联谊会	与汽车销售公司会员或车友俱乐部、马球俱乐部、奢侈品俱乐部、登山俱乐部、飞行俱乐部（如北京海誓山盟俱乐部）、宠物俱乐部（如天津爱宠部落宠物俱乐部）共同邀约，共同举办联谊活动	地产项目提供活动平台，同时可交换客户、联合促销

（续表）

类别	序号	活动名称	活动内容	备　注
联谊	2	银行VIP会员联谊会	万科东丽湖与招商银行合作共邀金葵花卡VIP会员共享湖光秋色，参与拓展项目、互动游戏以及神秘刺激的定向寻宝行动	
	3	大客户单位员工联谊	利用会所、休闲公园等资源，邀请大客户单位员工开展郊游、PARTY、酒会、餐会等活动	
	4	媒体搭台地产唱戏	万科东丽湖项目与北京《时尚置业》杂志合作，共邀京城各界知名人士、企业家、渣打银行VIP客户等相聚东丽湖，参观别墅样板间的同时，还可以参与寻宝游戏，另外还有精彩表演与趣味横生的游戏环节	东丽湖为了消化别墅项目针对的高端客户
	5	教师联谊	可选择教师节前夕邀请教师及家属举办联谊活动，如参观、自助餐以及风筝放飞、湖边垂钓等休闲游艺活动	教师是具有购买力并且容易笼络的平民群体
	6	老外联谊	与相关机构联合举办国际友人联谊酒会活动，穿插地方民俗PARTY	吸引外籍客户群体
沙龙	1	企业管理沙龙	邀请知名专家，同时联合中小企业局、银行、工商联、税务事务所等单位开展包括“企业资金链管理”“纳税筹划”“企业风险管控”等专题沙龙	针对高端项目的客户基本为城市精英，大部分都拥有自己的企业或公司
	2	酒会	万科“东海岸”举办“创意融合酒会”，邀请60多位来自建筑设计、平面设计、工业设计、服装、餐饮、地产界等创意界精英人士，与法国著名酿酒师弗朗索瓦共度美酒之夜；广州“玖珑湖”别墅开盘酒会，以每人1万元的空前高的接待规格邀请广州城中最有名望的300位嘉宾出席	高端项目提升品位的最好方法之一是吸引玩家进场，创意人士是主要的玩家群体之一；另外，玩家也是对偏远但有一定资源的地段最无抗性的群体之一
	3	宠物讲座户外知识讲座	与相关俱乐部联合，邀请相关专家，开展讲座	
派对	1	白领交友派对	可与团市委、青联、青年商会、妇联等机构合作主办，地点可选择项目会所或园区广场等，为未婚中高层白领青年打造一个真实、纯洁交友平台，活动环节如爱情摩天轮、星座派对、轻歌曼舞、好友组合亮相、爱情表白等	最好选择与项目有关的场所
	2	集体婚礼	可联合妇联、家居市场、婚纱摄影公司、婚庆公司、汽车销售公司等联合打造集体婚礼。无锡圣芭芭拉项目举行的百万精尊欧典婚礼包括众多奢华品牌车组成花车队，牧师主持欧式婚典，圣芭芭拉社区拍摄欧式风情婚纱照、奢华午宴，欣赏现场乐队表演及参加各种互动节目等。参加婚礼的新人，成为圣芭芭拉金卡会员，享受5万元的购房优惠及圣芭芭拉欧款别墅蜜月期使用权	“蜜月营销”在房地产营销中占有一席之地

（二）聚集人气活动：系统化解陌生区域抗性

对于陌生区域项目来说，销售过程中最棘手的问题就是现场人气严重不足，并且目标客户对偏远区域存在较远的心理距离。对于以上问题，解决的办法除了从营销推广上面营销区域价值、营销生活方式外，最重要的办法就是主动出击、举办各种活动聚集现场人气，积累客户。同时通过活动吸引客户不断前往项目所在区域，也是消除心理距离的最好办法。

对于以聚集人气、化解抗性为目的的活动来说，其重心往往不在销售，而是像春雨一样“随风潜入夜，润物细无声”，潜移默化地影响客户。在策划活动时也要考虑持续时间长但成本又不是很高的活动，如“东丽湖 · 万科城”举办的五一黄金周系列活动等。聚集人气的常见活动如表7-3。

表7-3　聚集人气活动列表

序号	活动名称	活 动 内 容	备　注
1	漂亮妈妈健美训练营	可利用会所或广场等销售现场开展健美操训练、瑜伽培训等长期活动，针对家庭主妇等决策者	活动可长期举办，潜移默化影响客户
2	少儿跆拳道、书画、高尔夫训练、魔法学校	可利用会所或广场等销售现场开展针对“家庭小皇帝”的活动，潜移默化影响客户	孩子往往很大程度上能影响父母
3	售楼处咖啡吧消费	售楼处装修可设置咖啡吧，也可引进品牌咖啡厅，开设各种茶点服务，赠送意向客户咖啡吧消费券，可有效保证售楼处人气	如客户交2000元诚意金后赠送800元消费券
4	五一黄金周系列活动	天津东丽湖组织的五一黄金周活动：5月1日水上乐园；5月2日体验自由飞翔；5月3日DIY活动；5月4日古香古色的文化节；5月5日体验童话王国。活动包括传统面人制作、龙嘴大茶壶、风筝制作与放飞大比拼、“垂”涎“鱼”滴钓鱼比赛、“陶”醉人生（陶艺、蜡手制作）、水果巧克力品尝、空手糖画、吹肥皂泡游戏、模拟足球赛、乐队助兴演出迪斯尼卡通人物秀、迪斯尼精彩瞬间POSE赛	同样适合十一黄金周，举办活动有效聚集人气
5	温馨答谢月系列活动	在每周末举行，分“塑型变身周”“民间文化周”“DIY制作周”“色彩体验周”等系列活动，包括彩妆展示、妆品派送、手机美容、现场研磨咖啡；民间剪纸、精致小饰品制作、图像胸章；水晶相片制作、工艺花制作、DIY图像烤杯、手绘文化衫；色彩顾问、美甲、丝巾选择与佩戴等	同样适合开盘月活动，开盘对过往客户挤压完成后会出现新客户不足的情况，开盘月需要重新大量积累客户
6	经典老电影放映月活动	利用落成的会所或广场放映经典老电影《铁道游击队》《平原游击队》等	勾起客户的怀旧情结

（三）感情维系活动：口碑营销

对于已经成交的客户，后期的感情维系非常重要。很多楼盘销售到中后期，老客户介绍的比例达到了60%甚至更高，老客户是开发商最宝贵的资源，所以对老客户资源的管理也是开发商的核心竞争力之一，如万科。同样，活动营销也是老客户维系的重要手段。常见的活动形式如表7-4。

表7-4　感情维系活动列表

类别	序号	活动名称	活动内容	备注
关怀	1	客户“健康月”	业主凭购房合同和本人身份证来售楼处领取体检卡，凭此卡免费享受医院体检	可以“客户关怀计划”开展系列活动
回馈	1	会员积分分享兑奖活动	可利用会员组织积分兑奖形式回馈老客户，奖励老带新。万科东海岸举办“万客会四期会员欢笑分享积分计划现场颁奖暨缤纷海岸魅力风情节”活动，包括沙滩时装秀、寻宝、个人魅力秀等。参加客户可获沙滩用品、思妍丽香薰护肤品礼盒、瑞士希格水瓶、艺术瓷器礼盒、芳香美容护肤品等礼品。同时，东海岸会所、泳池、沙滩排球场及郊野运动公园将免费向来宾开放	
文娱体育	1	新年音乐会	开展各种类型的新年音乐会、酒会是常见的维系客户活动	
	2	左邻右里业主联谊活动	活动包括参观、开幕酒会、滑水表演、篝火晚会、歌舞演出和焰火表演等	
	3	HAPPY家庭节	万科社区的业主活动，主题为“大家小家　都是我的家”，家庭节历时一个月，包括系列家庭趣味活动和爱心公益活动，如家庭Top1挑战比赛、征文比赛、“相亲相爱一家人” DV摄像比赛、“淘宝旺旺”环保造型创作赛、“家天下”—社区爱心公益活动和家和万事兴—“和谐大使”在行动等活动	
	4	“番茄行动”成熟社区生活秀	深圳蔚蓝海岸举办的社区活动，包括“家庭幽默生活摄影大赛”、“蔚蓝激情　SUBARU冠军车展暨拉力赛车迷聚会、冠军面对面”、“首届社区运动会”等	
	5	业主足球联谊赛	深圳中海的阳光棕榈园足球队赴广州，与广州中海康城足球队进行业主联谊赛	
	5	圣诞等节日活动	北欧童话之旅圣诞节活动，包括赠送具有北欧风格的特色小礼品，如来自安徒生、圣诞老人故乡的各色礼品以及具有异国情调的海盗胸针、手链和童话书、光盘等，北欧民族舞蹈，有奖知识问答等	增进老业主与项目的联系、增进邻里相互之间的交流

（四）危机公关活动：防患于未然

楼盘尤其是多期开发的大盘，运行到中期后容易产生诸如产品质量、规划修编、服务质量等各种负面问题，这些问题如果不处理好，酿成大的负面，有时甚至会对开发商造成致命的影响。解决这些负面影响，实际上属于一次小型的“危机公关”。

“危机公关”的五大法则：①承担责任原则；②真诚沟通原则；③速度第一原则；④系统运行原则；⑤权威证实原则。解决“危机”的主力也是“活动营销”，“活动营销”同样遵循“动之以情、晓之以理、攻之以心、诱之以利”十六字诀。

湖南“涟水名城”举办的系列危机公关活动见表7-5：

表7-5　“涟水名城”危机公关活动列表

序号	类别	举　措	方　针	备　注
1	承担责任	举办“董事长售房日”活动，高调正面出击，开展董事长、总经理联席售楼，有问题当场承诺解决	攻之以心 诱之以利	选取周末，配合其他活动，扩大吸引力
2		开展房屋全面检查，对以往问题集中全面清理，对钉子户照章办事，全面解决，有理、有利、有节	晓之以理	对前期部分客户，聘请法律顾问，该赔偿的照章赔偿
3	真诚沟通	聘请业主担任二期工程监理顾问[1]，公司高层出面，小范围组织	动之以情 攻之以心	同时邀请媒体做正面、高调宣传
4		举办“温馨答谢月”系列活动，回馈老业主及意向客户，每周都安排小活动，共四周，主题分别是“电影文化周”“塑型变身周”“开心购物周”“社团活动周”四周	攻之以心 诱之以利	抓住暑期机会，将涟水名城变成城市客厅，增强人气
5		销售人员培训关于负面影响的统一说辞，消除部分负面，增强信心	晓之以理	
6		坚持每周发给业主温馨短信，月初做好短信规划，销售人员列出业主生日，单独发短信	攻之以心	
7	速度第一	物业一定得全面到位，采取“24小时问责制”，及时响应客户，维修工作提前到位，反馈到销售部，由销售部发慰问短信	攻之以心	
8	系统运行	项目影像和特色家居展示必须逐步到位，包括全民健身器材、休闲椅、喷泉、形象墙、样板房等	攻之以心	形象墙开盘前全部更新
9		项目生活配套展示逐步到位，门面（包括情景洋房下面的车库）与会所的招商工作需要开展，弥补小区生活氛围不足，招商对象包括生活类、文化类、休闲类商家；招商时重点宣传“车站定编”卖点	攻之以心 诱之以利	开盘前召开一次招商说明会，函邀目标商家，包括书店、药店、银行、便利店、美食吧
10	系统运行	增添小区硬件配套，如磁场灭蚊器、直饮水机等，增强生活氛围	攻之以心	
11		增大宣传攻势，制作新的软性宣传材料和电视专题片	晓之以理 攻之以心	扩大电视宣传

[1] 北京“炫特区”项目、西安紫薇地产都曾成立业主监理会，这是一般开发商不敢玩的险棋。

（续表）

序号	类别	举　措	方　针	备　注
12		重点宣传“涟源一中”卖点，抓住暑期机会	诱之以利	派人员发宣传单张
13	权威证实	开盘前召开“人居环境高峰论坛”等活动邀请专家学者高调宣传项目	晓之以理 攻之以心	

事件营销

美国著名的营销大师、“定位理论”创始人阿尔·里斯先生的新作《公关第一，广告第二》提出，广告已经失去了一定的可信度，而媒体依然拥有很高的威信。广告是公共关系的延续。

这些观点提出了对“事件营销”的强调。确实，在房地产营销中，一个项目的起势阶段，借助“事件营销”能起到事半功倍的效果。深圳京基集团邀请克林顿参观碧海云天的事件，至今仍成为业内的佳话，其影响可见一斑。深圳“香蜜湖一号”借助“九万三地块拍卖事件”引起的媒体关注很轻松地就解决了项目前期的造势问题。

“事件营销”需要有意识地策划。对于房地产项目来说，“事件营销”策划的办法主要有两种：一是借势，即要借名人名事之势，成就自己之声望；二是造势，通过一定的策划，制造能产生相当影响力的事件，引起关注。

造势的前提是要符合新闻宣传的行动守则，同时也要投媒体所好。造势的方法虽然很多，但难度都较大，如同借势一样，需要魄力和能力。

造势要投媒体所好，首先我们要了解媒体报道的原则，主要有以下四条：导向性、新闻性、时机性和曲折性。除了要投媒体所好以外，“事件营销”当然还得具备上文所说的活动策划的五大方针和十六字诀。常见的地产事件营销如表7-6。

表7-6　事件营销活动列表

类别	序号	活动名称	活动内容	备　注
慈善	1	自行车骑行慈善公益活动	可与慈善协会、民主党派等社会团体联合主办自行车骑行慈善公益活动。组织本市内、外资企业员工以自行车环城骑行的方式，为本市贫困学生募集教育资金	一箭双雕，既有公益意义，又在目标客户群体即各大企业员工打开宣传
展览	1	摄影作品展或其他展览	媒体以及相关单位联合举办“美国国家地理百年经典摄影作品展中国巡展”“大声展”等活动，邀请其将售楼处作为其中一站	需要关注媒体重大事件，以洽谈合作
展览	1	风筝比赛	与体育局等单位合办“风筝锦标赛”等活动	
	2	室内设计大赛	可举办“我的婚房我做主　室内DIY设计大赛”活动，设计作品在售楼处展览，免费提供给客户	

（续表）

类别	序号	活动名称	活动内容	备　注
事件	1	公交车通车	与公交公司合作，为30对新婚夫妇安排了一场集体婚礼。包括放飞数百只蝴蝶，路过景点，按手印、站牌揭幕等活动	
论坛	1	举办论坛	“万科·17英里”联合深圳福田区民营企业家协会举办“我的经营风格”论坛	
		赞助论坛	“万科·17英里”赞助“第四届全球脑库论坛”和“《福布斯》2004共同基金论坛”	

综合性活动

在策划实践中，有的活动同时兼具“歼灭性”“消耗性”和“事件营销”性质，我们称之为“综合性活动”。

比如佛山“怡翠玫瑰园”项目2006年5月联合佛山电视台、佛山妇联举办的“怡翠玫瑰园杯超级妈妈大赛”活动，该活动借助“超级女声”当时方兴未艾的势头，模仿其海选、PK模式，5月1～7日海选，14日总决赛，佛山电视台全程直播，香港影视红星薛家燕、TVB著名主持人胡诺言全场助兴，冠军妈妈奖金高达8万元。活动的海选吸引了500名妈妈参加，最后入围12名，决赛现场吸引了1000多名观众参加，并通过直播引起全程关注。在该活动的带动下，发展商的知名度、品牌影响力和社会关注度有了很大的提升，销售一线仅5月1～14日活动期间就实现销售额7000多万元。

该活动兼具“歼灭性”“消耗性”和“事件营销”三重特征，销售一线业绩飘红，同时成功借势（借名人之势、借名事之势），带动了项目的知名度和关注度，改变了消费者对项目的态度，可堪综合性活动的典范。

总之，精心策划、彻底执行，活动营销的精彩纷呈是房地产营销脑库里一朵智慧的奇葩。

渠道拓展与关系营销
——三位地产奇才的三种渠道模式

工具
顺驰客户资源部运作架构及职能、顺驰客户资源部操作手册

案例
SOHO中国、星河湾、顺驰、金地·荔湖城

2002年，孙宏斌领导的顺驰[1]地产在全国来说还是一个名不见经传的公司；2003年，顺驰销售回款40亿元，规模直逼全国老大——万科，占领天津市20%的市场份额。2003年7月到2004年初，顺驰狂飙拿地，豪掷70亿元在东北、中原、西南、长三角各地拍得土地近10块，仅用了半年时间就走出天津、辐射全国，成为国内与万科齐名的两大地产豪门之一。

2008年，世界金融危机导致的国内地产市场一片萎靡不振，“北京房市景气指数”跌至10年来最低谷。上半年，全北京市一手商品房平均每周成交金额仅为35亿元；尤其是高档商用物业受到的冲击最大，有的项目甚至半年都难开一单。但就在这时，潘石屹开发的“三里屯SOHO” 自7月12日开盘仅一周，预售额就达到47亿元且均价超过4.9万/米^2，2008年全年的销售额高达70多亿元，创造了逆市热销的奇迹。旗下项目卖得快而且价格高，这在“SOHO中国”已经是屡见不鲜。“SOHO尚都”与华远的“尚都国际”仅一墙之隔，但前者的售价却每平方米高了4000元，以至于任志强说小潘是一个能把土豆卖成黄金价的营销高手；“光华路SOHO”开盘当日卖出13亿元；“朝阳门SOHO”二期开盘，均价近4万元/米^2，当天就被抢购一空，销售11亿元。

2009年8月8日，上海“星河湾”开盘当天销售40亿元，均价高达4.68万元/米^2，再次引起了人们对星河湾的关注。其实，从2006年开始，北京“星河湾”就连续4年稳拔北京地产销售的头筹。星河湾的营销掌门人梁上燕也以其出色的表现被誉为业界奇才。

[1] 因种种原因，2006年，顺驰扩张失败，被香港路劲基建收购股权，这不在本文的讨论之列。

顺驰、SOHO中国、星河湾，这三家“黑马”企业之所以能笑傲江湖，屡屡创造奇迹，无一例外地都跟其销售军团的强大作战能力有莫大关系。孙宏斌、潘石屹、梁上燕这3位地产奇才在各自的营销实践中都创立了独特的销售模式，这三种模式虽然在发力方式、组织架构上各有不同，但有一点是相同的：对客户渠道的强大拓展和维系能力。正如阳光100的副总经理范小冲所说：“在供过于求的形势下，最大的竞争是客户资源。”如何争取到终端客户，且让他们保持长期的忠诚度，这正是顺驰、SOHO中国和星河湾所以制胜的奥秘。下面，我们就一一分述这3种销售模式。

上篇　渠道拓展的三种模式

SOHO中国模式

SOHO中国能将土豆卖出黄金价，其销售模式的特点可以概括为三个：

（一）人海战术、高佣金提成和末位淘汰制养成的强大销售能力

SOHO中国的营销人员占其公司总人数的2/3，在SOHO中国的各个项目售楼处，动辄上百名售楼员的情况很常见，但超高的淘汰率也很常见。SOHO中国售楼员虽然没有底薪，但5.8‰的佣金在北京最高，2008年，公司的王牌销售员税后佣金达到400万元。可以说，高压力、高利益刺激是构成其强大销售力的前提。

（二）对能源、资源类行业客户的深入挖掘

在“三里屯SOHO”项目中，山西、内蒙古、河北等能源产区的“煤老板”“矿老板”“羊绒老板”占了其中很大的比例，其中，排在前20名的几乎都是矿老板，单笔成交过亿元，最大的一单金额为4.5亿元，买主是河北省一个铁矿老板，买下了两层总共四五十个单元的商铺。在整个SOHO中国项目的销售业绩中，山西人也要超过1/3。

（三）坚持散售

所谓“散售”就是开发商不持有物业，而是全部分割为产权式小商铺分散出售。业内曾用杀猪和养鱼来比喻商业地产的散售与物业持有两种模式，而潘石屹就是“杀猪派”的代表人物。“散售”模式虽然不被看好，认为是违反了商业运营的客观规律，但潘石屹SOHO系列产品散售屡屡飘红，也引起了业内反思。

在上述三个特点中，对能源、资源类客户的渠道拓展属于最厉害的杀手锏。正如阳光100副总经理范小冲所说：“在供过于求的形势下，最大的竞争是客户资源。”如何才能争取到这些终端客户，且让他们保持长期的忠诚度呢？SOHO中国主要有以下独特的拓展方法：

1. 找准"带头大哥"，渗透进"矿老板"的圈子，扩大在圈子中的影响力

2005年，顺驰河南公司携旗下两个项目到以煤老板众多著称的河南新密县巡展，但后来发现一个尴尬的现实：少有煤老板往展位上拢身，更不敢留下真实电话，原因是几乎所有煤老板都遭遇过绑架之类的恐吓，手机号码经常换，他们根本不敢随便露富和留电话。和顺驰的处境一样，大多数开发商都苦于找不到大量的山西投资客。在"三里屯SOHO"热卖之前，北京、上海有很多开发商都到过山西进行推广，希望能吸引大批的投资客，包括"国美第一城""西钓鱼台嘉园""龙城花园""复地首府"等大批名盘。但这些开发商并没有取得太显著的效果，去了也是犹如蜻蜓点水般，不得其门而入。

潘石屹比他们精明得多，他意识到，有钱人都流行"圈子文化"，"矿老板""羊绒老板"也不例外，已然形成"圈子"的"矿老板们"很少会去关注广告，而是圈内人的消息。一个山西老板在某处投资，回去说一下或者一个电话，就会有另外一个山西老板跟过来投资购买，这样一个老板就能影响四五个老板，然后就会有更多投资客跟进。喜欢"扎堆儿"，相信圈子，这是他们的特点，但是晋商一贯神秘与低调的作风，使外人在短时间内很难踏进这个圈子。潘石屹的做法是通过渠道找到一个认识山西老板的中间人，类似武林中所说的"带头大哥"，通过他的一呼百应，达到扩大圈中影响力的目的；例如山西省代理商联合会荣誉会长樊晓军就是潘石屹数度合作的对象，樊晓军利用自己的人脉帮助SOHO中国进入山西市场。

2. 长期驻扎山西、内蒙古、河北等地，建立"晋察冀"革命根据地，深入挖掘客户资源

经过多个项目的积累，潘石屹掌握了一个庞大的山西、内蒙古等投资客的交际圈，拥有一批优质的"煤老板""钢老板""铁矿老板""羊毛老板"客户资源。在楼市清冷的2008年，SOHO中国的销售军团开始深入他们的家乡，召开产品推介会，挖掘客户资源，发展团购，更多的时候是潘石屹亲自带动进行宣讲，并亲自负责一些大单。早在2006年，"朝外SOHO"就在太原举行盛大开盘仪式，这也开创了房地产项目异地开盘、团购的先河。

和其他开发商蜻蜓点水般的待几天不同，SOHO中国的工作人员是常驻山西、内蒙古、河北等地，长期开巡回推介会和答谢酒会，基本上与当地所有资源性老板有着联系。因为对这些客户的了解，潘石屹敢于在2008年逆市发动涨价，因为2008年能源价格大涨，他们根本不在乎SOHO的这点涨价，SOHO的涨价，反而能够给这些投资客一种心理预期，"SOHO又升值了，有投资价值"。他们买涨不买跌，或者自己继续买入，或者推荐圈内的朋友买入。不一味地打广告，而是针对客户群体做精准营销，这就是潘石屹的高明之处。

除了渠道拓展方面的无孔不入之外，SOHO中国还直接根据资源性客户的需求去设计产品。早期，投资客的目的是为了资金保值，SOHO中国早期开发的是住宅产品；随着投资理念的加强，投资客开始注重房产的投资回报，SOHO中国随之开发商铺类产品。

找准客户，摸清需求，长期维系，精确制导，这就是SOHO中国渠道模式的精髓。

星河湾模式

说到星河湾的渠道模式，业界都会反映出“跨界营销”[1]以及梁上燕的“特种部队”“海军”理论。

根据梁上燕的理论，在以前的营销中，业界用的基本是空军+陆军，空军是广告公司，陆军是案场销售团队；她则提出引入“特种部队”和“海军”的营销构思。所谓“特种部队”，也就是公关团队，他们由几个能力超强的公关总监分别率领，主动出击，专做高层的公关，目标准确、有的放矢，另外还负责举办各种公关活动、搭建与对口企业和产品的对接平台等；所谓“海军”，就是像海一样大包围客户的军队，采取“海洋战略”，发掘一切可能的准客户。具体来说，星河湾的渠道拓展主要有以下动作：

（一）组建专职直销团队——特种兵，高层公关

2009年5月21日，上海香格里拉大酒店，星河湾在此高调举行“跨界招聘会”，其目的一是为了项目品牌推广，一是为了招聘地产之外的跨行业精英。通过此次招聘，上海星河湾网罗了一大批来自汽车、金融、高尔夫等行业的销售精英，拓宽了很多营销渠道。广州星河湾也一样，举办千人招聘会，从中选出30人的专职直销团队，原来均在其他行业从事销售，具有丰富的各行业高端客户资源。这支“特种部队”的职责就是举办各种公关活动、路演以及搭建与对口企业和产品的对接平台等。

（二）持续举办系统、丰富的跨界活动，发掘领军人物，进行个体推介

有了专职团队之后，星河湾最常规的动作就是举办跨界活动，只要是和豪宅客户生活形态相关的产业链如高尔夫、名车、马球、奢侈品、外商、资本，星河湾都与之合作，组织小众圈层活动，从活动中发现潜在客户。如2008年9月19日，星河湾赞助“2008上海陆家嘴金融博览会第五届中国国际金融论坛”，在此之前的4年时间，星河湾举办了纳斯达克高峰论坛等70多场商务盛会；2009年5月28日，上海星河湾受邀组队参加“中国首届慈善马术嘉年华暨大使杯马球赛”；2009年7月18日，星河湾在上海十乐会所和马萨拉迪一起打造“‘星生活，臻感觉’奢雅品鉴专享晚宴”；2009年8月9日，“2009中国波士·倾城之夜——《波士堂》[2]三周年庆典”在上海“星河湾”盛大开幕，吸引了包括熊晓鸽、孟晓苏、曹国伟、沈南鹏、楼忠福等上百位BOSS（老板）到场。

[1] 关于“跨界营销”的概念详见本书“第十五讲　软暴力：豪宅营销的独特标签”中的相关论述。

[2] 第一财经日报和上海东方卫视联合打造的新锐品牌栏目，以脱口秀的形式记录改革开放30年来中国最受瞩目的商业领袖和五百强执牛耳者真实生动的商业智慧和完美人生。

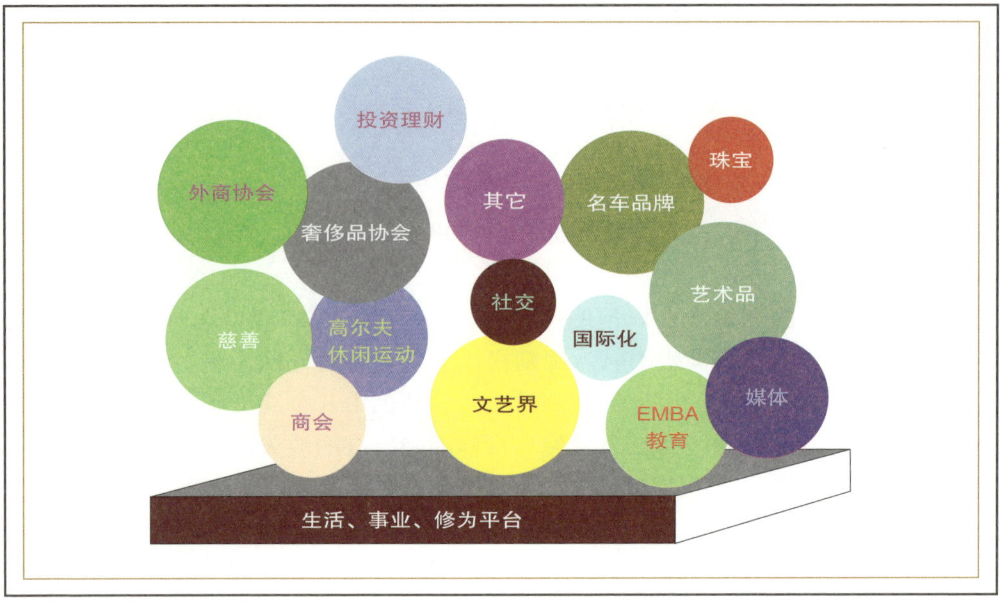

图8-1 星河湾为客户打造的高端平台

经过多年的运作，“星河湾”的跨界营销已经形成完整的体系，其每年举办的高端跨界公关活动多达100多次，系统且有持续性。通过举办活动，“特种兵部队”发掘其中领军人物进行个体推介，造成口碑传播。星河湾的公关基本否决陌生拜访，而是主张缘故法，淡化销售色彩，在与客户的接触中抓住对方心理与需求，激发其醒悟并满足其需要，比如用他们喜欢的论坛形式，分享行业经验或者高端平台聚会等，潜移默化地令高端客户在一定层面上聚集并依赖这种氛围，以此实现销售。

（三）引进高端俱乐部，形成固定的生活圈

2008年6月3日，“世界奢侈品协会中国俱乐部”正式落户北京“星河湾”，俱乐部的主要会员群体包括各跨国公司高级外籍管理人员、董事长、CEO、总经理以及私营企业主、部分政府要员、娱乐界名人、驻华使领馆人员等，俱乐部定期举办来自世界各地顶级品牌的新品发布会、品牌讲座、时尚酒会；2008年7月2日，北京“外商俱乐部”落户“星河湾”，俱乐部为在京外商投资企业、在京外资金融机构、在京外资证券公司代表处、政府相关部门、中国企业及协会、商会组织、商界精英、成功人士等提供服务；2009年7月13日，“中国企业新闻发言人俱乐部”落户北京“星河湾”。星河湾筑巢引凤，嫁接多方资源，将财富阶层聚集起来，吸引了大批潜在客户，好几个奢侈品牌的在华代理商就是“星河湾”的业主。

（四）合纵连横，打造跨地域高端项目联盟，共享平台与客户

2009年初，星河湾开始运作“十城十客户分享计划”，即嫁接10个核心城市的10大最具综合影响力的地产品牌，打造地产业品牌营销战略联盟。4月以来，

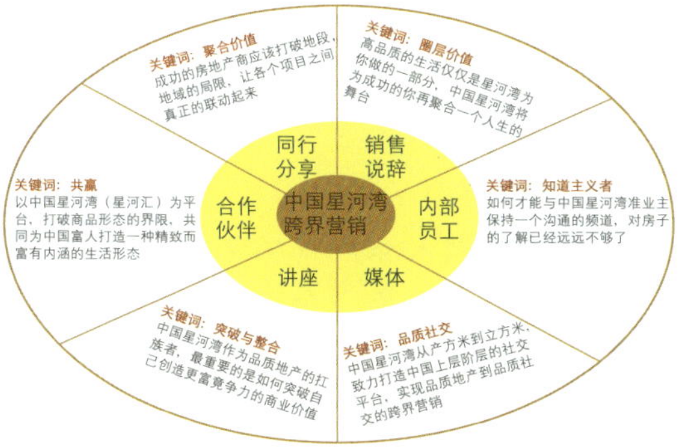

图8-2 星河湾跨界传播对象图谱

星河湾分别与广州的“中信·山语湖”、海南“半山半岛”、青岛“万丽海景”和成都的“中粮·御岭湾”正式结盟，共同实现了品牌与客户的双赢。

“十城十计划”打破了“同行是冤家”的惯例，开创了中国内地同行业顶级品牌之间资源平台整合的先河。星河湾出台这个计划归因一个简单的逻辑，豪宅客户往往有能力支付一个以上的豪宅项目，如果后者能够有足够的产品卖点的话。“星河湾”搭建这样一个平台，一方面为自己的业主寻找具有超高投资价值的物业，一方面也可以共享对方的客户资源。比如2009年7月12日，“星河湾”与青岛高端滨海项目“万丽海景”共同打造“中国巅峰 领袖住宅”联盟盛典，“万丽海景”携带了50多名准业主出席活动。7月28日的青岛当地活动中，“星河湾”亦邀请20多名客户前往“万丽海景”现场参与。强强联合，共同提升品牌影响力和号召力、客户的美誉度和忠诚度，同时共享了双方的客户资源，可谓一箭双雕。

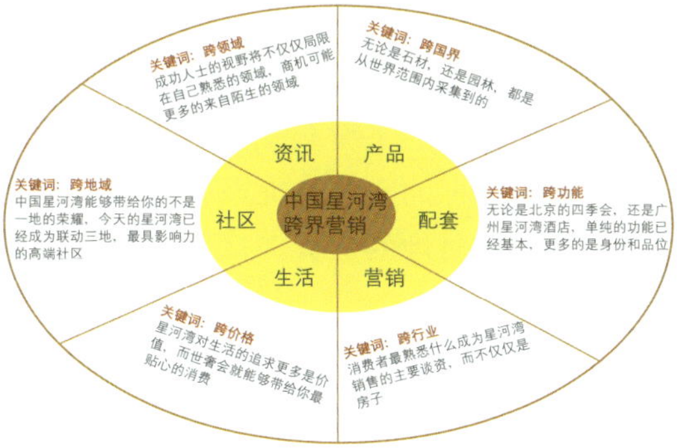

图8-3 星河湾跨界传播内容图谱

（五）对老客户资源倾力进行二次开发

2009年8月8日，上海“星河湾”开盘。自7月开始，广州星河湾的工作人员便开始挨家挨户地敲开老业主的门，告诉他们上海“星河湾”即将开盘的信息。正是以这样近乎原始的方法去辛勤开发老客户，开盘当天，来自北京、广州的客户就占到20%，为上海项目业绩打下了坚实的基础。

正是通过上述五招，星河湾将北京的官场文化、上海的洋场文化和广州的商场文化结合成完美的“金三角”，凭借“金三角”的高端客户资源，其广州、北京、上海三个项目的销售业绩也每每令业界瞩目。

顺驰模式

联想出身的孙宏斌借鉴了IT业的团队架构，构建了强大、完善的营销管理体系。顺驰的营销体系分四个部门：企划部、客户资源部、现场部和销售管理部。四个部门的架构和分工如图8-4所示：

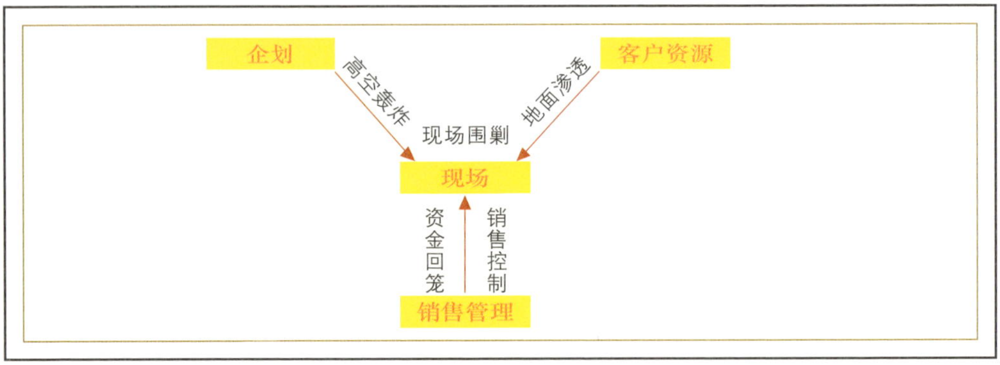

图8-4　顺驰营销体系图

企划部负责宣传推广方面的支持，属于空军部队，用信息高空轰炸的方式聚集客户；客户资源部则是敌后陆军部队，发挥地面渗透的功能，深挖洞，广积粮，深入各个客户渠道，开辟敌后第二战场；企划部和客户资源部最终的目的就是为现场输送有效客户，现场部的销售人员则负责将上门的客户进行集中围剿，实现成交；销售管理部是总后勤部，主要负责管理销售记录、资金回笼等。四个部门的无缝衔接保证了顺驰高目标的实现，尤其是“客户资源部”，是顺驰模式的精髓所在，屡屡成为顺驰攻城略地的尖兵。顺驰“客户资源部”的内部架构如图8-5所示。

客户资源部下辖五个业务小组和一个支持保障小组。“社区组”深入各大社区、写字楼进行信息的宣传渗透；“大客户组”瞄准的是大客户单位以及其他可能发展为大客户单位的普通机构，通过信息宣传和活动组织，发动他们到项目现场，实现成交；“物业组”则利用顺驰物业管理顺驰旗下30多个小区的资源，充分

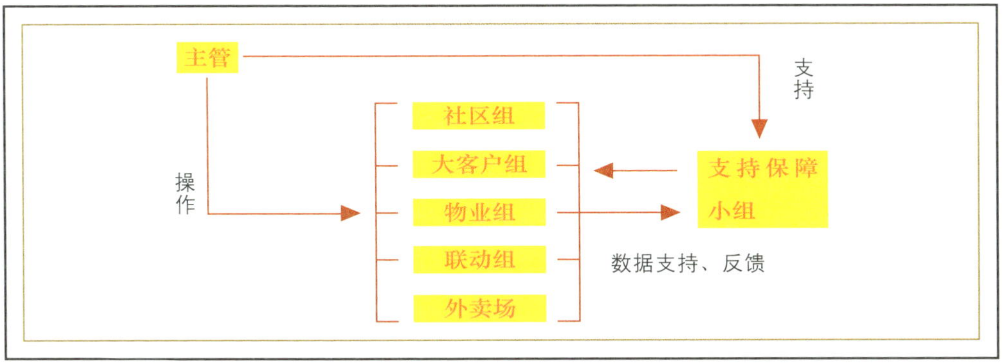

图8-5　顺驰客户资源部架构图

调动物业公司力量，让其在所管理小区内展开信息渗透以及组织活动，为项目输送大量客户；“联动组”利用顺驰不动产大量三级市场连锁门店的渠道优势，让三级市场门店销售人员推荐有效客户，形成二级、三级市场联动的局面；“外卖场组”主要是指项目设立的分售楼处。五个组聚焦项目高目标，一起动作，为现场形成大量的客户资源支撑。“支持保障组”则是负责客户资源部的内勤工作，同时挖掘客户资料库，为业务组提出可行性建议，提供精确制导的客户资源方向。如分析最新成交资料，发现××单位、××社区有新成交，则指挥相应的业务小组进行跟进动作，保证整个机构的方向感。各小组运行的详细职能如表8-1。

表8-1　顺驰客户资源部职能表

部门	工　作　职　能
社区组	通过DM、海报、楼门贴、电子牌、广播等所有可利用的宣传方式，深入人流密度大的重点社区、写字楼，最快、最直接地传递项目节点及最新优惠政策，刺激客户到场
	通过支持保障组的数据分析及现场反馈选出需要看房车支持的社区，通过对这些社区针对性的宣传（如路演），使那些对项目感兴趣的客户乘坐看房车到场
	通过与高档、有购买实力社区物业公司的洽谈，通过他们的帮助组织有购房需求的客户到场看房
大客户组	深入大客户单位内部以及家属区进行项目信息及大客户优惠政策宣传
	利用项目大型活动节点、大客户单位内部活动、双方组织的联谊活动等形式组织大客户单位职工集中到访
	大客户对接人的定期拜访、感情维系和利益刺激
	对普通单位展开宣传、组织集中到访和对接人维系，通过对接人了解单位内部的及时信息（房补、对项目的关注度等），争取发展成为大客户单位
	与现场沟通了解有成交量的新单位及新区域，搜索有购买能力的单位和区域并调研信息，在原有单位和区域的基础上，对其他客户比较集中的新单位和新区域进行拓展，扩大客户宣传面
物业组	与物业公司市场部签订每月联动协议，并协调物业公司配合做好联动工作
	与物业公司各物业小区联动对接人对接，负责制订培训交流计划，并加以落实
	及时全面落实各物业小区的宣传资料，准确及时传递项目节点信息
	针对不同的物业小区制定各种相应的宣传措施

（续表）

联动组	项目优惠政策及活动节点的及时传达（通过短信群发，联动体系及中层留言形式，电话告知）
	资料的及时补充，硬件设施、销售道具（如海报、沙盘、易拉宝、展架等）的及时配备
	各区新员工、联动对接人产品知识的培训以及深入
	重点区域、社区看房线的持续开通与完善，并持续通过投递、海报及楼门贴的形式进行宣传预热
	与置业联动负责人以及各连锁店联动对接人的感情维系，定期参加置业各区店长会以及联动会
	置业连锁店单店的推动工作以及各区重点连锁店的驻店，感情维系
外卖场组	项目优惠政策及活动节点的及时传达
	外卖场资料以及销售道具的配备
	定期参加外卖场的会议、培训新员工以及定期座谈
	对外卖场资源的有效整合，配合项目做好周末大型活动
支持保障组	内勤工作，包括日常各种数据、报销的记录；客户资源部的周报、月报的整理；各组成交的确认；日常团队建设活动、办公室事务的处理
	电话接听、回访及短信群发工作，包括针对各组发放的DM单做好电话的接听记录工作；对日常到访未成交客户，电话记录客户进行回访，增加未成交客户的利用率；根据各组的要求进行短信的群发等
	与其他部门的对接工作，包括与企划部的对接，保证各种资料，销售道具的及时准确；与销管部的对接，保证各种销售政策的即使传达，销控准确性，关注项目的回款情况，使客户资源的每一位同事都能时时关注项目，了解项目的完成情况；与现场对接，保证客户资源与现场时时同步，将每次回访的意向客户反馈给现场，并根据情况向现场提出培训要求
	对各种数据进行分析，并向其他各组提出可行性建议
	各种档案的建立及社区调研，以便日后作出指导性建议 配合现场进行其他项目的调研工作，并作出调研汇报
	老客户的管理及统筹，发挥出老客户的巨大推荐潜力，以及大型活动票务的发放
	解决日常的客户投诉

我们以顺驰天津“太阳城”项目2004年12月至2005年3月客户资源部的“操作手册”为例，来看顺驰整个渠道拓展体系如何运作以保证项目高目标的实现。见表8-2。

顺驰“太阳城”是一个占地2700亩（1亩=667平方米）的大盘，该项目位于天津市河东区的边缘地带，配套和人气都相对不足，客户随机上门量很少，销售有一定困难，但“太阳城”的销售团队却每次都完成了集团的高目标。原因就是除了坐销之外，还综合了行销、分销、传销等几种形式，主动出击，发挥了重要的威力。从上面的“操作手册”我们可以看出，营销团队每月都要明确的销售产品目标和客户目标，然后再根据这个去确立工作方向。每个月卖什么、卖给谁、怎么卖是必须要清晰的；然后，每个部门聚焦目标的实现，各司其职，发挥其各自的渠道威力，真正地深入市场，细分客户，把工作做深、做透。

顺驰如此强大的渠道能力有其先天的资源优势，就拿天津市来说，顺驰物业公司管理30多个顺驰集团开发的小区，顺驰不动产拥有200多家二手房连锁店，这都是极佳的渠道资源。一般的开发公司并不具备这些资源，但是如果楼

表8-2 顺驰客户资源部“操作手册”

2004年12月	产品线（库存、销售重点）	客户线	工作重点（方向）
物业	本月销售聚焦四期“艺阳枫尚”的清盘。四期目前库存为22%，剩余产品均为三室，与五期“新领地”推出的一室和两室户型不会有产品冲突。为配合“艺阳枫尚”的清盘，“新领地”以销售小户型为主	本月主要以太阳城以及顺驰其他项目的老业主和大客户单位的老客户为主，进行针对性的维系活动。通过维系活动细分客户，掌握客户信息，进行精确制导营销。由客户满意度带来口头宣传效应，向他人传递强有力的信息。本月的理想状态是使老业主推荐成交占整个项目成交的60%以上	①聚焦“亲情卡”的发放，结合项目回报月，通过变化优惠政策，最大化实现老带新成交；②通过梳理老带新客户为今后针对性活动提供数据支持；③结合艺阳清盘政策对其他物业小区进行全面信息覆盖，促进最大化成交
联动			①利用顺驰不动产的小胡行分店消化能力集中力量推荐新领地小户型；②针对需求能力比较强的高端客户，提高从新领地到艺阳的转化；③岁末回顾整年共同工作的历程，进行经验总结与问题汇总；④利用太阳城2005年整体推广节奏，提高连锁店的推荐信心
大客户			①老大客户单位优惠政策坚决传递到位，挤压成交；②新大客户单位铺面宣传，消化积累；③老带新的形式维系业主，增强大客户单位老带新成交
社区			①DM单投递宣传艺阳清盘信息及优惠政策，社区选择对艺阳了解比较高的万新村和周边社区；②针对以前对太阳城成交做出较大支持的社区做大面积楼门贴及海报宣传；③聚焦节点，针对节点做大量宣传(DM、海报、楼门贴）利用节点吸引意向客户到场；④同时利用太阳城产品丰富吸引大量客户到场，通过“新领地”涨价，增加其对太阳城发展的信心，支持艺阳枫尚销售
2005年1月	产品线（库存、销售重点）	客户线	工作重点（方向）
物业	本月销售以新领地两室，以及新开楼门小三室为主。经过12月艺阳板式高层的清盘，库存主要是点式高层以及小部分三室变异户型	本月的工作主要是利用顺驰不动产门店渠道的聚焦能力强、分布区域广、对客户的判断能力强等特点结合社区的辐射面，进行全方位对新领地新产品销售的聚焦	①准备春节前的拜年维系卡以及政策的传达；②利用12月维系的余热加大对成交重点小区的宣传力度；③物业联动员的培训，目的强化太阳城大盘以及升级概念，弱化联动员的区域抗性，组织业主参加新年音乐会
联动			①新产品推出全面传达，增加连锁店对项目的新鲜感；②5#新开楼门的客户积累；③利用年初的价格优势吸引跨区域的投资客户；④增加培训频率，大力度的信息挤压
大客户			①聚焦单位亲情维系，以转单位办公室形式重点挖掘意向客户；②新大客户单位之间的联谊活动的形式邀约到场，促进对产品认识，挤压成交
社区			①DM制作上采用新领地A户型房型图，比较容易促进到场客户成交；②目标社区选择前期艺阳大户型打击不到的区域；③通过各种途径宣传太阳城及周边规划，澳洲庭院和户型的优势、优惠信息（DM、海报、楼门贴）；④挖掘和积累点式高层客户，为后期的点式高层销售做前期准备

（续表）

<table>
<tr><th>2005年2月</th><th>产品线（库存、销售重点）</th><th>客户线</th><th>工作重点（方向）</th></tr>
<tr><td>物业</td><td rowspan="4">本月进入春节期间的销售淡季，主要以艺阳枫尚点式高层和新领地三室为主，同时预热新领地商业</td><td rowspan="4">本月的工作重点是依托连锁店平台，社区组重点打击河东、河北、河西、和平高档物业小区，一方面项目价格在本区域较高，另一方面为太阳城后期产品价格升级提供高端客户</td><td>①老业主大拜年活动，各物业小区悬挂太阳城祝福条幅，推荐客户赠送花灯；②老业主拜年短信群发</td></tr>
<tr><td>联动</td><td>①用新领地商业预热为由头，督促连锁店回访积累的小商业客户；②通过回访以及连锁客户资源的利用，增加投资型市场的对太阳城关注；③利用连锁店覆盖区域广度的特点，扩大打击范围；④反复的信息挤压，提高对项目的关注度</td></tr>
<tr><td>大客户</td><td>①重点维系单位对接人，拓展单位内部的宣传途径；②新单位借拜年的方式，传达项目聚焦销售产品信息</td></tr>
<tr><td>社区</td><td>①通过分析整理北岸、星座客户资料，梳理点高目标客户群，并通过各种手段对其打击；②由于河西、南开对高层抗性小且消费水平高，社区工作重点开始向河西、南开转移；③DM单中印制中心水景，利用景观优势促进艺阳点高销售</td></tr>
<tr><td>2005年3月</td><td>产品线（库存、销售重点）</td><td>客户线</td><td>工作重点（方向）</td></tr>
<tr><td>物业</td><td rowspan="4">本月聚焦新领地二期亮相，积累客户根据公司要求采取灵活销售策略，同时继续强销艺阳枫尚点式高层实现全面清盘</td><td rowspan="4">随着二期的开盘，产品归于丰富。一方面扩大宣传面，各渠道分别发力；另一方面，加大对高层社区特别是点式高层社区的宣传力度，减少客户对产品形式的抗性</td><td>①新领地二期开盘信息的传达；②翡翠城、北岸业主短信群发传达开盘信息；③中心城老业主的维系活动，传递1#地信息</td></tr>
<tr><td>联动</td><td>①利用二期开盘提高连锁店关注度；②增加培训频率，让连锁店新员工推荐倾向太阳城；③开盘与不动产上层协调，增强推荐力度</td></tr>
<tr><td>大客户</td><td>①电力系统单位的维系活动月，节后开工不是很忙的时机，将电力系统单位作深、作透，单位活动结合家属区活动；②开发区梳理企业，重点积累6#7#地客户，利用其区域抗性小、购买实力强的特点，有重点的利用班车，以及网络基地打击客户；③新大客户单位的维系活动，通过前期宣传消化，形成一定量的单位或多个单位的针对性维系，促进老带新成交</td></tr>
<tr><td>社区</td><td>①聚焦新领地二期亮相，通过多种宣传手段刺激最多的客户到场，为现场积累客户提供支撑；②DM单中印制艺阳全面清盘信息，利用艺阳的优惠及景观优势刺激客户到场；③针对以前做过的重点社区采取长期海报、楼门贴张贴布标悬挂，并及时更换信息</td></tr>
</table>

盘突围的需要，完全可以整合外部的资源，例如上海金地就曾整合中原地产在

上海的三级门店渠道，实行二级、三级市场联动；另外，银行、汽车4S店、各种客户俱乐部等渠道资源都可以进行外部整合。广州“金地·荔湖城”就动用包括直接上门拜访，利用“中间人”来嫁接汽车4S店、媒体、二手房地铺、代理商客户、本地中小企业主协会、行业商会、高尔夫球会等各种渠道的客户资源，另外通过活动赞助、资料投放、出团等多种手段来拓展资源和增加项目曝光度。总之，只要深入市场，将渠道做深做透，都会起到很好的市场效果。

SOHO、星河湾和顺驰三种模式，其共同的特征在于都非常重视除了坐销之外的行销和传销，多兵种共同作战，形成了销售军团的强大作战能力；除了共性之外，三者的客户渠道拓展模式则各有所长，SOHO和星河湾模式的精髓都在“圈层营销”，但前者重在渗透进入一个已经形成的圈子，后者则重在打造一个具星河湾特色的圈子；前者通过圈子卖“能保值、升值的产品”，后者则将圈子本身也当成了一种产品，附着在房地产之上一起出卖。如果说SOHO、星河湾更侧重于“特种兵”作战，顺驰的渠道拓展则充分体现了“人民战争”的海洋战略，通过种种渠道，像大海一样包围客户，梁上燕的“海军”理论其实用在顺驰身上更为合适。SOHO、星河湾的模式基本都属于面对小众的圈层营销，都以服务为名做拓展，因此更适合高端项目；而顺驰模式则属于面向大众的渠道拓展，以销售论拓展，并且其渠道和阶段销售策略、目标结合得更加紧密，因此其动作显得更加精细，更为直接，更适合普通项目。

下篇　关系营销

上篇介绍了SOHO、星河湾的渠道拓展模式，在营销实践中，我们发现，类似SOHO、星河湾那样的营销动作非常多见，跨界活动现在已经成为豪宅营销的规定动作，类似潘石屹那样去山西搞巡展也很平常，但问题的关键是：几乎同样的动作，为什么SOHO和星河湾赚得盘满钵满，屡创奇迹，其他开发商却效果了了？一个典型的案例是，2008年年底，北京复地率旗下四大豪宅去山西巡展。展会举办之前，投入了强有力的广告，巡展会在五星级大酒店以酒会的方式举办，楼书、光盘、宣传手册，印制十分精美，有载歌载舞的一台精致演出，礼品也是人人有份，来参加巡展会的，也基本都是煤老板；但结果却是预计举办五天的豪宅巡展会，第二天就没什么人了，匆匆收场。

为什么差别会那么大呢？我们说，SOHO与星河湾的渠道拓展不是一般的渠道拓展，他们在渠道拓展里增加了一味至关重要的添加剂：关系营销，可以说，

"关系营销"是渠道拓展的精气神，是凝合剂，是中流砥柱，渠道拓展加上关系营销之后，才能无坚不摧。

"关系营销"理论于1985年由美国著名的营销学家巴巴拉·本德·杰克逊提出，关系营销强调与客户建立长期的关系，而不是一次性的交易。传统营销的核心是获得新顾客，而关系营销的核心则是企业在获得新顾客的同时，如何保持住老客户。我们上文提到的SOHO中国的案例，"三里屯SOHO"项目的老客户占到四成以上；上海"星河湾"老客户占20%，但正是这20%的忠实"粉丝"，撬动了80%上海本地的客户。SOHO与星河湾的高明之处就在于，他们认知到：高端客户的财富积累会越来越多，群体也会越来越大，所以重复购买和推荐购买的可能性很大。相反，有些开发商却错误地认为，一位客户出手购买豪宅或者商铺之后，按照常规几年之内不会再投资，因此不去维系老客户，任其流失，这其实大错特错。

如何来维护老客户，使其保持长期的忠诚，美国学者贝瑞和帕拉苏拉曼总结出了企业与顾客建立关系的三个层次梯度推进理论，即一级关系营销、二级关系营销和三级关系营销。现实中，很多企业要么根本不注重关系营销，要么还停留在粗浅的一级关系营销上，因此其与客户建立的关系并不牢固，关系营销也很难发挥出应有的威力。

一级关系营销也叫做"财务层次营销"，即运用财务方面的手段，以利益来刺激目标客户。"财务层次营销"的典型手法是"频繁市场营销计划"，即给那些频繁购买以及按稳定数量进行购买的顾客给予财务奖励的营销计划，通俗来说就是"老客户优惠""买得越多越便宜"。"财务层次营销"是一种低层次的关系营销，容易被竞争对手所模仿，很难将企业与竞争者区别开来。一旦营销方式被仿效，顾客忠诚的作用将会消失。

在房地产营销实践中，"财务层次营销"非常多见，但往往效果一般。2005年，河南"顺驰会"与郑州奥迪汽车贸易公司结成品牌联盟，互换会员，互给折扣优惠，但效果一般；原因是对于高端客户来说，这样的折扣优惠随处可见，吸引力不大。还有，在营销中广泛应用的积分卡，客户参加活动、参观楼盘、购买、推荐购买、重复购买、合理化建议都有积分奖励，可以兑换礼品或奖金，这就是一种典型的"频繁市场营销计划"，但实践证明，积分卡的作用并不是很明显，因为各家都有积分卡，尤其是高端客户一般都不在意这点积分。

二级关系营销也叫做"社交层次营销"，这种方法在向目标客户提供财务利益的同时，重视与客户建立良好的社交关系。二级关系营销的主要表现形式是建立客户组织。客户组织包括两种形式：无形组织和有形组织。无形的客户组织是企业利用数据库建立顾客档案来与客户保持长久的联系，通过数据库的支持下，使客户感到公司理解他们，知道他们在什么时候对什么感兴趣，通过这种个性化的服务培养起顾客对企业忠诚。有形的客户组织是企业通过建立顾客俱乐部来与顾客保持长久的联系。

在二级关系营销里，企业把对客户（Customer）的营销方式引入对顾客（Consumer）的营销，通过为顾客提供像客户一样的服务，与其建立良好的社交关系，减小顾客转向竞争对手的可能性。多奈利、贝瑞和汤姆森是这样描述客户和顾客的区别的：对于一个机构来说，顾客也许是不知名的，而客户则不可能不知名；客户是针对于特定的某一类人或一个大的细分市场的一部分而言的，顾客则是针对个体而言的；顾客是由任何可能的人来提供服务，而客户是被那些指派给他们的专职人员进行服务和处理的。

“社交层次营销”认为与客户保持良好的社交关系比单纯的价格刺激更重要，比“财务层次营销”前进了一大步。但市场上只有永恒的利益，没有永恒的朋友，这两种方式的关系营销都只能支撑价格变动的小额涨幅，当面对较大的价格差别时，顾客都有可能转而投向竞争对手的怀抱。在这种情况下，企业还应该与客户建立三级关系营销。

三级关系营销又叫“结构层次营销”，是指企业在向客户提供财务利益和社会利益的同时，与客户结成稳定的结构纽带联系，客户在企业这里能得到自身需要而竞争对手不能提供的产品与服务。这种服务的提供有赖于企业通过自身竞争优势建立起核心竞争力，这种核心竞争能力是独一无二的，既不能复制，也不能模仿。

分析完关系营销的三大梯次推进理论之后，我们就很容易理解为什么SOHO和星河湾的渠道拓展做得风生水起，但另外很多公司的做法却了无成效。

我们先说SOHO。在低层次的“财务营销”方面，SOHO无疑是做得出色的。从团购到潘石屹亲自负责一些大单，都将表面的折扣做到极致。再说第二层次的“社交营销”，潘石屹和很多资源老板都保持着良好的朋友关系。北京的有些开发商歧视这些“煤老板”“羊绒老板”，认为他们是暴发户，素质低下，可老潘不，老潘会亲自笑脸相迎这些文化素质不高的老板们，而且定期会搞一些客户答谢会，老潘会亲自作陪请他们吃饭。在这些老板的眼里，潘石屹是京城地产大腕，经常能够在cctv露脸的头面人物，能和老潘一起吃饭，这是荣耀。虚荣心满足了，他们投资买几套物业不是小菜一碟吗？

2006年8月8日，“朝外SOHO”在太原举行盛大开盘仪式，《SOHO小报》同期推出山西专辑《人说山西好风光》；2007年中秋，SOHO中国在山西太原的五一广场推出了一个硕大的月饼造型，还有10万块免费品尝的月饼。为了结山西人的商缘，SOHO中国的工作做得非常细致，他们对待老客户是长期且定期紧密联系，给人以信任感，而不是像其他公司那样的临时抱佛脚。SOHO中国在资源老板身上下的工夫，非一朝一夕。

另外，通过对这些客户的深入了解，SOHO中国根据他们的特点和需求来设计产品，这点就更加是其他开发商所不能做到了。

如果上述还是第二层次的“社交营销”的话，第三层次的“结构营销”即企业的核心竞争力就是潘石屹的杀手锏了。基本只选择CBD等黄金地段做开发，不断地顺应市场改变手段，运筹市场于帷幄，迎合客户需要主打散售和升值，善于和媒体打交道带来的良好的企业和领袖形象，有效的宣传和销售业绩带来的成功示范效应，这几个方面共同构成SOHO中国的核心竞争力，这种差异化的竞争力模式让目标客户深信，脱离竞争者转向SOHO会增加收益，脱离SOHO转向竞争者会提高机会成本。因此，在渠道拓展之后，SOHO继续执著的维系“客户”，给他们提供有核心竞争力的产品，大大提高客户的忠诚度，其成功就是必然了。

星河湾也一样，除了低层次的“财务营销”，星河湾以巨大投入进行的系统的、连续的、定期的“社交营销”使其和客户建立了非常密切的关系。星河湾通过跨界活动渠道来拓展顾客，然后在顾客当中发现领军人物，便马上将其当“客户”看待，专人维护，个体推介，长期、定期联系，邀请其参加活动。这就突破了简单层次的“财务营销”，而进化到“社交营销”。在关系营销的第三层境界，星河湾精益求精、业内首屈一指的产品品质，累十年之功构建的顶级生活圈，由这两大核心竞争力构建的“结构层次营销”也是竞争者所无法取代的。

对照SOHO中国和星河湾的成功模式，我们就很容易分析出很多竞争者的失败原因了。偶尔组织一次或几次“跨界”活动，举办一次酒会、推介会，让顾客来消费并寄送、馈赠，这不过是低层次的“财务层次营销”，殊不知，你在利诱顾客的同时，竞争对手也在利诱。上文提到的北京复地山西巡展，很显然，就是一次简单的渠道拓展加上低层次的“财务营销”，吸引力当然不大。很多企业看到有“万客会”“海都会”“金地会”了，也去依样画葫芦组建一个会员组织，收集一大批会员资料然后束之高阁，只是在营销节点想起发动老客户的时候，才兑换一下积分，送一点礼品，殊不知，这种貌似“社交层次营销”的做法其实质不过还是低层次的“财务层次营销”，号召力依然不强。来参加活动的这些人，不过是你的顾客，还算不上是你的客户，或者说，营销者根本就没有用“客户”的方式来对待顾客。

顺驰的渠道拓展能力很强，但在关系营销上一直停留在浅层次的“财务层次营销”，“顺驰会”的作用也仅限于兑换积分，后两个层次的动作一直阙如，所以导致其渠道后继乏力，也是必然。

真正的“关系营销”就应该同时给客户提供财务利益、社交利益和结构利益，最终使客户形成归宿感和忠诚度，达到“五个有”　有亲友，主动推荐；有需求，再次购买；有问题，能够容忍；有体验，互动交流，改进产品；有竞争，拒绝认同，抵制竞争者。

当前的房地产营销实践中，房地产企业最需要加强的就是第二层次、第三层次的关系营销。关于第二层次的“社交营销”，万科等企业都做了非常好的探索，“万客会”等有形的客户俱乐部做得有声有色，在无形的客户组织方面，招商地产的CRM客户管理软件的运行也走在同行的前列。至于第三层次的境界，则需要企业长期的积淀和功力的修为，不是所有企业都能达到的，但对于营销人员来说，做好第一层次、第二层次的关系营销则是完全可能且必要的。

体验营销与展示策略

工具

体验营销五大战略模块、感官营销展示要点、销售中心家居展示要点、服务展示要点

案例

深圳万科城、深圳金地·梅陇镇、深圳望郡、深圳特发·泊林花园、北京万科·假日风景、成都龙湖·翠微清波、天津万科·东丽湖、宁波金地国际公馆、重庆万科·朗润园

在现代营销学史上，“体验营销”并不算是一个新课题。在汽车、奢侈品、娱乐等行业，“体验营销”已经做得非常充分。在房地产业界，中国多数一线开发商已经达成共识，非常注重消费者在购买全程中的体验。尤其是万科，2002年之前，万科基本实施“乡土战略”，项目地基本位于城乡结合部，但万科的过人之处在于其开发的每一个项目都将“体验”做到极致，在项目的每一个角落都蕴藏着足以“攻心”的卖点，它们用自然和缓的方式传达到购房者的心灵深处，让他们完全忘记周边环境的陌生和荒芜，然后愿意用高出周边至少1000元/米^{2}的价格抢购万科位于郊区的房子。这就是“体验营销”的惊人魔力。

“传统营销”与“体验营销”

“体验营销”是在世纪之交随着对传统营销模式的反思中发展出来的。“传统营销”关注于产品的特色与益处，消费者被看成是理性决策者。

“体验营销”并不反对传统营销强调功能性的特色和益处，而是认为特色和益处不过是最起码的顾客要求，已经很难引起顾客触动，使之留下深刻印象。“体验营销”认为消费者是感性和理性相结合的动物，主张把消费作为一种整合体验，刺激消费者感官、触动心灵和激发灵感，使产品和其生活产生关联。

对于房地产来说，同质化时代，消费者在哪里都可以购买单纯房子，房子本身已经很难触动顾客，只有房子承载、附着的一种可见的、系统的、生动的、人

性的生活方式才是销售增值的关键；而这些生活方式只有通过“体验营销”才能传达出来。

美国著名的营销专家伯尔尼·施密特先生在其专著《体验营销 如何增强公司及品牌的亲和力》[1]中将“体验营销”概括为五大战略模块：感官、情感、思考、行动与关联。图示如下：

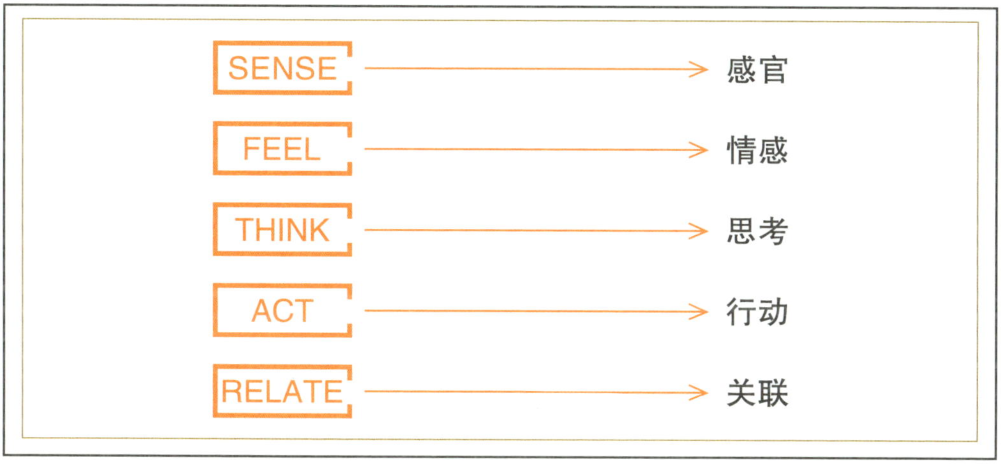

图9-1 体验营销五大战略模块

感官营销就是利用各种感觉，通过诉诸于视觉、听觉、触觉、味觉和嗅觉创造感官体验；情感营销就是充分利用顾客内心的感觉和情感创造情感体验，这种体验可能是对某种品牌的略微好感，也可能是非常强烈的自豪感和欢乐情绪；思考营销诉求于致力为顾客创造认知和解决问题的体验，通过让人出乎意料、激发兴趣和挑衅促使顾客进行发散式思维和收敛性思维；行动营销的目的是影响身体体验、生活方式并与消费者产生互动，通过升华顾客身体体验，向顾客展示不同的做事方式、生活方式并与之互动；关联营销包含了感官、情感、思考与行动营销的很多方面，使个人与理想自我、他人或是文化产生关联。

感官营销：展示策略

如上文所述，感官营销是诉诸五种感官，目标是通过感官刺激让人感受到愉快、兴奋、美感以及满意，感官营销的本质是一种“营销美学”。

广义的感官营销包括项目与消费者接触到的每一个节点，包括建筑、办公场所、公司车辆、核心产品、产品包装、购物袋、服务人员制服、产品手册、名片、推广材料和广告以及其他任何与产品和服务直接相关的东西。在房地产营销

[1]《体验营销——如何增强公司及品牌的亲和力》，刘银娜、高靖、梁丽娟译，清华大学出版社2004年4月第1版。

中，VI系统设计涵盖了上述内容的一大部分，也是感官营销的重点之一，这点目前在业内基本执行得比较到位。我们这里重点要强调的是项目如何利用感官营销进行“造场”，也就是通常所说的“展示策略”。

项目在感官方面的展示主要包括两大部分，即昭示展示和生活概念展示。所谓昭示展示主要是指项目大范围对外展露的领域和形象，比如占领交通要道、机场港口显要位置的户外广告牌，标志区域强势形象的工地围挡、道旗、导示系统等等。生活概念展示则包括内部空间如展卖中心、样板房，外部空间如特色商业街、会所、广场和园林等，通过这些公共空间来展示未来的生活概念和方式。如表9-1所示：

表9-1 感官展示动作列表

<table>
<tr><td colspan="2" rowspan="2">昭示展示</td><td>户外广告</td><td>高调形象，占据要点，包括户外T形广告牌和灯柱广告</td></tr>
<tr><td>地盘包装</td><td>领域界定，区域强势，主要包括工地导示系统、引导旗和工地围挡等</td></tr>
<tr><td rowspan="8">生活概念展示</td><td rowspan="2">内部空间</td><td>销售中心</td><td>“剧院效果”与“温馨家居”</td></tr>
<tr><td>样板房</td><td>充分展示生活方式和产品价值点，如赠送空间等</td></tr>
<tr><td rowspan="4">外部空间</td><td>商业内街</td><td>展示步行体系、共享空间、标志系统和景观空间等社区商业街四大标准体系，充分展示营造成熟社区的感觉</td></tr>
<tr><td>会所</td><td>重点展出会所未来的功能，如瑜伽、健身、阅览、餐饮等功能</td></tr>
<tr><td>广场</td><td>展示独特造型或雕塑小品等节点</td></tr>
<tr><td>园林</td><td>重点展出煽情点如泳池、跌水、游乐场等节点，布置生活场景如花车，或者移植异域的场景体验</td></tr>
<tr><td>服务</td><td>物业服务</td><td>包括保安、保洁、侍应等人性化服务</td></tr>
</table>

（一）昭示展示

昭示展示主要包括户外广告和项目地盘包装，在项目刚上市之初，两者对奠定项目形象、壮大项目声势非常关键。户外“高炮”广告一般占据机场、高速公路、闹市中心等核心要点位置，主打项目形象或宣告重大节点。项目地盘包装特别是工地围挡、沿途引导旗除了宣传之外，其最主要的作用是界定领域，确立项目在区域强势的印象。

沈阳的“丽都新城”项目所在的“铁西新城”片区竞争激烈，紧邻的“优诗美地”项目包下了片区主干道中央大街的所有道旗，强迫进入者接受自己的势力范围。“丽都新城”为后来者，但为区域第一大盘，它的做法是在项目地全部立上高达8米的巨幅围挡，特别是临中央大街位置，长达300米围挡连成一片，气势相当浩大，一下奠定自己在“区域第一”的形象。

（二）销售中心

除了地盘包装之外，销售中心的展示是重中之重，其要点主要有两个：“剧院效果”和“温馨家居”。也就是说，售楼中心的展示既要有强迫式体验的剧院效果，又要有温馨的家居体验[1]。

“剧院效果”的营造一般包括两个方面：外部造型、内部声光电效果。

销售中心的外部造型如果比较震撼，感官营销可以说就成功了一半。如“富丽城”的彩蛋售楼处、“阳光100”的风帆型售楼处、“海渔广场”海星形状的售楼处都因其夸张的造型营造了一个建筑地标，使人对项目留下深刻印象。南京“世茂·滨江新城”围绕销售中心做了一个大型水景示范区，人工湖面上还建造了一个大帆船，使客户对项目的“滨江”卖点记忆深刻。

图9-2 南京“世茂·滨江新城”

试想，如果客户在如图9-3[2]所示售楼处洽谈购房，将会是怎样的效果？市

[1] 这两点要求也可以根据项目情况而增删，一般来说，较为高端、规模较大的项目销售中心包装最好同时具备这两种效果；反之，剧院效果可不强求，但温馨家居则不可或缺。

[2] 本图征引自杭州尚锐地产顾问公司搜房网博客，特致感谢。

图9-3 国外风情建筑

场上号称“北欧风格”的楼盘不胜枚举，售楼处如果做成通体洁白、透明的空间呢？市场上很多楼盘的卖点就是浩瀚的湖面，如果把售楼处搬到湖面上去呢？还有高球地产和海景房，售楼处做到了顶尖的休闲体验了吗？

售楼处内部的功能分区一般来说分为服务区、模型区、影像区、展板区、洽谈区等。

模型区是售楼处的视觉焦点，为了追求剧院效果，很多楼盘采用投影电子沙盘、下沉式沙盘等现代技术，利用声、光、电等制造出剧院效果。

投影沙盘运用投影仪、大屏幕以及其他声光控制技术，让虚拟楼盘与真实沙盘进行互动，形成电影大片的感觉，显得更具科技感、更酷更炫。除了投影沙盘外，电子沙盘也是较为先进的模型技术。电子沙盘利用触摸屏，在屏幕上形成数字小区。观看者可以在虚拟的建筑环境中自由走动，体验真实环境中可以看到的实地景象，还可以让观看者以飞鸟的角度俯瞰整个建筑环境，可以对小区周边规划有个全面的了解。另外，还可以实现参观虚拟样板房，仿真样板房可以提供光照模拟，提供日照分析，供顾客查看房间内每天各时段日光照射房间的情况。

有条件的楼盘可以专门装修一个“多媒体展厅”，将投影沙盘、电子沙盘、专题片、室内展板等整合到一个展厅里面，给顾客提供一个震撼的“立体环幕影院”体验效果。

除了沙盘之外，洗手间也是一个不可忽视的空间。售楼处里打造出一个令人震撼、具有剧院效果的洗手间，也是体验营销的神来之笔。台湾某百货公司洗手间装饰成充满童趣的“海底世界”，人们在如厕时，可以看到海底的热带鱼在身边游动；该百货公司的女士洗手间，则用可口可乐美女广告做壁纸，内部空间设计成一个个易拉罐状，可谓匠心独特。

这些“剧院效果”设计不都可以为房地产营销所用吗？

如果说“剧院效果”是选修动作，那么“温馨家居”效果则是销售中心展示的必须动作。家居方面的展示主要包含的动作见表9-2：

表9-2　售楼处家居展示动作列表

序号	动作	备注
1	入口标志物	如精神堡垒
2	停车场三牌	指示牌、警示牌、温馨提示牌
3	车辆	看房班车/电瓶车
4	户外阳伞/休闲桌椅/垃圾桶	
5	LOGO墙	
6	功能空间三牌	指示牌、警示牌、温馨提示牌
7	细节处理	如垃圾桶、烟灰缸、细沙、LOGO压模
8	家具风格	
9	衣物存放处	
10	绿植选择及摆放	
11	氛围处理	书刊、音响设备等
12	饮品/糕点种类及用具	
13	背景音乐	
14	咖啡/烤面包/香精香料味道	
15	特殊人群服务	老人照顾、儿童照看
16	人员服装及礼仪	
17	POP广告	
18	其他	擦鞋机、雨伞架

（三）样板房

作为一个最重要的道具，样板房在销售过程中的作用当然不可小觑。“用样板房把客户打蒙”曾经是很多豪宅尤其是度假性物业销售的杀手锏。昆山“大自然花

图9-4　昆山“大自然花园”

园”坐落于淀山湖北岸，毗邻高尔夫球场，其样板间用大落地窗，将通透的居住空间直接融入大自然，有效放大项目的自然资源卖点，给客户营造绝妙体验。

一般来说，样板间展示有如下技术要点：

1. 样板间展示必须突出“煽情点”，规避缺点

所谓“煽情点”最常见的就是户型的外围空间和垂直空间。所谓外围空间即花园、入户花园、（空中）内庭院、大露台、落地窗、凸窗等与大自然亲近的空间；垂直空间如LOFT、半地下室、斜屋顶（局部低于2.2米，不计算建筑面积）。这些地方的展示主要是超值感和休闲体验，如大露台赠送面积多少，可以做好小水牌，明确告诉客户，同时利用一些道具充分展示生活场景，引发客户联想。广州“颐和高尔夫庄园”用整面落地玻璃窗引景入户，同时还有室外露台等，直接与绿意盎然的高尔夫球场交融。

除了彰显优点外，规避缺点也是样板间的重头戏，如小户型空间狭小，样板

图9-5 广州“颐和高尔夫庄园”

间可以着重设计一些收纳性强的家具，如万科的U5—全面家居解决方案就非常重视收纳系统的设计和展示；另外可以多用通透的材料、多用灯光等等。

2. 样板间展示要体现“现场感”，刺激认同

“魔鬼在细节中”，样板间如何做细节，营造“现场感”以刺激认同就是一个重要方向，在这方面，重庆龙湖地产是一个榜样。翻开的杂志，饮剩的酒杯，仿佛主人一分钟之前还在现场，只是临时离开；儿童间玩具略显凌乱，好像孩子刚刚还在玩耍；厨房里飘着煮咖啡的香味，蔬菜、点心都是真实新鲜的，冰箱里的饮料可以免费饮用，就如同来到一个有身份、有品位的老友家中，放松、自然；衣橱不再是随意性的挂几件衣服，而是衣服鞋帽样样皆有，让你觉得这就是你的大衣橱……这都是龙湖地产样板间里一些“现场感”十足的魔鬼细节。样板间里，每个空间的摆设都针对典型客户进行身份描摹，海归夫妻、人缘好的太太、十四岁酷爱航海喜欢吃牛排的儿子、四岁的小女儿，根据一家人的身份和爱好去布置家居，对着大衣橱，会有客户说：“这款样式挺适合我”，“我喜欢我老婆穿裙子”。

利用样板间传递各种生活信息，满足客户对生活的所有想象，继而让其产生归属感和情感维系，这才是样板间细节展示的最高境界。

3. 样板间是艺术品，必须源于生活、高于生活

一个成功的样板间是艺术品，走进样板间，至少是有些设计、摆设是新奇的，是顾客自己平时一般见不到的。图9-6(a)的这款厨房以玫红色为基调，红色是刺激胃口的最好颜色，红色的橱柜很常见，但是连地板也是同样的红色就非常

图9-6　样板间中的厨房、餐厅、卫生间

[1] 根据性别设计专属的样板间，现已成为时尚。

少见了，绚丽光洁的红地板，让人忍不住想在里面翩翩起舞。图9-6(b)的厨房里配上绿色的餐桌和晶莹剔透的餐具，就像正在露天的大自然中聚餐。图9-6(c)的卫生间里，脚垫、马桶盖上都绣上菊花，充满女性[1]的光彩。

4. 精装样板间的替代品效果也不错

除了常规的精装样板间和工法样板间之外，还有艺术样板间、涂鸦样板间和清水样板间。在精装样板间因为时间、条件不具备的情况下，操盘者用艺术样板间、涂鸦样板间或者清水样板间来代替也是一个不错的方案。

（四）商业街展示

社区商业街的展示是万科的拿手好戏。由于多在城乡结合部开发，区域较陌生，城市化严重不足，通过社区商业街展示项目未来的配套、强化项目未来的都市生活氛围是解决区域陌生化非常管用的一个手段。提前规划业态并包装展示，打造一条“虚拟商业街”已经成为万科的“独门暗器”。社区商业街的展示主要包含四大体系：步行体系、共享空间、标志体系和景观空间。

步行体系主要包括尺度适宜的街道、多层次的小广场等，体现街区生活的概念；

共享空间就是商业街内人流驻足、聚会的地方，适量的休闲坐椅、露天酒吧、欧式售卖车等都是共享空间展示常用的道具。

标志体系包括清晰、风格统一的立面形象、区域导示、店铺标志以及路面铺装、雕塑小品等。台湾著名的旅游景点“薰衣草森林咖啡屋”[1]用手绘的字体和看板作为标志，再加上颇有哲学意蕴的引导语，令游客趋之若鹜，这些标志体系颇值得借鉴。

景观系统含商铺门口的绿化和商业街内的点式绿化。

图9-7　台湾薰衣草森林

（五）广场、园林展示

广场和园林展示主要分两部分，一部分是硬件展示；另一部分，展示生活场

[1] 图片由全国工商联房地产商会全经联理事、北京一研九鼎机构董事长蔡鬏先生提供，特致感谢。

景，进行异域风情的移植也是通行的展示方式，其目的是让广场和园林鲜活起来。深圳万科城开盘的时候请黑人乐队在园林、湖滨表演节目，使人仿佛置身于意大利或西班牙的街头，这种场景移植体验对目标客户的感官冲击很大。意大利“慢城”广场上常有和平鸽与人和谐相处，烘托出生活的慢节奏；现在国内命名为“慢城”的项目很多，也都规划了或大或小的广场，但无一使用了类似和平鸽的道具，无法展示“慢”的灵魂。台湾的“薰衣草森林”，在园林小路的拐弯处或摆设供可爱泰迪熊打盹的室外家具，或布置绚烂的小花车，或栽上专供小鸟栖息的小木屋，伴着小巧的花草，每个转角的景观都让人惊喜，这些展示都非常值得学习。

图9-8　南京“山河水”

（六）会所功能展示

会所功能的展示和样板间一样，也得讲究源于生活、高于生活。深圳“金地·梅陇镇”在会所展示的时候，就采用了很多新奇特的家具，如传讯囊、阅读灯（图9-9）等，尤其是“传讯囊”，球形设计创意不凡，打破常规视觉习惯。内部有电脑装备，使用WI-FI无线上网，提供给客户上网+电影+聊天的阵地，给人以很大的感官冲击。

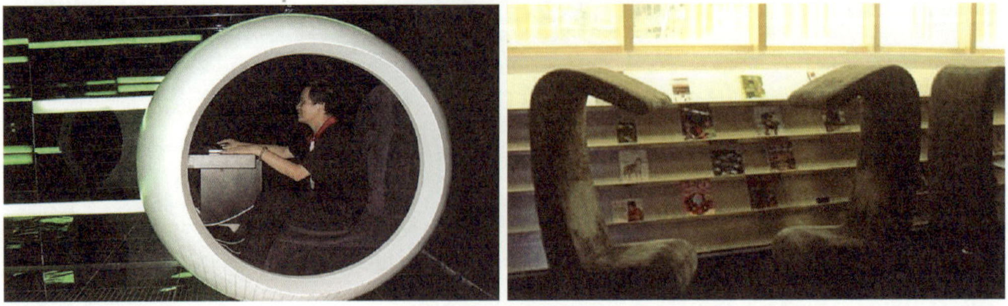

图9-9 金地“梅陇镇”会所展示

（七）服务展示

除了上述硬件的展示之外，作为软件的物业服务展示也是非常重要的一环，让准业主在入住之前就感受到服务的体贴入微比什么宣传都来得有分量。

图9-10 “中信·红树湾”售楼处停车场

服务展示主要是强调细节的展示，比如给汽车遮挡防晒罩、给安全帽垫泡沫纸都是豪宅项目要求体现的细致服务。华润物业管理公司提出了著名的“车辆停泊的12个标准动作”，对停车场保安工作提出了高的服务标准。表9-3是关于服务展示的要点，可供参考。

表9-3 物业服务展示动作列表

服务地点、人物	服务内容	服务要求
停车场（保安）	停放位置导引	跑动到客人一侧；行礼；单手遮挡车门上沿，另一手打开车门；微笑，迎接客人下车；轻关车门；提示车内勿存放贵重物品；提示锁好车门窗；夏天提供轿车遮阳板；雨雪天有需要的客户提供雨伞；协助提供停车场手推车；停放后将车辆的颜色、品牌型号、牌号、入区时间记录周全；使用6个标准交通手语手势。（华润的12个标准动作）

（续表）

服务地点、人物	服务内容	服务要求
停车场（保安）	豪宅特别服务	用遮挡牌遮住车牌，客户离开时再取走
售楼处（侍应）	提供安全帽	安全帽内沿垫上一次性泡沫纸
电瓶车（保安）	看房讲解	开电瓶车带客户巡视周边环境，必须一路讲解，讲解时带激情和喜悦
样板房（保安）	协助行走不便的客户	搀扶行走不便的客户要细致，保证安全
样板房（保洁）	驻守样板间	致问候礼，引导穿鞋套；清楚所在区域的户型特点，在必要时回答客户问询，讲解时带温情和喜悦
售楼处（侍应）	提供湿纸巾、冷饮	客户进销售现场脸上有汗，必须提供冰冻湿纸巾和冷饮

情感营销

情感营销这种策略就是通过体验媒介为项目附加上一定的情感，包括温馨、信任、甜蜜、安全等。

深圳振业集团在著名豪宅片区开发的高尚住宅——“翠海花园”二期“望郡”抓住其目标客户主要为40岁左右的成功人士的现象，推出《四十情深》楼书。“四十是一段深深的情感，爱过，恨过，迟疑过，徘徊过，灿烂过，幸福过，酸甜苦辣的滋味在舌尖犹存，对人世多了一份回味、理解、包容，剩下的就是幸福。”幸福意味着回归自然、回归家庭。楼书以“自然之情”“城市之情”“恩爱之情”“舐犊之情”“养育之情”“生活之情”贯穿，涵盖了人到中年对自然、对事业、对夫妻、对子女、对父母的所有感情，其中浓浓的情愫深深地打动了目标客户。如：

“恋爱时，我对她说，要买一栋大房子给她，有花园，有泳池。现在，她越来越少提起，我却没有一天忘记……10年前的一天，我在写字楼加班，十二点钟，妻子送汤来了。我那身价千万的老板也没有这样的享受，同事羡慕，我也自豪。那是鼓励，是安慰，是幸福，是人生最大的犒赏。回首往事，妻子一路关爱，默默付出，是生活中永不停息的动力。她说过，她想有一个高高的房子，看得见海，看得见山，看得见城市，看得见你下班，看得见孩子放学，还要有一个大大的空中花园，能够让自己闲暇的时候种点兰花。我暗暗发誓一定要报答她，爱她，圆她一个家的梦想。这是我很长一段时间的奋斗动力。”（《恩爱之情》）

如“送给女儿一个大大的琴房，是我一直以来的心愿，是我的梦想旅途上一首未完成交响曲，是一个父亲送给孩子的一张上流社会入场券。窗外，有飞鸟经过，阳光从窗帘的一角泻进来，洒在女儿身上。我的安琪儿，一双小手在琴键上来回舞动，叮叮咚咚的钢琴声像泉水一样缓缓地流淌，她的琴房很大，却被幸福挤满了。”（《舐犊之情》）

如“40岁了，自己也做了父亲，才更深地明白了父母之恩大如天的道理。来深圳前，父母送我到车站，话别时，我突然发现父亲的腰杆不再笔直，母亲的鬓角也在风中飞舞着令人心酸的银丝。不知不觉中，父母在我的成长中老了，步履开始蹒跚，说话开始唠叨，牵挂像我的旅途一样漫长。车子缓缓开动了，尘土中，看到父母跟着车子跑了几步，突然间泪如泉涌，那一刻，我真正读懂了朱自清的《背影》。40岁，对父母说爱他们已经觉得很矫情了，‘谁言寸草心，报得三春晖？’我最大的心愿是在这个城市扎下根基，然后买一个大房子，把他们从家乡接来，安享天伦。”(《养育之情》)

楼书通过描述一代人的奋斗史和心路历程和目标客户达成沟通，取得了非常好的效果。

深圳“特发·泊林花园”则用漫画的形式勾勒业主在小区里一辈子的生活，描绘多个细节生活场景，如“2006年，新房钥匙在手中轻摇，似老婆的身姿，牵着她的手，在阳光下跳舞，耳畔尽是校园的音乐。膝盖摔破时，我走过去扶起她，成就了今生的缘。”“2013年早餐后，宝宝说他要和邻家小女儿一起去幼儿园，不要姥姥的接送，想到幼儿园就在隔壁，就默许了，继而默念了自己的第一次约会。”生活场景和细节让人如此感动。

图9-11 《泊林的故事》漫画版

万科向来是情感营销的高手。北京万科的“假日风景”项目中后期媒体炒作不再讲设计、配套、高科技，而只谈生活。其媒体炒作的专题《快乐着你的快乐讲述万科假日风景的快乐生活》像历数家事的张嫂，又像街坊邻里间“传舌”的李婆，“假日”数弄着业主们的故事。《享受“骚扰”》讲的是物业保安24小时巡逻保证业主安全的感人故事，《可以把玩的房子》讲述架空层泛会所等情趣空间，《成了托儿所的售楼处》讲业主小孩在售楼处儿童游乐区流连忘返的故事，《朋友一生一起走》则说了业主论坛、QQ群的故事。每一个故事中都深藏着一种情结，蕴涵着一份感动，而表达出的却是单纯、真诚的快乐。

北京“假日风景”的客户通讯《悠客》创刊号以“诞生”为主题，贯穿宝宝诞生、广告诞生、《悠客》诞生和大城诞生四个栏目。内页用整版的画面刊登一幅准妈妈业主在看工地的照片，文字“宝宝和宝宝的房间，或许在同一天诞生”。通讯正文安排“假日准妈妈专访”，标题有《为孩子之将来而奋斗》《出生后，我要很乖》，另外还专门选取几个业主的小孩子作为《假日拍摄花絮》，有“爱喝可乐的亮亮”“爱吃甜的小牙齿”“爱跳舞又很乖的菲比”“可恨又可爱的天气”。将项目注入新生的气息，同样也是深深地打动了为人父母的目标客户。

万科城细节提示系统更是体现了万科服务的精细性，如售楼处的提示让人倍感温馨：本公司要求工作人员热情、详尽地向客户介绍楼盘信息，但由于口头传递信息的不确定性，最终以本公司提供的正式文字资料为准。

万科真实地面对客户，自报家丑的传统同样也是“情感营销”的绝招。北京万科紫台项目的《特别提示 本期建设范围内可能对业主生活产生不利影响的环境因素》，如“本小区本期红线内先规划有以下公共配套设施（如可能经营餐饮的商业、垃圾转运站、水箱、配电室、消防监控中心、车库出入口、车库排风排烟口、人防工程等），在符合国家标准的前提下，仍可能对相邻的住宅产生影响。”但同时，万科还告诉客户，“出卖人在制定销售价格时，已充分考虑以上不利因素的影响。”这样不仅能降低一些常见的销售纠纷，而且还能提高客户对万科的认同感。

思考营销：出乎意料—激发兴趣—挑衅

所谓思考营销就是，鼓励消费者用心思考，使思维更具创意，从而重新认识公司及其产品。鼓励消费者创造性的思考需要以下原则：首先要让人出乎意料，可以是视觉上的、文字上的，也可以是概念上的，然后激发兴趣，最后再加上点挑衅。

同样的，在国内万科也是玩“思考营销”最多并且最娴熟的高手。

深圳“万科城”项目的主题定位是“深圳首创大型TOWNHOUSE亲地社区”，万科通过多点体验来引导客户对于亲地社区的深切感受，首先是悬念广告开路：“深圳人未来生活在哪里？”然后激发兴趣“回归亲地生活”，“万科在造一座城”“20年，造就一座梦想城”“梦想再现”。这种系列广告的层层递进陈述，在概念上对消费者形成一种有效引导。深圳万科四季花城同样采用“思考营销”，其广告主题语“有一个美丽的地方”，惹人遐想、思考过后是对其项目的重新认识。

之后，深圳 “万科·东海岸”的“30亿”“50亿”系列广告，通过列数字，给人好奇，进而让目标客户了解到该区域政府在旅游景观、交通方面的大力度投入，强调区域的升值潜力。天津东丽湖万科城项目则用一系列问答广告，让

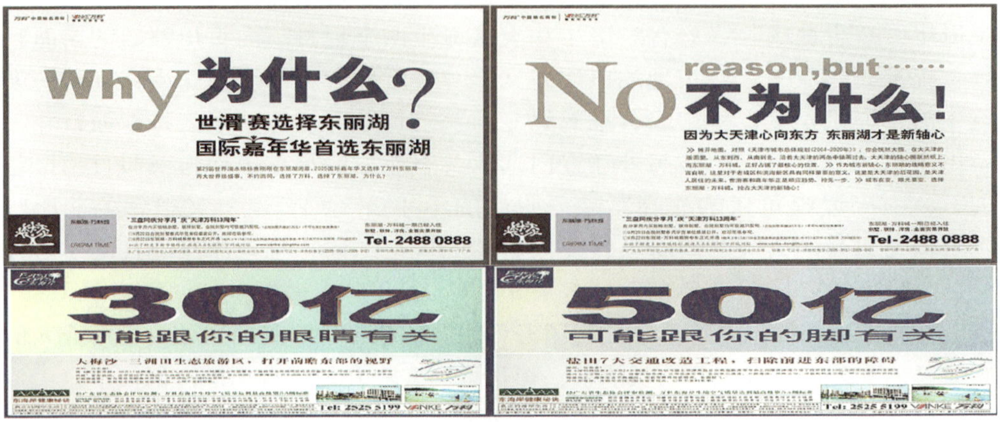

图9-12　“万科·东海岸”广告

客户自我思考，形成对项目所在区域的加深认识。

2005年，天津万科“水晶城”项目抛出话题，“由富而贵，你准备好了吗？”迅速引起社会关注，万科组织文化界名士展开了一场关于国民素质的讨论，国内著名作家林希、航鹰等纷纷撰文发表观点，万科继而把这股讨论引到自身项目上，天津万科随之和《城市快报》联合制作《城市富刊》，起到了非常好的宣传效果。

这些都是万科在“思考营销”上的典范之作。

大连的“小平岛”项目亮相期主题语“如果大连没有海”，激发客户思考，将其一线海景卖点突出到极致，挑衅大连很多楼盘“滨海而不看海”的遗憾，也属于“思考营销”的经典之作。

相反，天津顺驰“山·倾城”项目主题语“山中有18亿”，本意是说明项目所在地山上有18亿年历史的石灰岩，能引起客户兴趣，但这个卖点和客户的居住价值关联度不大，因此，可算是不成功的“思考营销”案例。

行动营销

行动营销战略就是为消费者创造各种各样的体验机会，包括身体体验、长期行为模式体验、生活方式体验以及与人互动的体验等。在行动营销方面，依然是万科走在全国的前面。万科重庆“朗润园”项目在卧室隔热玻璃这个小细节卖

图9-13 “朗润园”玻璃展示

图9-14 “东丽湖·万科城”系列展示

点上的展示都做得很充分（如图9-13），置业顾问让客户用手抚摸高温灯泡烘烤的玻璃，感受万科玻璃和一般的玻璃带来的隔热效果的差异，让这一卖点深入人心、打动客户。

“营销生活方式”是万科化解区域抗性最重要的手段之一，而营销生活方式除了推广宣传外，就是采用行动营销，让消费者直接参与体验。

天津东丽湖万科城项目在这方面可谓做到了极致。该项目在主推别墅单元的时候，利用十一黄金周的机会策划“金秋别墅生活体验”活动。活动采用真人秀的方式真实再现别墅生活里的场景。包括：画家挥毫、狗狗耍欢、后院的瑜伽妈妈和孩子、美女擦车、花园里的烧烤夫妻、美少妇花艺、合院中的书法老人与古筝女孩、厨房里忙碌的美少妇等。

宁波“金地国际公馆”主打公馆生活，项目在样板区亮相时同样采取了精彩的真人秀展示公馆生活场景，给客户营造高贵的生活体验，包括样板房里的公馆主人秀、园区里的老爷车秀、样板房里的推杆高尔夫练习等。

图9-15　真人秀

上述案例的生活方式体验营销的高明之处就是使用了榜样式人物的作用，利用模特直接展示生活场景，使房子和服务变得鲜活灵动起来。

除此之外，东丽湖“万科城”还举办了大量的DIY活动，倡导客户直接参与，营造丰富的生活体验。

图9-16　“东丽湖·万科城”DIY

行动营销方面的经典之作还包括深圳中海“阳光棕榈园”项目推出的“阳光奇缘”爱情童话网络游戏。这款游戏系中海地产依托“阳光棕榈园”为故事背景量身打造，它以清新、优美、浪漫的风格带给了玩家全新的感受，让玩家在互动、参与中巧妙体验了项目的卖点。

“阳光奇缘”首创国内地产实景动、漫画游戏，亦是首部连续六周剧情式游戏。通过一个浪漫爱情故事缓缓展开，在玩家的关注中走过“初创商业街”“寻缘棕榈岛”“寻访棕榈人家”“寻踪阳光小学”“探秘棕榈社区”“相逢棕榈园”等六个阶段。事业有成的 Edison 海外归来寻找初恋情人 Melun，可当年玩耍的地方已经变成一片美丽的大社区——阳光棕榈园。 Melun在哪里？怎样才能找到她？玩家在寻找的过程中可亲身体会“众里寻她千百度”的无限乐趣。

其中还穿插了一些房地产信息，而且在每个关卡中附加智力游戏、问题解答游戏、动作游戏等。整个游戏包括：生活气息浓厚的商业街、地中海风情的中心园林以及会所、户型特色、装修、教育、配套设施、物管、社区文化等，几乎囊括了阳光棕榈园的主要特色。

关联营销

关联营销的目的是建立消费者和项目中体现的社会、文化背景关联。关联营销主要有两种体现形式，一种是使消费者相信通过购买某种品牌他们可以改变自己的身份或成为参照群体中的一员，使他们获得一种社会分类和身份认同；一种是品牌社群，即品牌使用者之间一种有组织的社会关系。

在房地产营销实践中，“关联营销”较为经典的案例数深圳“熙园”项目组织的系列“财智列传访谈”，他们通过对深圳一系列创业成功的老板的访谈，建立起项目客户的参照群体。另外，所有的业主活动、业主论坛等的组织、引导都属于品牌社群的概念，这也是关联营销的一部分。

兵法云：运用之妙，存乎一心。只有了解了生活的真谛，我们才能调动客户在感官、情感、思考、行动、圈子等各方面所有的心力，让他们真正爱上我们的项目，营销便在其中了。

价格制定

工具
比较评分表、爬楼打分表、综合调差表

案例
万科第五园、上海星河湾、沈阳丽都新城

在房地产销售过程中，价格制定是一个非常关键的问题。项目的畅销与滞销跟价格的关系最大，所有滞销项目中，可以说90%以上在价格制定方面都存在或大或小的问题。从价格表的制作中，很容易就可以看出一个操盘人员的专业功底以及操盘思路。

价格制定主要包括两大课题：一是项目核心均价形成，一是价格表制作。

上篇　核心均价形成

项目的均价定位是一个关键并且棘手的问题，价格定高了市场无法接受，价格定低了开发商又损失利润。一般来说，在制定均价时，首先得确定定价目标和定价依据，然后根据目标和依据确定定价方法和策略。

定价目标
“目标”是制定均价时首先需要考虑的因素，目标不同，定价的方法和策略也会不一样。菲利普·科特勒在《营销管理》一书中指出企业定价的五种不同目标：获取利润、扩大销售、市场占有、改善形象、应对竞争。

如公司目标不是现金流而是最大利润，这时的定价可能就远远高于片区的平台价格，如上海的“汤臣一品”；如项目是位于郊区的大盘，公司目标是快速启动市场、扩大销售，也有可能在启动区低价入市，等市场形成气候，然后再调高价格；如跨区域品牌公司初次进入外地市场，考虑以强悍攻势推动市场洗牌，抢占市场份额，也可以低价入市；如公司品牌战略本来就是强悍的造城模式，大规模推出物美价廉的产品，也可以选择低价入市，比如碧桂园。上述几种情况下，项目的定价不但低于竞争对手价格，甚至有可能低于成本价格。

定价依据和方法

就房地产项目来说，定价依据主要有成本、供求关系和竞争状况三种，从这三种不同的依据出发，有三种不同的定价方法：成本导向定价法、需求导向定价法和竞争导向定价法。

"成本导向定价法"较为简单，即测算出项目开发成本再加上一定比例的利润，得出价格。如开发成本为4500元/米^2，利润为25%，则定价为4500元/米^2 ×（1+25%）=5625元/米^2。

"需求导向定价法"在房地产营销中应用得不多，在《营销管理》一书提到的三种方法中，房地产行业一般只采用"认知价值定价法"。这种定价方法主要适用于某些创新型产品，消费者对此缺乏比较的对象，操盘者就可以产品质量、服务、广告宣传等来影响消费者，使他们对产品有一个高的价值认知，然后定价。如深圳波托菲诺的独栋别墅产品，市场基本没有竞争，其采取"单独定价"策略，一套定价6000万元；万科"第五园"的合院Townhouse产品在2005年的深圳市场无同类产品，这类产品的定价也采取"认知价值定价法"，以上游可替代产品（如中信红树湾的大平面单位，总价230万~250万元）为其价格的高限，合院Townhouse的面积为180～200米^2，则定价为1.15万～1.25万元/米^2。

"竞争导向定价法"目前应用最为广泛，而其中用得最多的又属"竞争价格定价法"。下面我们就着重介绍一下"竞争价格定价法"的步骤。

1. 初步估算项目价格

初步估算价格是几乎所有开发企业都会进行的事情，很多时候，这种估算很粗略，也许是决策者头脑中的一个期望价格，业内甚至有这样的说法："均价都是拍脑袋定出来的"。"拍脑袋"不要紧，关键是之后的论证很重要。

2. 筛选可比楼盘

筛选标准主要有：产品结构相似，区域接近，目标客户相似，销售期重合。在这四个标准中，又以区域标准较为重要。一般的做法是以项目为圆心，半径为2000米的范围，重点选择6~8个比较楼盘；然后将竞争产品价格与企业估算价格进行比较，分为高于、低于、一致三个层次。

3. 比较评分

以消费者普遍关注的项目素质作为本项目与竞争对手的对比评估因素。

根据各项目的评估因素与本项目相比的优劣程度赋予其不同的评估系数，分别为0.05（对比最大）、0.025（对比较大）、0.01（对比较少）、0.005（对比最少）；设本项目基准分为1.0分，竞争项目比本项目好的因素按评估系数加分，差的减分，相等为0。

基准分1.0加上各项评估因素与本项目对比后的得分，即为该竞争项目得分。

在对比评分的时候，为了尽量避免评分人的主观性，必需的做法是将竞争项目的各评估因素进行排序，每项排序里面一定得有最高分和最低分。如果最高分为本项目，则一定得有最低分-0.05；如果最低分为本项目，则一定得有最高分0.05；如果本项目位于中间等级，则一定得有最高分0.05和最低分-0.05。举例如下：

表10-1 综合评分表举例

项目＼对比因素	地段	品牌	规模	园区	户型	配套	硬件	物业	展示	得分
项目1	-0.01	0.005	0.025	0.01	-0.025	-0.025	-0.025	-0.005	0.00	0.95
项目2	-0.005	0.025	0.05	0.05	-0.05	-0.01	-0.01	0.025	0.025	1.1
项目3	-0.025	0.01	0.05	0.025	-0.025	-0.025	-0.025	-0.005	0.01	0.98
项目4	0.05	0.05	0.05	0.05	-0.025	-0.005	0.00	0.05	0.05	1.27
项目5	-0.05	0.01	0.025	0.01	-0.05	-0.05	-0.05	-0.05	0.025	0.82

以上地理位置、品牌、规模、园区、户型、配套、硬件、物业、展示等九大项是常用的评估比较因素。在实践中，根据需要还可以更加细腻的比较，比较项根据需要可以增加。如表10-2就将比较项增加到了29项。

表10-2 竞争楼盘综合要素评分表

项目			项目1	项目2	项目3	项目4	项目5
比较指标	地理位置规划设计指标	区域印象					
		发展前景					
		周边环境					
		交通规划					
		生活便利性					
		学区					
		项目规模					
		容积率					
		商业配套					
		车位数量比					
		园林规划					
		会所规划					
		梯户比					
		实用率					
		设备及智能化					

（续表）

项目			项目1	项目2	项目3	项目4	项目5
比较指标	户型结构	实用性					
		采光通风					
		赠送面积					
		户型创新					
	景观	景观内容					
		景观面宽					
	品质展示	建筑外观					
		园林效果					
		公共部分品质					
		物管形象					
		精装修展示					
	品牌	发展商品牌					
		专业阵容					
		前期推广形象					
得分							

4. 得出定价

比如香港恒基兆业在内地某别墅项目的定价[1]。初步估算价为5500元/米^2，经过上述比较评分之后，得分并价格比准见表10-3：

表10-3　价格比准表

项目分类	项目名称	项目均价	项目评分	比准价格
高于	项目1	8800	1.115	7892
	项目2	8300	1.075	7721
低于	项目3	5000	0.875	5714
	项目4	5300	0.8	6738
一致	项目5	5390	1	5390

经过比较评分之后，可以明显看出本项目在产品户型结构方面优势很大，但在地理位置、景观方面相较项目1、项目2均偏弱，户型的附加值将是项目最大的亮点。然后再结合恒基兆业的企业目标，因其刚进入该市，品牌影响力还不强；同时项目为占地近1000亩的别墅大盘，后期存货压力大；该市每年别墅

[1] 业内流行的定价方法是，先确定各竞品项目的影响分值（权重），如项目1~5分别为30%、25%、20%、15%、10%，然后用权重乘以各项目的比准均价，最后合成为一个价格，以之为准，作为项目的基础定价。该方法貌似严谨，但基本没有考虑企业目标，得出的定价往往偏离企业的真正需求，因此不采纳。本节采纳的定价方法以科特勒《营销管理》书中介绍的步骤为准。

的去化量约为700套，本项目启动区有108套别墅，目标是开盘就销售80%，第一阶段年销售200套；因此，总结恒基兆业的企业目标为扩大销售、提高市场占有率。再看竞品项目的销售量，项目1、项目2均为高价出售，但其2008年销售量约为25套；项目3低价销售，年销售量约为200套；项目4销售也较强劲，2008年销售约为150套。

对比竞品项目价格及本项目定价目标后，形成定价：5700元/米²。与项目3的比准价格持平，但综合质素高于项目3，确保项目销售达到企业目标。本项目计划2010年上半年销售，比准价格为2009年下半年价格，考虑本地市场半年约上涨3%的因素，预计届时均价为5870元/米²。

得出价格后，还必须持续跟踪竞争产品的价格变化，及时分析原因，相应调整本项目价格。

5. 表单价格

所谓表单价格，即是指在实收均价的基础上预留出优惠的空间。例如：

表10-4 综合优惠表

时间段	优惠面积比例	优惠额度	折扣率减少
认购期、开盘日	30%	2%	0.006
	15%	1%	0.0015
过程促销	25%	1.5%	0.00375
尾盘促销	10%	3%	0.003
	10%	2%	0.002
开发商客户折扣	10%	5%	0.005
小计	0.02125		

最终核算表单均价=5870元/米²×（1-0.021）=5995元/米²。

另外，同一个项目里有高层、小高层、多层等多种产品类型，在实践中，通过市场比较法确定高层均价后，还可以通过市场上高层与多层的价格比率形成多层的均价。如高层为5000元/米²的均价，同类市场上，多层：高层的比率平均为1.67∶1，乘以比率就可以比准出多层的价格。

中篇　静态价格表制作

确定均价后，将均价分布到每套房子当中形成各个单位的价格表，这是一个讲究科学的技术工作。

在制作价格表之前，我们首先明确单价形成的原理和公式：单价=基准价+平面差+层差。其中，基准价是一个变量，相当于一元一次方程中的变量X。制作价格表的原理就是解一个一元一次方程。单价1（X+平面差+层差）×建筑面积+单价2（X+平面差+层差）×建筑面积+单价3（X+平面差+层差）×建筑面积+…=均价×总建筑面积。每套房子的单价构成中，基准价是全部相等的，不同之处在于每套房子的平面差和层差不同，形成每套房子不同的单价。均价是已经确定的，建筑面积也已经确定，所以只要得出每套房子的平面差和层差，这个一元一次方程就迎刃而解，X解出来，一套房子的最终单价也就形成了。

求算平面差

知道公式和原理后，我们着手算出平面差。首先我们选择一个标准层，这个标准层可以任意选择，比如一栋34层的高层，除了一楼和顶楼之外可以选择任意层。

同一个楼层，有很多套单位，单位与单位之间存在差价，这就是平面差。造成平面差的因素主要有以下几点：朝向、通风、采光、景观、视野、噪音、面积、户型格局、是否把山[1]等。具体选择哪些因素，主要看项目各个单位之间的差别情况，比如沈阳“丽都新城”项目二标段户型之间的差别较小，所以在考虑权重时“户型格局”因素基本就不用考虑。确定调差因素之后，这些因素在影响价格方面，占的权重也是不一样的。操盘人员制定权重时，主要需考量当地市场消费习惯、前期积累客户反应以及项目自身的特殊情况。比如在北方，朝向占的权重一般较大，尤其是朝南非常关键，西北朝向的房子一般就要便宜得多。“丽都新城”项目所有户型都朝南，“面积”占的权重最大，因为在前期市场蓄水的过程中，48米^{2}的小户型非常抢手，相反80~90米^{2}稍大面积的户型则滞销，客户对面积加大带来的总价增多非常敏感。

确定调差因素和权重之后，接下来的工作就是“爬楼打分”。所谓爬楼打分，就是登上销售单位的实际位置，观察其在朝向、通风采光、户型格局等各方面的差异，然后进行打分。

为避免打分人员的主观因素，打分采取排序的方法。比如“朝向”这一项，要打分的单位共存在五种情况，南>东南>东>北>西，接下来按5分制[2]打分。最

[1] 把山是北方对位于东西端头山墙位置单位的简称，因天气寒冷的原因，端头户冬天温度低，尤其是西边端头户有部分销售抗性，因此北方项目在价格表制作时需要考虑此因素，南方项目则无需考虑。

[2] 也可以采取10分制。

高分，朝南的为5分，朝西的0分，在打分的时候，要注意，必须有最高分5分和最低分0分。其他的，如东南向4分，东向3分，北向1分，西向0分。还有比如通风因素，主要看是否南北通透、有几面通风、楼间距怎样，实地爬楼后，列出本项目存在的几种情形，进行排序，最高分5分，最低分0分。列举出项目平面调差因素存在的不同情形后，制作“爬楼打分标准”（如表10-5），根据打分标准就

表10-5 爬楼打分表

打分因素	权重	打分标准	
河景	30%	无景观	0
		北面看河景	1~2
		南面看河景	3~4
		南北两面看河	5
园林	20%	整体园林景观	5
		中心泳池景观	3~4
		入口广场景观	1~3
		无景观	0
噪音	10%	无噪音	5
		主干道噪音	0
朝向	5%	东南朝向	5
		西南朝向	0
通风采光	20%	南北通透，3个以上采光面	5
		南北通透，2个以上采光面	3~4
		南北不通透，2个以上采光面	1~3
		南北不通透，1个以上采光面	0
视野	15%	视野开阔	5
		视野受阻	2~4
		对视	0

可以评出各单位打分，单项打分乘以权重等于得分，几项得分的总和等于该单位的综合得分。编制“综合调差表”，将得分列在调差表上，如表10-6:

表10-6 综合调差表[1]

调差项目	比重		房号					
		分数	401	402	403	404	405	406
朝向	23%	打分	5	5	3	3	1	0
		得分	1.15	1.15	0.69	0.69	0.23	0
通风采光	20%	打分	3	5	3	2	0	4
		得分	0.6	1	0.6	0.4	0	0.8
面积	27%	打分	5	0	2	3	5	1
		得分	1.35	0	0.54	0.81	1.35	0.27

[1] 实际情况下，同一个楼层有几十个单位，需要列在一张调差表上，本举例只是为了演示方便仅列6户。

(续表)

调差项目	比重		房号					
		分数	401	402	403	404	405	406
朝向	23%	打分	5	5	3	3	1	0
		得分	1.15	1.15	0.69	0.69	0.23	0
通风采光	20%	打分	3	5	3	2	0	4
		得分	0.6	1	0.6	0.4	0	0.8
面积	27%	打分	5	0	2	3	5	1
		得分	1.35	0	0.54	0.81	1.35	0.27
户型格局	15%	打分	2	3	4	5	1	0
		得分	0.3	0.45	0.6	0.75	0.15	0
把山	15%	打分	0	5	5	5	5	3
		得分	0	0.75	0.75	0.75	0.75	0.45
合计	100%	综合得分	3.4	3.35	3.18	3.4	2.48	1.52
		差分值	1.88	1.83	1.66	1.88	0.96	0
		原始调差	749.9	730.0	662.1	749.9	382.9	0

得出各单位的“综合得分”之后，就会出现一个最高分、一个最低分，如上案例中的3.4和1.52。下面，我们还得明确一个概念：极差。所谓“极差”，是指在同一个标准层中，最好的单位与最差单位之间的差价。一般来说，极差的经验值为楼盘均价的15%~20%。在实际操作过程中，极差可以根据需要调大或者调小。比如，为了树立价格标杆，促进难点户型的消化，就可以拉大极差，尤其是豪宅，极差一般都较大；反之，如果平面之间差别不大，为了不出现价格过高的现象，也可以缩小极差。如表10-6，得出各单位的“综合得分”后，找出最高分和最低分，用最高分减去最低分就是“极差”的分数。比如楼盘的均价为5000元，极差为均价的15%，极差为750元，极差分为3.4-1.52=1.88(分)，则每分的价值为750 ÷ 1.88=398.9(元)。然后，用每个单位的综合得分减去最低分，就能得出各单位之间的差分值，差分值乘以每分的价值，就得出了每个单位的“原始调差”。

层差

相较平面差，确定层差的工作就轻松很多，层差的差值一般来说为均价的10%，比如均价为5000元，则最好的楼层比最差的楼层要贵500元。“10%”的幅度非常关键，很多操盘人员在操作高层项目时，只知道每层平均加100元等陈腐观念，结果到高层单元价格太高，造成本来视线、景观最好的高层单元滞销。如果控制在10%，比如31层的高层，500元的层差，则每层之间的差价基本在10~30元，高层单位自然就会受欢迎了。

层差主要分多层和高层两种常见情况。

首先说多层，对于六层的普通多层来说，一般三楼最贵，顶楼最便宜，一楼与五楼的价格差不多，二楼与四楼的价格差不多。但有两种例外：一种是景观资源强势的楼盘，讲究“金三钻四”，因为四楼看景观的效果更好，自然比三楼贵。第二种情形是楼盘的一楼、顶楼有附加值的情形，比如一楼赠送地下室、花园，顶楼赠送阁楼等等，这种情形，一般一楼就最贵，顶楼也是价值不菲。

小高层的层差一般来说比较简单，就是越高越贵，如果在南方，气候比较暖和，顶楼也就最贵；但在北方，因为气候寒冷和防水难题，顶楼一般来说，价格就比倒数第二层甚至第三层便宜。具体就得操盘人员看当地区域市场情况。

高层的层差原则也是越高越贵。不过高层的特殊情况在于，比如29层的高层，1~10层为一段，10~20层为一段，21~29层为一段，不同段之间的绝对层差也会不同。如图10-1所示，如果高层只能看园区景观，则1~10层之间每跃高一层则看园区景观的视线越好，则之间的层差就相对较大，如100元；10~20层之间则看园区较弱，层差也相对缩小，如60元；到21层以上，园区景观逐渐模糊，则层差缩到最小，为50元。

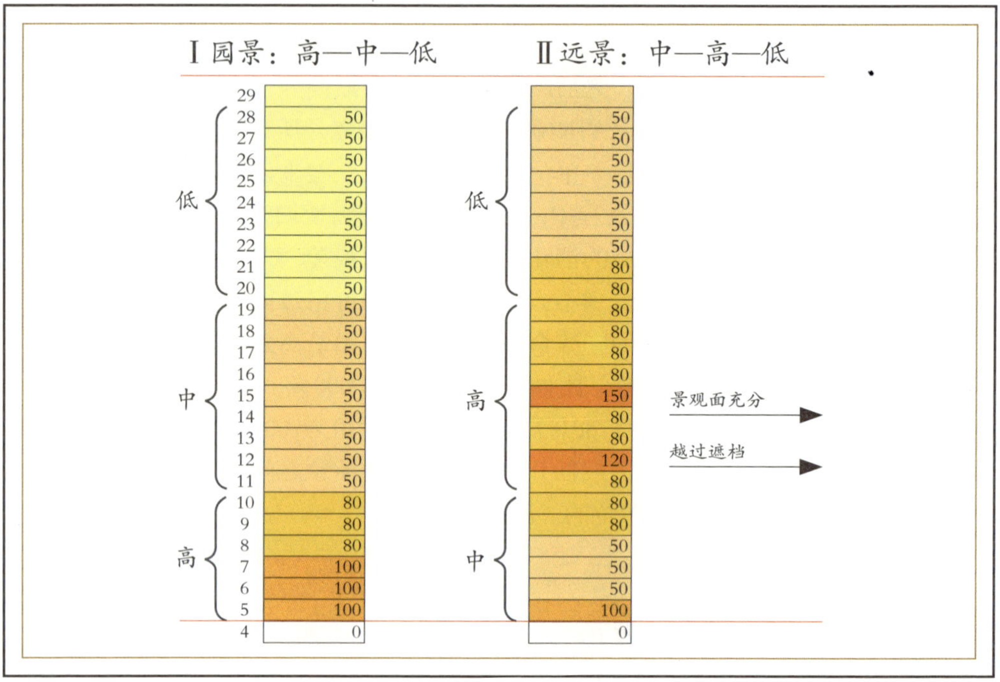

图10-1 层差分布图

如果高层能看远景，则分段之间的层差就会呈现中、高、低的格局。中间段景观面最充分，自然层差就最大。层差制定里面还有一个概念是“跳差”，即是指跳过某层后，景观面或视线出现较大的变化，则这层与下层之间存在一个较大的层差。比如图10-1，10层以下段的层差都为80元，但到了11层，突然越过遮挡，价差就跳为120元，这就是“跳差”。

平面差和层差都确定后，一张价格表就只欠东风了。

价格表链接

在形成价格表之前，必须得做好房号、户型、建筑面积等信息的录入，然后开始在单价、总价栏链接公式。示例见表10-7：

表10-7 价格表链接举例

G5 ▼ fx =$E$145+G$142+$B$5

A	B	C	D	E	F	G
绝对层差	累积层差	栋号				
		31层	房号		1-31-1	1-31-2
			户型		P	B1
			建筑面积(米^2)		96.42	51.92
(50)	445		单价		6524	5380
			总价		629085	279319
		30层	房号	1-30-1	1-30-2	1-30-3
			户型	E	C	B
			建筑面积(米^2)	106.41	49.00	52.78
10	495		单价	5526	5374	5430
			总价	587988	263347	286584

上表中，单价5380＝E145（指的是该表格中数值，平面差）＋G142（基准价）＋B5（层差）；总价＝G4（建筑面积）×G5（单价），全部链接好之后，再用求和方法算出项目总价、总建筑面积。

创建总汇表后台

总汇表是解一元一次方程的平台，在价格表上将总价、总建筑面积全部求和出来后，链接到总汇表上，均价等于总价除以总建筑面积。这里需要注意的是，必须将总汇表、价格表、综合调差表全部整合到同一个Excel平台上，这样才方便链接与引用。

表10-8 总汇表链接举例

B1 ▼ fx =一期价格表！W143

	A	B	C
1	一期总面积	44783.35	
2	一期均价	5230.03	
3	总价	234218340.4	
4	基准价	4650	

B3 ▼ fx =一期价格表！X143

	A	B	C
1	一期总面积	44783.35	
2	一期均价	5230.03	
3	总价	234218340.4	
4	基准价	4650	

单变量求解

链接出总汇表后，运用Excel的单变量求解（如表10-9）功能，在均价已经确定的情况下，很容易计算出基准价，基准价确定，组成单价的三部分：基准价、平面差、层差全部完成，价格表初稿制作完毕。

表10-9 基准价生成举例

B2 ▼ fx =B3/B1

	A	B	C
1	一期总面积	44783.35	
2	一期均价	5200.03	
3	总价	232873420	
4	基准价	4620	
5			
6			
7			
8			
9			
10			
11			
12			
13			
14			

单变量求解

目标单元格（E）： B2

目标值（V）： 5200

可变单元格（C）： $B$4

确 定　　取 消

产品细节个别调整

价格表初稿制作完毕后，还要做一定的手工调整。实际操盘过程中，经常会遇到有赠送面积的产品，例如家庭娱乐室面积、地下储藏间（无采光）面积、地下采光井面积或个数、花园面积、封闭阳台及不封闭阳台个数、平屋顶（即天面）面积、露台面积、结构平台面积或个数、阳光室个数等。以上赠送的面积并不是白赠送。在做价格时，使用手动调差，赠送的面积必须得计算溢价。一般来说，赠送的面积按30%计算打进单价。比如赠送面积为20米^2，本单位单价3000元/米^2，建筑面积90米^2，按6.66米^{2}乘以3000元单价，得出的总价再除以90米^{2}的建筑面积，得出的溢价全部加到现有的3000元单价里面，最终每平方米增加222元。

将每平方米增加的单价单个链接到相应单位之后，相应的总价、均价都会变化，再在总汇表后台运算一次单变量求解，又可以将均价定格在操盘者需要的数字上。

至此，一张静态的价格表制作完毕。

下篇　价格策略

上述静态价格表的制作可以说是一门科学，但在实际过程中，制定价格更需要一套策略和技巧。静态价格着重于确定项目的基础价格，策略与技巧则着重于根据市场的具体情况，从定价目标出发，运用价格杠杆，使其适应市场的不同情况，实现企业的营销目标。科特勒在《营销管理》中介绍了十七种价格策略，在房地产行业中，常用的策略有如下六种:

“撇脂价格策略”“渗透价格策略”和“满意价格策略”

“撇脂价格策略”是一种高价格策略，即在新产品上市初始，价格定得高，以便在较短时间内获得最大利润。这种价格策略因与从牛奶中撇取油脂相似而得名，由此制定的价格称为“撇脂价格”。

在房地产行业中，“撇脂价格策略”主要应用于两种情况：一是在市场处于牛市和卖方市场，大量热钱和投机者入市，市场价格已经处于较为“疯狂”的状态。这个时候可以高价入市，不断挑战购房者的心理极限，赢取超额利润。这种情况在北京、上海、广州、深圳等一线城市较为常见，当然，这种策略要求产品必须非常优秀，能满足消费者求新、求异和求声望的心理需求。比如上海“星河湾”。对整个项目进行“撇脂定价”，这在定价方法上属于“需求导向定价”，不属于“竞争导向定价”。还有一种情况是对项目中部分“明星产品”[1]进行撇脂定价，操盘者利用上述竞争导向法做出静态价格表之后，将部分“明星产品”价格调高，作为价格标杆，第一批推售出去，获得超额利润。这种情况的适用条件同样要求市场处于牛市、卖方市场，产品非常优秀，且数量不能太大，足以制造稀缺，力求短期去化。

“渗透价格策略”则是一种低价格策略，即在新产品投入市场时，以较低的价格吸引消费者，从而很快打开市场。这种价格策略就像倒入泥土的水一样，从缝隙里很快渗透到底，由此而制定的价格叫渗透价格。“渗透定价”同样存在整个项目的低价和部分“瘦狗产品”的低价。项目在第一批推售的时候，挑选部分“瘦狗产品”以低价抛售，快速回笼现金，这种情况较为常见。

上述“撇脂价格策略”和“渗透价格策略”都属于新产品上市时候的价格策略，另外还有一种策略叫“满意价格策略”，即适中价格，既让企业获得一定的初期利润，又能为消费者所接受，也称为“温和价格”或“君子价格”。较为理想的状况是：项目推售的时候，少量明星产品撇脂定价，制造价格标杆；全部瘦狗产品渗透定价，快速回笼现金；其他产品采取满意定价，赢得现金流。这种状

[1] 关于明星、瘦狗的概念论述见本书“第五讲　波士顿矩阵在房地产营销中的应用”。

况下，静态价格表（都是“满意价格”）做完之后，找出“明星产品”和“瘦狗产品”，调整价格，导入策略。

替代产品价格策略

“替代产品”指的是有替代关系的产品，“替代产品价格策略”也就是一种“李代桃僵”的策略，在房地产营销中非常多见，典型的如“负向价格标杆”策略就是。两个单元，户型可以相互替代，只是优劣有所差别。抬高劣势单元价格，较好的单元反而便宜，这样的结果就是好单元消化得非常快，很快就奠定了销售气势，等到后期，客户没有了选择，较差单元也开始去化，并且后期的价格也已经走高。“负向标杆”的技巧可以使楼盘整体销售的价格走高并且消化速度快。但是，必须注意一点，“负向价格标杆法”只能用在“顺境营销”，如果处在逆境，使用“负向标杆”就会弄巧成拙了。

“替代产品价格策略”的实质是利用价格杠杆进行软销控。推售时分批次推出，基本同样的产品，将后批推售的部分价格特意拉高，用以引导消费者的购房意向。

应用这个策略，在静态价格表上手动进行调整，然后再运算一次“单变量求解”即可。

心理定价法：整数定价、招徕定价

“心理定价法”指的是运用心理学原理，根据不同类型的顾客购买商品的心理动机来制定价格，引导消费者购买的价格策略。《营销管理》中提到了4种方法：尾数定价、整数定价、声望定价和招徕定价。声望定价属于上文所说的“需求导向定价”，兹不赘述。

以上形成的静态价格表就属于“尾数定价法”。普通消费者一般认为整数定价是概括性定价、定价不准确，而尾数定价可使消费者产生这是经过精确计算的最低价格的心理。同时，消费者会觉得企业定价认真，一丝不苟，甚至连一些高价商品看起来也不太贵了。房地产营销中多采用尾数定价法，保留完整尾数。

“整数定价法”则适合应用于一些较为高端的项目，尤其是豪宅。整数价格反而会提高商品的“身价”，使消费者有一种“一分钱；一分货”的想法，从而利于项目销售。万科实践这种定价方法，对原有价格尾数进行调整，利用客户对尾数不敏感的方式，提升产品售价。同时，贷款只能取万位，提价可降低客户首付。如销售总价为2154236元，调整为2160000元，原30%首付为654236元，调价后首付为644236元，首付降低1万元。整数定价有利于冲破客户的价格防线，还可以给消费者一种数字寓意吉祥的感觉，另外还可以增加经济效益，不妨一试。

“招徕定价”则是我们最常见的起价策略，起价定得很低，以此吸引顾客上门，借机扩大连带销售。不过起价策略同样只适用于顺境，在逆市客户观望的时候采用低起价只会成为噱头，作用不大。

已经成型的静态价格表，利用上述六种策略进行手动调整之后，就形成了一张有科学、有策略、有技巧的价格表。最后，对这个价格表还要进行一次检验，包括：

（1）栋均价检验（产品差异检验）：检验各栋的均价，并比较各栋之间均价差异与产品品质之间的差异是否吻合？

（2）户型均价检验：检验各种户型之间的均价差异，并根据市场情况（通常是客户储备情况和周边竞品户型供应量及价格情况）对户型均价作出调整（附加调整因子）。

各方面工作都做完之后，项目操盘人员再经过检查、论证无误，还有别忘了运算一次单变量求解，定格目标均价，一份完善的价格表就可以形成了。

表10-10　定价的输家与赢家

输家的做法	赢家的做法
价格仅基于自己的成本	价格取决于产品和服务的优势与竞争对手的比较
价格由市场决定	在广泛的限制范围内，价格可有自由变化的空间
价格=标价和标准折扣	定价就是管理交易活动
力争赢得每一个客户	只争取赢得那些对我最有利的客户以及努力提高行业价格水平

以上介绍了“定价”的方法与步骤。实际操作中，除了技术之外，营销人最重要的是成为勇者，是培养自己的“狼性”。

麦肯锡指出，定价有“输家”的做法和“赢家”的做法。输家妄想通过价格把每一个客户都笼络住，因此只敢基于成本略有利润，脖子始终掐在别人的手中；赢家则只想赢得给自己带来80%收益的20%客户，赢家在定价中不患得患失，不是看到对手的降价就神经兮兮；相反，他们努力创造对比优势，创造客户价值，他们以提高行业价格水平为己任，让自己有自由腾挪的空间。我们要做定价的“赢家”。

价格调整策略

工具

体面降价的12种方法、促销方式、付款方式调整方法、风险保障方法、万科价格调整路线图

案例

万科、恒大

价格调整是地产营销的必修课。很多情况下，利用价格杠杆促进客户成交远比打几版广告、搞几个活动来得立竿见影。销售过程中，一个楼盘可以不打广告，但绝不可能不调整价格；尤其是尾盘销售阶段，促销可以说是快速清盘的不二法门。

价格调整包括涨价、降价、促销以及改变付款方式等几种方式。在实践中，调整又分局部调整和整体调整，其适用的前提和方法都有不同。

在开盘过后或销售中期，操盘手可以分析楼盘的销控表，如果表上出现“房号开花图”，即销售房源在整体推出房源上呈四散均匀开花状，则说明价格体系制定是合理的；反之，如果销售房源过于集中，全部扎堆到一块，则说明价格体系制定不合理，畅销房源价格偏低，滞销房源价格偏高。这时，就需要做局部价格调整。操盘手可以完全推翻前人制定的不合理的价格体系，按照上一讲中提到的价格制定办法重新制定科学的“平面差”和“垂直差”体系，也可以对局部房源的价格进行经验性的微调。我们在本讲中提到的“价格调整”大多指的是在价格体系（主要指平面差、垂直差）搭建合理的前提下做的价格调整，上述调整不在本讲之列。

价格调整还分战略性调整和战术性调整。战略性价格调整一般建立在对市场大势和先机的准确把握基础之上，比如易居中国在2007年底根据其市场预警系统，结合美国次贷危机走势，确定了2008年“现金为王，合理降价促销”的战略，在2008年初金融危机到来之前抢先半步降价，迅速回笼资金，帮开发商躲过了金融危机的严重冲击。

实战中，战术性调整讲究很多技巧和规律，但为了（集团）公司重大战略的需要而做出的价格调整往往不受普通技巧和规律约束。比如万科在2008年上半年在全国很多城市发动的战略性降价，就不考虑调整幅度规律和前期客户反应等通常的技术要点。另外，有些开发商因为资金链严重紧缺而启动的降价也属于战略性降价之列，同样不受诸多降价战术的约束。本讲下面所涉及的很多技术要点均属于战术层面，注意不能和战略性调整相提并论。

涨价

在楼盘销售比较火暴的时候，操盘者往往会启动涨价。涨价一方面可有效提高开发公司利润，成功的操盘不单是将房子卖出去，而且要能卖出溢价；另一方面，涨价可以对现有意向客户形成有效挤压，“买涨不买跌”的心理会刺激客户快速决定、快速成交；对已成交客户来说，涨价意味着自己的房子升值，他们也乐意去传播涨价信息，形成客户资源再生。

涨价的技术要点主要有六点：

（一）涨价最重要的是看供求关系

如果楼盘供不应求，只要瞅准时机就可涨价；反之，则要考虑平稳价格甚至降价了。

（二）涨价的时机跟销售比例和营销节点有关

一般来说，销售过30%，意味开发商前期投入的成本收回，项目资金链危险较小，可以开始涨价，但幅度不能太大；销售过70%，意味开发商的开发成本基本全部收回，剩下的都是利润，这时可以涨价、惜售，并且上涨的幅度可以稍大。另外，一些重大的节点如开盘，都会配合较大的优惠力度，开盘过后，优惠取消，楼盘也会随之涨价；楼盘竣工后，现房销售，相较期房，也会涨价。

（三）涨价最好是小步快跑

操盘的时候根据销售情况可以高频次的调整价格，但一次不能涨太多。一般来说，涨价的幅度控制在均价的1%~3%为宜。

（四）涨价需要一个过渡的缓冲地带

刚涨完价的期间可以利用促销再让利一部分，形成对涨价的缓冲。这种情况常见于开盘过后的一个月，如9月30日开盘，优惠2%；开盘后优惠如果一下全部取消，则意味涨价的幅度太大。通常的做法是在此期间可以出台促销政策，如十一黄金周优惠1%，过了十一再取消，形成缓冲。

（五）涨价可以明涨，但有时也可以暗涨

对外宣称的均价不变，但在价格表上可以小幅上涨，客户基本不敏感，但开发商利润却上升较大。尤其是在三四线城市，客户对价格较为敏感，一毛钱改变忠诚度，适合采取暗涨的做法。

（六）适时利用涨价挤压客户

由于消费者的“买涨不买跌”心理，涨价对前期积累意向客户能形成挤压，因此每次涨价前，销售队伍的配合一定要跟上，利用涨价挤压快速消化一批意向客户。在持续销售期，优惠政策可以一月一变，比如6月“交两万抵五万”，7月变成“免契税、维修基金，0费用入住”，总优惠金额约为2.8万元。一方面，利用优惠措施的变更小幅涨价；另一方面，通过置业顾问传达给客户涨价的信息，如“先生，您如果看中了这个房子要赶紧定，我们3万元的优惠只有今天最后一天，下个月就没有了。”这样，每个月的最后一天和下一个月的第一天往往是销售业绩最好的时候。

降价

这里所说的“降价”指的是真正意义上的降价，与多数时候“羊毛出在羊身上”的“促销”不同。广义的促销也包含降价促销，但多数时候，促销只是对上涨的价格进行一个修正，并不是真正意义上的降价。

在楼盘销售处于逆市，或者营销不力，迟迟不到销售率的30%，开发商的资金链面临危险，这时，降价就成为必须。通常情况下，降价都会伴随一定的负面影响；其中，最大的硬伤来自于前期购房业主的抵触，万科2008年9月在华东地区启动的降价促销就遭到上海、杭州等地业主的抵制，杭州业主甚至怒砸售楼处。实践中，降价要讲究适用的前提和方法，必须谨慎采用。

（一）“大规模公开降价”适用的两个前提

2008年9月6日，万科上海、杭州、宁波分公司借中秋节名义开始大规模促销，上海在售的8个楼盘、杭州在售的4个楼盘同时降价，杭州最高优惠幅度达7.3折。宁波鄞州中心区推出3幢高层100多套房子，起价为8000元/米^2，而2007年同期该地段房价在万元左右。万科在华东地区发动的就属于典型的“大规模公开降价”。

操盘过程中，“大规模公开降价”适用的前提有两个：

一是积极战略性降价。衡量积极战略性降价的关键是降价是否把握市场先机。“战略性降价”在两种情况下最有效果：一者为市场将要跌入低谷但还未跌的临界点开始降价，一者为市场将要回暖但还未完全回暖的临界点降价。例如上述案例中的万科降价，就是在世界性金融危机恶化、一个市场调整周期到来之前率先发动，先市场半步而动，最终成功逃过危机，回笼大量现金。相反，到了2008年11月，市场已经恶化，很多地产公司才开始发动大规模降价，结果非但没有带来大量成交，反而引来前期业主抵制，最终被迫停止。因此，积极战略性降价必须在市场将冷未冷、将暖未暖、竞争对手将动未动的时候发动，才能起到应有的效果。至于出现的部分负面影响，通过一些正常的手段一般都可以消除。

“大规模公开降价”另一个适用的前提是消极战略性降价。在这种情况下，意味着如果不大规模降价，地产公司就会面临资金链断裂甚至崩盘的危险。这方面的典型案例是恒大。

广州恒大集团在2008年9月开始跟随万科进行全面降价，降价幅度超过恒大史上最高纪录，恒大“开盘必特价，特价必升值”的口号被业内人士称为“不惜代价开盘促销”。以沈阳的恒大绿洲为例，该项目在2007年11月开盘的时候清水房约6300元/米^{2}的均价，但到了2008年12月的时候，1500元/米^{2}标准的精装房均价仅4500元/米^2。这种“不计代价”的促销起到的效果显著，2009年上半年，恒大以127亿元的销售额名列全国三甲。与万科发动的积极战略性降价不同，恒大的降价则属于消极战略性降价，恒大的降价源于缓解自身巨大资金压力的一种救赎。2008年3月20日，恒大地产在香港联交所网站发布公告，宣布中止上市计划。终止上市后，恒大需要巨额的资金来收拾眼前的烂摊子——相当于2个万科的巨量土地储备的大部分在等待开发，截至2008年1月的111.334亿元银行贷款及其他借款，还有近10亿美元的机构投资者借款，以及未来4个月内至少40亿元以上的土地出让金欠款。这时，启动大规模的战略性的降价进行自救是恒大较好的选择。

与恒大一样，很多开发商也面临资金链断裂的危险被迫降价，但其“慢慢割肉”的方式不属于战略性降价。战略性降价的要义必须是“较大规模”“风格凌厉”“力度空前”的，必须给客户营造充分的价值快感，利用巨大的价值价格心理落差促进销售，这样才能达到“快速自我救赎”的效果。否则，不痛不痒的降价只会带来不香不臭的销售，降价除了损害利润和品牌之外，救急是没有可能的。

总之，无论是积极战略性降价还是消极战略性降价，之所以称之为“战略”，则快、狠、准是必需的，企业看准时机后，必须像发动一场战役一样对待降价，动用工程、展示、推广等各方面手段来全力配合降价，充分营造价值感，这样才能起到好的作用。战略性降价在策略上可以不顾忌负面，反之，除开上述两种情况，则只适合小规模体面降价。

（二）“小规模体面降价”的12种方法

除了战略性降价之外，其他情况下，开发商为了销售进度，可以小规模降价，并且这种降价必须尽量避免负面影响，手段讲究带有一定的隐蔽性和技巧性，让前期客户和外界觉察不到降价，我们称之为“体面降价”。常见的体面降价的方法有12种，见表11-1：

表11-1　体面降价的12种方法

序号	降价方法	技术要点	备注
1	狡兔三窟法	在售楼处以外的地方扮演第三方以“抵账房”的名义超低价销售	有效避免降价带来的负面影响
2	保密协议法	与降价客户签订保密协议，让其保证不泄露降价信息	
3	高层接待日	董事长、总裁、总经理驻扎案场，给客户现场特批优惠	一般所有单位都采取特批，深圳星河·丹堤采用

（续表）

序号	降价方法	技术要点	备注
4	会员日	以会员日的名义给予老客户重复购买、推荐购买特惠	适合大开发商
5	特卖会、限时抢购	限定客户、限定时间、限定单位给予大优惠，配合抽奖、买赠活动，3天之内可无理由退房	上海万科2008年元宵节特卖会
6	员工待遇法	以内部员工名义给予大折扣，购房者必须通过内部员工才能享受内部价，实质通过暗箱操作达成降价	
7	团购	以团购的名义打折，宣称在和某个单位搞团购，现期购买客户可以插入团购，享受团购价格待遇	
8	老带新	加大老客户带新客户奖励力度，如新老客户各奖励1万元，非老带新客户也可以暗箱操作减1万元，实质是降价	
9	特价房	以特价房名义进行局部降价	
10	送装修	单价不变甚至略涨，但送精装修或者局部装修，实质是降价	品质提升计划
11	抽大奖	以高奖项和高中奖率来进行实质降价	
12	押旧买新	将客户旧房子抵押给银行，贷款付首付，抵押贷款期限为3年，贷款利息和评估费、担保费、查档证明费、抵押登记费由开发商支付，相当于房价打9折	沈阳房产局于2009年春夏房交会推行的政策

上述12种手法散见于逆市被迫降价的楼盘中，很多楼盘通常将上述几种手段组合使用，取得了较好的促销效果。

“狡兔三窟法”是最近涌现的市场方法。为避免负面影响，开发商选取售楼处之外的场所邀约、接待客户，声称是开发商以外的第三方，如建筑公司、建材公司等，以“顶账房”的名义超低价格出售限量房源。有时为了表明其价格确实很低，不惜用上“保密协议”的道具。上述“保密协议法”其实起不到让前期业主保密的作用，开发商真正的目的是用这个道具让客户相信自己确实秘密买到了“超值货”“便宜货”。

“特价房”策略几乎是所有楼盘降价都会用到的核心策略，只不过推出的形式不同，上述其他11种手段都可以作为推出特价房的方法。排除上述包装手法，“特价房”手段单独使用的时候，则必须注意：特价房“裸价”适合在重大节点如开盘时使用，反之则效果不佳。

沈阳“丽湾国际”项目将部分滞销的西端头手枪柄户型以“裸价”4500元/米^{2}出售，项目均价5300元/米^2，特价房降价促销力度较大，但是效果平平；后来，重新调整策略，以“表单价”5000元/米^{2}出售，促销期间指定单元每套总价优惠4万元，结果，特价房很快销售一空。究其原因，起初的4500元/米^{2}的“裸价”并没有体现出价值价格落差，客户感觉不到“便宜”。价格虽然低，但客户觉得这些房子差，卖不出去，本来就只值这个钱。客户一听价格，就将其置入大脑中的“廉价区”[1]，将“廉价”与“质次”等同起来。后来，调整的策略拉高价格，客户首

[1] 详见本书“第十二讲　地产销售的九大制胜话术”中相关论述。

先将其置入“昂贵区”，然后再便宜4万元，他们就能感觉到实惠。

特价房“裸价”销售可用于开盘等重大节点，节点销售首先有现场火热的氛围作铺垫，然后有其他大量客户的正常价格作对比，“裸价”政策能起到较好的效果。反之，如果缺失上述两大前提，则和“丽湾国际”的案例一样，效果不佳。

总之，上述体面降价的办法利用种种手段，其目的无非两个：一是避免前期业主的抵触心理；二是避免自身降价带来的负面效应，为以后价格“杀回马枪”作出铺垫。在逆市的时候，如果排除上述手段，采取直接降价的方式，往往会带来不可避免的负面效果，操盘者应该谨慎。

促销

除了降价性质的促销，实践中，常见的是“羊毛出在羊身上”的促销。操盘者直接在表单价格上留出价格折让的空间，如实收均价5000元/米^2，表单价格做到5500元/米^2，500元/米^{2}的折让空间则可以利用很多种促销方式变出很多种花样。

房地产促销主要分如下四种类型：免费类（Free）、优惠类（Save）、竞赛类（Wins）和组合类（Mix）。

（一）免费类促销

免费类促销主要包括赠送礼品、免契税、免维修基金、按揭抵押登记费、赠送物业费、赠送家电、赠送全套精装修或者厨卫精装修等。

（二）优惠类促销

优惠促销包括折扣优惠、减价优惠、定金抵扣优惠（如一万定金顶十万）、特价房优惠、一口价优惠等等。如广州富力集团经常实施的“折上折”活动，寻找可以借口打折的信息点，如本周第三个成交99折、某楼座提前封顶99折、样板间正式开放99折、教师节97折，这样就会出现特定楼座“99折×99折×99折×97折”的情况。

（三）竞赛类促销

竞赛促销是通过举办竞赛、抽奖等富有趣味和游戏色彩的促销活动，吸引消费者的参与，从而推动和增加销售。

（四）组合类促销

组合类促销是指将上述三种方式进行排列组合、搭配进行的促销，如借助举办竞赛活动推出优惠促销。

各种促销模式见表11-2。

表11-2 促销方法分类

促销类别	促销方式	促销内容	备注
免费类	购房送面积	赠送60米^{2}休闲阁楼；赠送大露台；“买两房，得三房”，赠送一间4米^{2}小功能房，可做卧室或书房	

（续表）

促销类别	促销方式	促销内容	备注
免费类	买房送车、送家电、送车库车位	送价值约3万元的QQ车、海尔家电或带自动车库门的独立私家车库	
	送厨卫精装免税费	买现房，送厨卫精装赠送物业费、契税、维修基金、抵押登记费等	
	赠送礼品	如免费婚纱照、免费旅游	
优惠类	标准折扣	如统一99折、统一每平方米优惠50元	
	一口价	如一次性拿出20套房，以超低价一口价销售	提前消化尾盘
竞赛类	抽奖或有奖游戏	购房抽奖赢宝马，平均每50户家庭可得一辆宝马	每次抽奖所有业主都可参与

以上促销措施，特别要说的是"一口价"策略。该策略较为常见，其实质就是推出特价房。在以往的实践中，我们发现，与特价房策略一样，"一口价"最适合在销售前期人气较旺的时候采用，特别是开盘时采用，效果更佳。国内如富力等开发商往往将"一口价"策略作为提前消化"尾盘"的重要手段。因为一幢楼开盘以后，先期的购房者肯定会买走楼层、户型、朝向等方面较好的单位，到后期就会剩下约占总量20%~30%，朝向、户型、楼层相对欠佳的单位，俗称"尾盘"。通常来说，房地产开发的利润也就20%~30%，这些利润往往就压在"尾盘"上。而到后期，再去向消费者推销这部分房屋时，难度就显得大多了，而且也卖不了好价钱。因此，富力等开发商选择在前期销售火暴的时候用一口价推出"尾盘"，不失为一种成熟的策略[1]。

付款方式调整

价格调整除了单价方面的调整，还可以调整付款方式。调整付款方式主要包括定金策略、调整首付、分期付款和灵活银行还款四种方式。运用这四种方式，消费者可以降低总房款或者利息支出，也是另一种意义上的优惠。

表11-3　付款方式调整方法

调整方式		调整内容	备注
定金策略	固定优惠	交一万元抵十万元	万科"一计划"
	优惠递增	日进百金增值计划，交1万元定金每天增值100元	
	优惠递减	开盘前优惠2万元，每过一天递减100元	
调整首付	分期首付	①交一缓二或交二缓一；②在指定月份内成交客户，只需付10%总房款，其余20%开发商垫付或者从专业投资公司无息支取；③"一元置业计划"，买家一元签订合同，三年之内分期支付首期房款	（第2种方式）开发商、购房者和指定的专业投资公司签订三方协议

[1] 按照本书"第五讲　波士顿矩阵在房地产营销中的应用"中所提，这里所说的"尾盘"属于"瘦狗产品"，推盘时应该在第一批就100%推售，尽快消化。

（续表）

调整方式		调整内容	备注
调整首付	返还现金	买房返还4万~6万元现金	使贷款成数由7成实际上升到近8成
分期付款	延期付款	首付30%，余款交房时付清	多收存款利息，按两年每年5%计，相当房价下降约10%
	零利率零月供	首付50%，剩余50%一年之后分24期付清	
银行灵活还款	4大还款方式	①合力贷；②停本还息（延付宝）；③自由还款；④延长贷款年限	万科“青年置业计划”

2008年上半年开始，万科联合多家银行在全国正式启动“青年置业计划”，该计划提出了包括买房、入住、生活在内的全套解决方案，其中，携手银行推出的4大灵活还款方式值得借鉴，包括：

（1）合力贷：增加主申请人的直系亲属作为共同借款人，适合于贷款人月收入低限制贷款额度或年龄较高限制贷款年限的客户。

（2）停本还息（延付宝）：从贷款发放之日起一年内，客户可与银行约定延迟归还贷款本金，只按月归还利息。延付宝为还贷初期面对多方面资金需求、还款压力较大的客户量身定做，可以减轻借款人购房初期因装修、添置家 、缴纳各项税费所带来的资金压力。

（3）自由还款：客户可以选择按单月还、双月还款与三月还款；可以根据自己的收入进账规律，与银行约定把还款的时间灵活控制在每月还一次、两个月还一次或三个月还一次。

（4）延长贷款年限：针对已经签订借款合同、资质优良的客户，可以在原签订合同中的贷款年限上继续延长贷款年限，便于客户根据实际还款的压力调整还款年限，但总年限不能超过最长贷款年限。

“降低首付”是逆市常见的促销手段，虽然有银行监管，但“零首付”在国内还是此起彼伏。实践中，最常见的是开发商让消费者缓交一两成首付，余款在收房入住的时候付清，期限一般不超过一年。不过，我们从实际案例上看，这种策略的作用不是很明显。原因是眼前的首付虽然降低，但消费者在收房前必须筹备入住费用、装修费用，还要还每个月的月供，负担本来就很重，如果还要筹备不菲的首付费用，则负担更大。大部分“降低首付”策略并没有从消费者角度解决“短期缺钱”的根本问题，效果自然不佳。笔者操盘的沈阳“水木康桥”项目尝试采用一种组合付款策略，整体减轻购房者负担，首付+入住+装修=6101元。

策略如下：

（1）1元即可签约入住。

（2）首付款2年免息分期付款。

（3）首付日供仅17元。

（4）购房赠送2万元装修基金。

（5）提前还款有奖励。

上述策略将首付款分期期限延长至2年24期分期付款，减轻购房者短期资金压力；但同时鼓励提前还款，第5点提出奖励政策，每提前6期还款奖励1500元。策略的关键点在于第3点，借鉴民间汽车金融业信贷新模式，如首付款45000元，共分2年24期分期，每年还22500元；前11个月每月还500元，第12个月还17000元。这种还款方式适合很多短期缺钱，但到年底发奖金、分红、货款回笼、拆迁补偿金发放等较大笔资金的客户，切实解决了客户短期负担。

第4点同样也为消费者着想，如总价为25万元的房子，表价提高到27万元[1]，20%首付，贷款21万元，首付6万元，提高的这2万元返还给客户做装修基金。这种方式实际上提高售价，多从银行贷款，从银行融资解决装修款。

这个策略组合了分期首付和返还现金两种模式，在分期首付上又借鉴了汽车行业民间信贷模式，可谓真正帮消费者解决了短期资金问题。与通常的“限期一年、分期首付”的策略大为不同，效果当然大为不同，推出之后，每月销售业绩较之前提高了2~3倍。

风险保障机制

价格策略的一个重要方面还包括构建“风险保障机制”，上述付款方式调整都可以说是给客户另外一种形式的优惠，“风险保障机制”无关优惠，而是给客户的付款上了一层“保险”，通过降低消费者的风险意识来加快销售。“风险保障策略”常见的手段包括无理由退房、试住、自由换房、购房保价以及返租、回购等5种手段，见表11-4：

表11-4 风险保障机制

无理由退房	2年内，公司可提供原价退房，退房时，购房者的房款还将获得公司提供的高达5.8%的年利率	等同于银行融资成本
试住	买房先试住	
自由换房	认购后15天之内对所选单位不满意可以自由调换	
购房保价	承诺客户在区域平均房价下跌时给予差额补偿	
物业返租、回购	承诺返租，每年8%回报；3年后按原价110%回购	常见商铺销售

2008年下半年，遭遇世界性金融危机，房地产市场一片低潮，客户普遍观望，担心买到手的房子会跌价。为对抗这种观望心理，很多开发商提出“降价补偿差价”的口号。2008年11月14日，由沈阳市房地产协会牵头，包括保利、万达、碧桂园沈阳分公司等在内的72家沈城开发商结成“补差价联盟”，承诺一年内，业主购买的商品房一旦出现房价下跌，将给予补偿差价。该联盟开发商均将该承诺作为协议写入购房合同。

[1] 此种方式，总价不能抬高太多，否则单价超出正常太多，银行贷款审批难以通过。

从房地产营销实践来看，这种“购房保价”策略的实际效果不太明显。在整体市场低迷的前期，部分商家降价，降价比保价来得直接，保价策略在这个阶段不管用；但是，到后期，几乎所有商家都提出打折降价的情况下，再提出“保价”服务，可能会有一定的回头率，一定程度上能增强消费者信心，客户反倒觉得这样的楼盘可信，信誉度增加。

很多开发商只是喊出“保价策略”，但如何界定降价、如何补偿差价都没有执行细则，实际的可操作性不强。笔者曾经为某楼盘制定了“补偿差价”执行细则，更能增加消费者内心安全感，可供参考。细则如下：

（1）开盘后一周内在售楼处公示一期销售价格，客户可以记录。

（2）补差价是针对同个楼盘、同期上市、同等品质的产品，如判定降价，则可以补偿差价。

（3）判定降价以垂直层差为准则，以消费者已购买单位为准，比较市场销售的同一楼栋、同一单元、同一垂直线上的不同楼层，加上或者减去与已购买单位的相隔层差，如有降低价格差，则可以判定为降价。

（4）判定降价的单位必须为开发商正常销售、无任何瑕疵、较具同类代表性的产品。

（5）特定情况如销售尾盘或者节假日、重大节点时候，占同期上市产品推盘总量的5%以内数量的促销单元、特价房不属于降价。

（6）购房者联盟一次性团购同期上市产品推盘总量的5%以上房源，开发商给予的不超过单价5%的优惠团购价不属于降价。

（7）判定为降价之后，开发商直接补偿现金差价或者减免同等数额费用。

与上述开发商只是叫卖“保价规则”不同，万科在深圳的项目则直接尝试了实质意义上的“降价补偿”措施。2008年3月1日，“万科·第五园”在售产品调整价格销售，均价较之前下调了近3000元/米^2。几乎与此同时，“万科·第五园”启动“琢玉行动”，提出原购买毛坯房的客户每平方米只需付300元/米^{2}就可以获得1500元/米^{2}的精装修。消息传出后，价格调整前购房的业主认为此举未能补偿楼盘降价给自己带来的损失，万科则表示该行动与楼盘本轮大幅降价无关，不是降价补偿。万科用合法“说辞”在一定程度上补偿客户，也属于难得之举。

需要强调的两点

上文论述了价格调整的相关策略，最后，有两点必须强调的是：

（一）价格调整策略发力有其必要条件，同样的策略，实现效果可能千差万别

价格政策必须勤于变换，可以一月一变，遇到重大营销节点都可以出台新的政策。这样，在变动的前夕销售人员能较好刺激客户尽快购买，每个月的最后一天和次月的第一天都是成交最高峰的时候。

优惠折扣最好是多重，销售人员算价时折扣点可以有所保留，不一次就透露底价。

有一个擅长“踢客”的销售经理，给经理掌握一定的折扣权利，专门负责临

门一脚。

（二）不要看见竞争对手一有风吹草动，便马上跟进“降价”和其打“价格战”[1]

万科在实战中专门制定了“竞争导向的价格调整策略路线图”（如图11-1），严格要求只有当竞争对手永久降价且降价使其周销售量提升50%以上时才考虑跟进。麦肯锡则提出领导者在价格竞争中采取的“五大策略”：抵御、创造价值、争取、跟随与开发，与地产领导者万科的很多做法异曲同工，非常值得房地产行业借鉴。

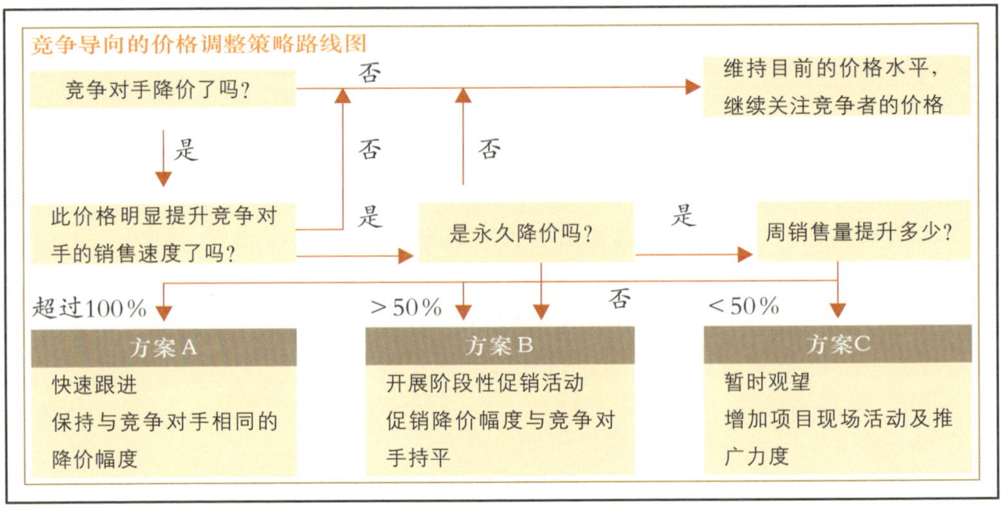

图11-1　万科竞争导向的价格调整路线图

抵御——通过防患于未然来加强产品性能，抵御竞争对手的攻击。在遭到攻击时，在利润点之上，降低价格（保持在竞争对手之上的价格水平）。如果竞争对手削价竞争，超过了我们的利润点，我们将迅速地进行严厉的报复。

创造价值——将客户提升到更高的价值定位中，在可能的情况下，扩展产品和服务的种类，并提高销售量。

争取——积极地进行客户开发，以期建立和沟通客户价值上的优势。

跟随——定价于满意的市场水平上，跟随竞争对手的任何提高价格的行动以保持相同的差价，但是不跟随竞争对手降低价格的行动。

开发——建立并加强向客户提供的价值定位。如果竞争对手提供了更高的价值定位，则在高价位上放弃客户。

正如麦肯锡所提示的，任何行业中，赢家的最大要义是持续加强产品性能，提高客户价值，在此前提下再行价格调整，低端价格战和降价调整永远是最后一位考虑的。

[1] 详见本书“第十四讲　节点与操盘”中专门谈到的“远离价格战”的理论与方法。

地产销售的九大制胜话术

工具
控制话题的三大技术

案例
龙湖·三千城、丽湾国际、丽都新城

在业内，素有这样的说法：“房地产项目销售业绩50%取决于地段，30%取决于前期定位和规划，20%取决于销售人员的技巧。地段和规划决定了项目业绩的80%，但这80%最终要靠销售人员的20%去实现。”可见销售案场执行力的重要。

作为一线销售人员，除了必备相关的专业知识外，销售技巧是决定业绩的重中之重。销售重点在于沟通，所谓“辩才无碍”，沟通是语言的艺术，过人的销售技巧其实就是过人的语言艺术，即我们本讲要介绍的“话术”。一个优秀的置业顾问，不仅要有洞悉人心的敏锐，也要有动摇客户心旌的表达能力。天才置业顾问总是擅长在合适的时间、合适的地点用合适的“话术”抚摸到客户心灵最柔软的地方。实战中，“话术”是置业顾问开疆拓土的利器。

美国著名心理学家罗伯特·西奥迪尼的著作《影响力》[1]，美国克林顿总统顾问、内阁高参、谈判训练大师罗杰·道森的著作《优势谈判》[2]，美国潜意识大师马修·史维的著作《我要催眠你——精彩绝伦的催眠式沟通技巧》[3]，销售行为学家孙路弘先生的著作《汽车销售的第一本书》[4]，周海涛主编的《销售专业话术》[5]等从沟通谈判技巧、消费心理学、行为学的角度系统总结了很多销售过程的话术技巧，非常值得房地产行业学习。

本讲就是借鉴上述研究成果，结合房地产销售的实践来总结的话术技巧。

[1]《影响力》，罗伯特·西奥迪尼著，陈叙译，人民大学出版社2006年版
[2]《优势谈判》，罗杰·道森著，刘祥亚译，重庆出版社2008年版
[3]《我要催眠你——精彩绝伦的催眠式沟通技巧》，马修·史维著，新世界出版社2005年第1版
[4]《汽车销售的第一本书》，孙路弘著，中国人民大学出版社2008年版
[5]《销售专业话术》，周海涛主编，中国纺织出版社2006年版

话术之宗：赢家心态

作为置业顾问来说，首先必须要树立的就是“赢家心态”。

何谓“赢家心态”？我们首先说“家”，正如重庆力帆集团董事长尹明善所说：“中国的文化是家文化，我们把能干的都叫做家，行家、专家、军事家、文学家，还包括企业家。 我们把事做好了那叫做做到家了。”[1]为什么中国文化把最能干的都叫做“家”呢？这在儒家经典《大学》里能找到答案。“如保赤子。心诚求之，虽不中，不远矣。未有学养子而后嫁者也！”翻译成白话文：“如同爱护婴儿一样，内心真诚地去追求，即使达不到目标，也不会相差太远。要知道，没有先学会了养孩子再去出嫁的人啊！”意思就是任何人只要把工作对象当成自己家里的事去真诚的追求，当成自己的孩子去爱护、去宽容，就能成为这个领域最厉害的人。

所谓“赢家心态”就是看待产品像看待自己孩子般的自信、宽容、爱护，接待客户像在自家招待客人一般的主动、从容、随心，这就是“赢”。

我们看到，西方很多行业例如汽车销售、房产经纪、保险经纪等特别强调销售代表在销售过程中注重树立自身的“顾问形象”和“行业权威”，其实，这两者的实质就是我们上面所说的“赢家心态”。

销售过程中，无论话术有多少种技巧，无论如何变化，其根本的内核就是“赢家心态”。

房地产销售的九大话术

一次完整的房地产销售过程基本包括初次接待、有效展示、跟单促单和签约动作四个环节。每个环节都包括很多关键的情境，需要置业顾问有成熟的“话术”来应对，我们将之概括为“九大话术”：首次接触的喜好话术，初期报价的制约话术，讲解过程的FAB话术，看房过程的控制话术，交谈过程的主导话术，处理异议的避免对抗话术，竞品比较中的打岔话术，跟单过程的控制话术，价格谈判中的优势话术。

（一）首次接触的喜好话术：关联与赞美

客户首次进入售楼处，位于一个陌生的环境，其内心的心理肯定是略微紧张和产生戒备。置业顾问的第一步就是消除客户的戒备情绪，建立起顾客对自己的信任和喜好。

置业顾问在沟通的第一阶段首要目的不是促成交易，而是应该集中在如下的两个方面：第一是让客户感到一个受欢迎的氛围；第二就是给客户一个深刻的印象，让客户留下对这个置业顾问专业性强和售楼处高档服务质量的感知。总而言之，就是建立起客户的“喜好”。能否建立喜好直接决定销售成功与否，《影响

[1] 见于尹明善在各种场合的论坛、演讲、访谈言论。

力》一书将“喜好”列为销售成功的六大秘笈之一。

成熟的置业顾问通常会用“欢迎来到我们售楼处，我是您的置业顾问，我叫×××。既然来到这里就是我们有缘分，您买不买都没有关系，我先给您介绍一下。”等话术来化解客户的戒备心理，之后再慢慢建立喜好。建立喜好主要有两大方法：赞美和找关联。

赞美是销售过程中最常用的话术，多数置业顾问都用过，但只有少数善于观察、博学多识的人赞美客户能起到相当功效。原因在于赞美的“三个同心圆”理论。

赞美像打靶，三个同心圆，最外圈的赞美“外表”，到第二圈的赞美“成就与性格”，第三圈则是赞美“潜力（连本人都未察觉的潜能）”。一般置业顾问只能打中最外圈的“外表”，赞美客户“您的这个项坠很漂亮”。能打中第二圈的，就已难得。至于第三圈的靶心，则需要个人的观察能力和知识储备。

笔者曾经在售楼处碰到一组客户，年轻妈妈带着一个两岁的小女孩来买房，沟通过程中，谈判陷入僵局。这时，笔者注意到这个可爱小女孩，向妈妈说了句：“您女儿的耳朵长得特别好，耳高于眉，少年得志，相学上叫‘成名耳’，很多影视明星都具备这样的成名耳。”这位妈妈听了非常高兴，说：“是吗？我女儿确实早慧，两岁就能背上百个英语单词。”围绕这个女儿，我们的距离一下拉近了许多，结果很顺利就成交了。

还有一位昆明的置业顾问有次接待到一位姓“寸（Cuàn）”的客户，他说了句：“哦，姓Cuàn，您这个姓祖上可是云南的贵族啊。”客户一听，马上就很高兴，“对，对，我们这个姓可是云南正宗的贵族。以前实际上是爨，但字太复杂了，宋朝以后就汉化成寸字。你还能念对，实在难得。”结果可以想象，这个客户不但自己成交，还给这位博学的置业顾问带来了很多客户。

以上两个案例都属于典型的赞美到客户的“潜能”，效果自然非凡。

除众所周知的赞美之外，建立喜好的常用办法就是“找关联”“找同类项”，如同学、同姓、同乡、同事等，尽量找一些相同的东西。有时为了寻找关联，“编故事”也是常用的话术。

比如，“上周我一个客户过来买了一套130米^{2}的房子，他和您一样也是做建材生意的。他说他会推荐同行朋友来我这里买房，说的就是今天来，您一进来，我看着就像是，而且你们选择的户型都是一样的，您就是那位客户提到的朋友吧？”

“哦，不是。我不认识他。”

“看来真是英雄所见略同。你们是同行，眼光就是独特。你们看中的这个户型是我们这最畅销的。”

为自己构思故事是销售顾问的一个习惯，讲一个故事，可以赢得客户的信任和喜好。

（二）初期报价的“制约”话术

所谓“制约”话术，就是在互动式的说话氛围内，提前知道别人想要表达的事情，而这个事情不一定对自己有利；于是变换一种形式，先发制人，结果别人反而无法发作，从而让发起制约的人获得了谈话的优势地位。“制约”话术在前期问价和带客看房时用得最多。

在接触项目的初期，无论是出于自发的对产品的需要，还是置业顾问主动接近的产品展示，客户会不由自主地问一句话，这房子多少钱啊？这个就属于客户的“初期问价”。

实际上，消费者在购买的初期阶段问到价格是一种习惯，是一种没有经过逻辑思考的本能，试图在形象的范畴内将项目进行初步的归类。人们头脑中对产品的价值有两个分区：昂贵区和廉价区。潜在客户的右脑对产品的价格会自动映射，一旦进入廉价区，客户对该产品的品质、品牌、质量等美好想象就都消失了；而一旦进入了昂贵区，即便当前没有消费能力，内心却建立起了对它的美好向往。

罗伯特·西奥迪尼在《影响力》中举了一个有趣的例子：一种绿松石怎么卖也卖不出去。老板最后想减价销售，于是让店员把价格除以2，店员误以为乘以2，结果全部卖出。很多情况下，高价=优质，这是一种思维定势的认知，绝大多数消费者都不会认为便宜=优质。

在客户刚进入售楼处的阶段，是右脑的感觉在驱动对产品价值的认知，于是，初期报价就变成了一种技巧。许多置业顾问仅仅会老实地认为客户问价肯定是要购买，却忽略了第一次问价的目的是要寻找价值，并迅速归类到头脑中的昂贵区或廉价区中。简单的回答“我们的均价是12000元”的后果就是，客户接着说“太贵了！”于是置业顾问开始解释，我们的房子好在哪里？为什么是有价值的。在消费者不具备对项目价值识别能力、内心认为该产品不值钱的印象下，置业顾问的所有解释都是无效的。

这时，置业顾问正确的做法是，采取“制约”策略使销售过程的发展利于自己。“制约”就是主动发起控制客户大脑区域归类方法的沟通技巧。“制约”策略有三个步骤：第一，称赞客户的眼光；第二，强调产品的独特性，例如少见、短缺等；第三，称赞我方产品的昂贵，绝对不提具体价格。具体表现如下：

客户问：“这房子多少钱啊？”

置业顾问答：“您问的这个户型是我们所有户型中卖得最好的，您可真有眼力。70㎡的两室两厅，还能看河景和高尔夫球场，我们这个产品在长白岛上是唯一的，目前也只剩一套了。我做销售这行5年了，还没有碰到一个卖得这么火暴的户型。”

客户追问：“到底多少钱呢？”

置业顾问答：“我们这个户型的价格和万科城得价格是持平的，单价6000元。”

此时，客户有两种思考趋势：一种是将其归类为昂贵区，然后显示实力。“这个价格能接受，好房子就是要贵。”这个结果非常理想，为以后的价格谈论埋下了对置业顾问有利的伏笔。另一种表现是："哦，是不便宜啊。为什么呢？"此时，客户是询问状态，置业顾问可以顺势展开对产品的介绍，客户是听得进去的。这就是通过"制约"策略来控制客户的思考向销售方有利的方向发展。

"制约"报价手法常见的还有比如"这个户型原价10000元/米²，但现在五一黄金周期间促销，我们一共只有5套房源，打7折。"这个案例中，销售人员报出抬高的价格10000元/米²，利用的就是客户们对这个抬高的价格所产生的"昂贵=优质"的反应，然后又强调短缺，对客户心理造成制约。

"制约"话术最核心的要点就是强调"短缺"。"短缺原理"是《影响力》里提到的"六大武器"之一。往往来说，人们对不容易得到的东西总是心存无限渴望。在房地产销售过程中，"制造稀缺"是操盘最重要的原理之一。越是稀缺的东西，人们越是渴望得到，结果销售自然水到渠成。

（三）讲解过程中的FAB话术

FAB(Feature Advantage Benefits)是用于面对潜在客户对项目特点了解有限的情况下，有效地讲解产品的话术公式。

F的意思是属性，指产品所包含的某种事实、数据或者信息。（我有什么？）

A的意思是优点，是指产品的某种特征带给客户的好处。（我有什么与众不同的？）

B的意思是利益，是指针对潜在客户的需求，有指向性的介绍产品的某种特征以及与之匹配的优点，而不是统统都给予介绍。（我有什么与众不同且客户可以感知的。）

举例:

"我们这个项目采用的是水源热泵技术的中央空调，空调采用分体式壁挂机。他的好处一是非常节能，能耗只有普通中央空调的1/3；另外是非常环保，吹出的风类似清新的自然风，不带氟利昂。您不是担心有噪音吗？有噪音您可以关窗，关上窗开空调，不用担心空气闷，也不怕电费高。您看您家有老人、又有小孩，以后就不用担心空调病了。"

FAB话术的归结点在于"B"，通俗讲就是"见什么人，讲什么话"，成都"龙湖·三千城"的置业顾问针对不同的户型，分别对应职场新人、啃老一族、婚房三种概念切入讲解，讲到客户心坎儿里，这种在销售说辞上的客户细分就是典型的FAB话术。

FAB话术中有一个关键的要点，即讲到"B——利益"的时候，要着重针对客户的家人，尤其是小孩和老人讲解产品给他们带来的利益。由于深受传统文化的影响，中国人骨子里都不是为自己活的，老吾老、幼吾幼的思想根深蒂固；说到老人、小孩能抚摸到客户内心最柔软的地方。实战中，置业顾问如果碰到孕妇，针对还未出世的宝宝说自身项目卖点、说竞争对手的弱点具备绝对的杀伤力。比如幼儿园、环保建材、空气清新、园区开阔、游乐设施多等卖点都可以深深打动未来的妈妈。

（四）看房过程的控制话术

听完置业顾问对项目的介绍之后，只要有意向的客户肯定会提出看房，看房过程可以说是能否成交的关键，因此，这个过程中的话术也非常重要。看房过程中的话术主要有以下几点：

1．人际关系控制话术

看房过程中，客户往往会找来他的朋友一同参与。置业顾问最关键的环节就是：主动结识一同看房的所有人，一定要做到主动要求客户给你介绍。“张先生，您给我介绍一下您的几位朋友行吗？”并主动递出自己的名片。客户介绍后的话语也一定要跟上。“您好，张先生这么成功一定是有一群成功的朋友。”“张先生提到您多次了，说您才是行家呢。”“您好，您可要多指点，认识大家真的是缘分呢。”这些话都是事先铺垫的，为的就是预防这些人在看房过程中说一些会影响购房决策的话。比如这房子不行，这房子不好等。人与人之间都讲求沟通，沟通就有一个主动和被动的问题，只要置业顾问主动的要求客户介绍他的陪同人，一般进入到看房阶段的客户不会不给面子的。

控制看房环节的要诀就是：主动、多说好话、请求指点。随身携带一个笔记本，将无法妥当回答的问题记录下来，将客户特别在意的要点记录下来，将客户陪同人的话记录下来。不要担心客户看到你在做记录，做记录也是对客户的尊重和显示专业性的行为。在回访时将用到这里记录到的话来唤醒客户对看房的感受。

2．郊区楼盘看房路途话术

置业顾问在实践中常见的是卖郊区楼盘，有些楼盘甚至在离市区超过30分钟车程的远郊区。郊区楼盘往往在市内设置售楼处或分展场，置业顾问需要把客户从市内带到项目现场。这样，看房的路途就变得较为漫长，看房车沿途会经过很多地方。在这个过程中，置业顾问最重要的话术就是介绍区位。介绍区位的技术要点主要有两点：

（1）介绍区位的目的是化解抗性和增强吸引力。

郊区项目存在的最大抗性就是区域人气不足，客户心理距离较远，但郊区项目最大的优势一是价格便宜，一是区域未来发展的潜力较大。郊区项目如何化解客户的抗性，方法无非两个：一是化解抗性，一是增强吸引力。

（2）化解抗性和增强吸引力的两大方法。

在看房过程中，化解抗性的办法有两个：一是用物理距离来淡化心理距离。正如鲁迅先生所说，世上本没有路，走的人多了，就有了路。陌生的区域之所以陌生，是因为人去得少，去得少，内心自然感觉偏远。一个偏远的地方，如果经常走，就不会觉得远了。因此，置业顾问在带客户乘坐看房车的时候，比如就可以说：“您是没怎么来过，所以觉得远。我们天天走，觉得一点都不远，车程其实也就15分钟，非常便捷。再说，今年底，地铁一号线就能开通，您从铁西广场到我们项目，地铁只要运行10分钟就到了。”化解抗性的另一个办法是重新寻找参照系，利用参照楼盘来评估项目的性价比。比如：“这个项目叫林韵春天，在沈阳二环以里，目前均价4000元/米^2。从林韵春天到我们项目，私家车程是8分钟，坐公交车是20分钟，我们项目均价2500元/米^2。您想一下，您就往前走8分钟，就能省1500元/米^2，一套房能省最少10万元，何乐而不为呢？”

化解抗性是从消极方面来引导客户，增强吸引力则是从正面宣传来赢得项目的加分。看房途中，增强吸引力的方法也有两个：一是区域营销，一是生活方式引导。区域营销话术比如：

“我们项目位于铁西新城的核心地段。目前沈阳大力建设卫星新城，包括沈北新区、于洪新城、胡台新城、李相新城、浑河新城、铁西新城等六大新城，铁西新城因为具有强大产业支持，是最有前途的一个。目前区域内已经有15万产业人口，未来5年之内要扩充到35万人，铁西新城是沈阳市目前引进世界五百强最多的区域。铁西新城的工业转型载入了世界工业史，中央电视台多次报道。等地铁一号线开通之后，铁西新城的住房价格涨幅将非常大。目前，在沈阳买房，道义、长白和张士开发区是升值空间最大的三个区域。”

生活方式营销话术比如：

“这个项目叫宏发·长岛，均价4200元/米^2，在宏发·长岛买一套85米^{2}的高层点式楼，同样的钱在丽都新城可以买一套同样面积的多层外加一辆10万元的小汽车。花同样多的钱，马上就能享受有房有车的生活，你们夫妻上下班就能免除奔波之苦。你想一下，哪种更合适呢？”

3. 楼盘现场看房话术

一般来说，置业顾问带客户看房的路径是从售楼处到项目工地样板间。从售楼处走出来，往往就能看见同一个区域的相邻的其他楼盘。这时，除了对自身楼盘的常规讲解之外，在这个过程之中，最需要注意的就是应用前面所说的“控制话术”，先下手为强，对相邻的竞争对手进行有技巧的“评判”。如何评判，其技术要点主要有三个：

（1）反客为主，给客户埋地雷。

带客户看房路途中，只要视线能看到竞争对手楼盘，这时，一定要主动介绍，特别是针对第一次看房就来本楼盘还没有去过其他楼盘的客户。因为，你接待完之后，他的下一步肯定要去相邻的楼盘“货比三家”。一个成熟的置业顾问懂得在这个时机给客户一个先入为主的说法，以影响他下一步的决策。如：

“这是与我们项目相邻的××，您看目前××区几个大盘都集中在这一块，未来我们这一片区的人口将达到5万人，政府非常重视，所以这块未来的生活配套、公共交通肯定不是问题，等我们这几个小区陆续入住之后，公交车都会进来。（邻居首先是“客”，是共同做大片区的朋友，首先强调对手对我们的好处，赢得客户信任。）××项目的开发商第一次做开发，经验不足，被设计公司误导，花了很多冤枉钱，成本居高不下，价格偏高，所以他们目前在这个片区是销售最不好的。我们项目每个月的销量至少都是××的三四倍。”

以上话术就是我们所说的“埋地雷”，将竞争对手的缺点和劣势事先说出来，让客户产生一个先入为主的印象，相当于在竞争对手的地盘埋下一颗地雷，客户在下次进入竞争对手的售楼处的时候就会踩响，事先就对竞争对手有一个不好的看法。这里面有一点必须注意的是，“地雷”必须讲的是客观事实，不能带有任何主观看法，否则其“杀伤力”就会大大降低。

（2）强调优势卖点，给竞争对手设置门槛。

“我们一期在售的是纯多层的建筑，多层目前在沈阳属于稀缺产品。国内比如上海、深圳等中心城市早已不许建多层住宅，沈阳市二环以内目前也基本没有多层，因为多层对土地的利用强度不大。物以稀为贵，多层产品将来的升值潜力是不可限量的。就是在开发区，您看周边几个楼盘都是卖高层，我们的多层小户型可以说是片区唯一的。”

以上话术抓住“多层”这个强势卖点进行强调，利用其唯一性给竞争对手设置门槛。

（3）不利因素先入为主，给客户打预防针。

“我们外墙面用的是日本菊水牌自洁型涂料，这种涂料环保耐脏，雨水一冲刷就干净了，成本也是很高的。我们很多客户不懂，以为用墙砖就是贵，其实好的涂料比普通瓷砖贵多了。这就好比塑料贵过钢铁，道理是一样的。我们多层的结构是砖混结构，砖混的好处主要有三点：一是隔音效果好；二是冬暖夏凉；三是成本相对较低，提高住宅性价比。”

以上案例中，该楼盘为砖混结构，外墙面为涂料；竞争对手为框架结构，外墙面为瓷砖。该楼盘材质相对竞争对手处于劣势，竞争对手也抓住这两点劣势进行攻击，因此置业顾问在话术中对客户进行先入为主的引导，打预防针。

除了上述三个要点之外，看房过程中，进入实际单位时，注意要以特定的顺序带领客户参观房子，将最大特色的空间留在最后介绍，“抛砖引玉”的技巧在实际过程中也是非常有效的。

（五）交谈过程的主导话术

如前所述，置业顾问最关键的一点就是培养赢家心态，塑造自身的顾问形象和行业权威。在实际工作中，其表现就是置业顾问要“主导”谈话，以自己的专业和技巧去引导、教育[1]客户的消费习惯和消费行为。所谓“主导”，就是在与其他人的交谈中，如何不知不觉地控制谈话的主题内容，以及谈话的发展趋势和方向。

控制话题是置业顾问需要熟练掌握的沟通方法。控制并主导任何一个谈话是有规律和方法的，人们会自然地陷入三个陷阱：第一个是数字陷阱；第二个是结

[1] 在《我要催眠你》一书中，马修指出产品介绍最重要的策略就是“教育”，要确保传授的内容具体，并且有丰富的教育性。

论陷阱；第三个是对未来展望的感性陷阱。置业顾问可以用以下三个话术让客户自然掉进陷阱：

1. 数字诱惑

置业顾问要养成一种说话的习惯，只要对方说，我看你这个项目的房子不如那个项目好。置业顾问就应该回答：看一处房子的好坏应该从三个方面来全面评价。对方听了这个话的心理活动就是，想听一下到底是哪三个方面，从而再调整自己的看法。置业顾问应该强化这个习惯的训练，要严格要求自己在回答客户的问题时自然采用“数字诱惑”的方式。

2. 绝对结论

绝对结论，也是一种说话习惯。在使用了这个技巧后，听的人一般会受到一定程度的震动：怎么会有如此坚定的结论呢？比如：“这套房子就适合您这样的人，别人还都不适合。”“我看准了，这套房子简直就是为您独特定制的。”这就是绝对结论，它的后果就是导致人们听到这样的话后，肯定要倾听你的注解，从而控制了对方的思路。如果对方按照你的思路去设想，那么你的技巧就达到了目的，就在对方面前建立起了一种绝对的信心，强化了你说话的影响力。

3. 激发想象

客户通常都会在最终要作决定的时候犹豫不决。人们在购买任何东西的最后一个瞬间，总是有一个犹豫。毕竟要付钱了，这种犹豫在心理学上叫“后果焦虑”。有的人表现得比较明显，有的人表现得没有那么明显。表现明显的人的特点是经常在最后一刻停止购买行动，总是停留在看的阶段。如何应对客户的这种犹豫，最好的办法就是“激发想象”，为客户感性传递未来生活场景。操盘人员根据样板间设计主题、小区园林灵性美景，精心设计多个故事，通过故事的讲述，向客户描述其未来的生活，打动客户。举例说：

丽湾国际售楼处，一位年轻的女士经过与置业顾问将近两个小时的沟通，对位于该项目D座一单元19楼的G户型有了深刻的印象，并表现了足够的购买欲望。60万元的总房款，当天要交2万元的定金，即将签合同，她拿着笔，问置业顾问：“我是不是太冲动了。才来一次就决定购买了！”

置业顾问不愧是久经考验，经验丰富，马上沉着地回答：“当然是冲动了！哪个买我们房子的人不是冲动呢？丽湾国际就是打动人的。您是支付得起您的冲动，有多少人有这个冲动却没有支付能力。在长白岛拥有一套看河的大户型是一种豪华的冲动，喜欢才是真的，您喜欢吗？”

没等客户接着说，置业顾问继续说道：“您设想一下，现在是金秋十月。阳光明媚的周末，您左手牵着可爱的小女儿，右手挽着您的爱人，一家人来到浑河边滩地公园散步，享受着清晨的凉风与阳光，那是多么令人愉快的事情呀。回到家，躺在浴缸、床上就可以看到浑河波光粼粼，高尔夫球场绿意茵茵，视线一览无余，这是多么惬意啊。”

置业顾问的话还没有说完，客户接着说：“你说得太对了，我就签了，这个合同在哪里？”

这段对话中，置业顾问使用了展望未来的技术，有效解决了客户在购买前对将要发生的事情的焦虑心理。展望未来的要点有三个：场景、人物和过程，在这三个内容中一定要充分描述细节，用细节来打动客户去设想、畅想、联想，从而引发客户对未来的期望，而能够达到这种美好境界的唯一行动就是现在马上签约。

（六）处理异议的避免对抗话术

庄子曰：“辩无胜。”在销售过程中，与客户辩论，力争驳倒对方是非常忌讳的事情，在辩论场上赢得客户就意味着在生意场上失去客户。置业顾问应该通过自己的努力，创造出一个和谐、融洽、宽容的交谈氛围。

孙路弘先生提出“迎合、垫子”话术，“迎合”就是承接对方话语的意思，形成顺应的语言背景。“迎合”话术套路有两种，一种是为对方说的看法（即结论）提供客观事实依据，另外一种，如果对方说的都是客观事实，那么就按照逻辑提炼出一个符合事实的结论。一种是从结论到事实，一种是从事实到结论。例如：

客户说：长白的房价真是涨得太厉害了。置业顾问：是啊，2003年的时候，长白的整体均价也就2000多元，短短5年，现在已经涨到5000多元。（注：为结论提供事实，反之也可）

所谓“垫子”话术主要用在客户提问的时候，销售人员要克服自己过去的习惯意识，一听到别人对自己提问，而且自己又知道答案，就立即回答的习惯。垫子一般有两种形式：一种是评论对方的问题很专业，另外一种是承认对方的问题很有普遍意义。例如：

您的这个问题太专业了！您的这个问题昨天有3个签约的客户都问了。如果您不问，我也要替您问这个问题。

交谈过程中，客户提出异议，置业顾问即使完全不同意客户的看法，立刻反驳也是非常错误的。罗杰·道森在《优势谈判》一书里提出“感知、感受、发现”的话术。

如客户提出异议时，置业顾问可以告诉对方：“我完全理解您的感受。很多人都有和您相同的感觉。（这样你就可以成功地淡化对方的竞争心态。你完全同意对方的观点，并不是要进行反驳。）但你知道吗？在仔细研究这个问题之后，我们发现……”

举例说明：

客户：“你们楼盘的价格太高了。”（这时如果你和对方进行争辩，他就会拿出个人的亲身经历证明你是错的，他是对的。）

置业顾问：“我完全理解您的感受。很多人在第一次听到这个价格时也是这么想的。可仔细分析一下我们的产品和价格，他们总是会发现，就当前的市场情况来说，我们的性价比是最为合理的。”

“感知、感受、发现”的话术对于客户的异议是先同意、后反驳，慢慢扭转对抗局面。这种话术的妙处还在于当客户表现出一些充满敌意的行为时，“感知，感受，发现”可以让置业顾问有时间冷静下来，做进一步思考，然后再去回答客户。

（七）竞品比较中的打岔话术

通常客户在对置业顾问熟悉后，交谈中一般会涉及到竞争产品，这就是与其他项目的比较。购房客户一般会选择一个意向的区域和大致的预算，然后在这个范围内货比三家。如果客户在来售楼处第一次30分钟左右的交谈中，没有提到任何竞争项目或者没有表明自己这是自己看的第一个项目，那么多数情况是在这一次接触中，置业顾问没有完全赢得潜在客户的信任，客户不愿意将自己内心中比较的项目与你沟通，从而你也失去了提供项目选择方面的建议。

一个成熟的销售人员，其实可以鼓励客户就各个他可能选择的项目与你讨论，甚至还可以主动提及竞争对手项目。比如：“其实，听您的问话就知道您对长白岛市场还是挺了解的。比如远洋天地、格林生活坊，每一家都有各自的特点和长处，看您是更看重园区，还是注重性价比。”这句话也许就可以引发客户就竞争项目的困惑与你讨论。

当遇到客户对竞争项目独特领先的特点非常熟悉时，置业顾问可以采用主导、垫子、制约等基本话术形成“打岔”的功力来控制话题向自己的项目的优势转移。举例：

客户：你这个项目户型是还不错，刚好符合我的要求，但就是没有园区，这点不如隔壁的××项目。

置业顾问：对，我们项目是没有园区，很多客户刚开始接触我们项目的时候，也觉得这是唯一美中不足的地方。（“迎合、感知、感受”话术）但您选择到长白岛买房，我认为最重要的是要考虑三个因素（数字诱惑，“主导”话术）：阳光、绿地、新鲜空气[1]。第一点，要看采光是不是充足，是不是敞亮；第二点，要看是否拥有大片绿地；第三点，要看是否能呼吸新鲜空气。先看第一点，我们项目的楼间距是最大的，前后都不挡光，阳光长驱直入；我们的楼间距为120米，长白岛上的其他高层项目才60米左右。再看第二点，从我们项目的南北窗户都可以看到高尔夫公园、丽湾体育公园以及滨河路带状公园；最后看第三点，我们项目东南面临一线浑河，浑河水带来的湿润的空气让您感到格外清新。所以，这三点是您最应该考虑的，××是有园区，但我们刚才说的三点都不具备。那这样您还不如在市里买个房子呢，就失去来长白岛的价值了。（“打岔”话术）所以从这三点来看，您会发现我们这个项目是最适合居住的。（“发现”

[1] 马修在《我要催眠你》中指出：产品介绍的一个重要绝招就是通过口诀的方式来突出你的产品，重点使你的产品能为客户带来的好处简单易记，口诀可以让资料和内容变得更有意义。卖房子的时候，你可以对客户说好房的三要素是……卖车的时候，也可以介绍购买这辆车的四个原因是……

话术）

利用“打岔”话术，不说竞争对手的坏话，以免失去置业顾问的可信度，只是将客户的关注点引导自己项目的优势上面。

在销售过程中，除了熟悉自己项目的优势之外，还需要详细掌握主要竞争对手的技术数据，当你可以清晰地讲明详细数据时，客户才认可你有说服力，才认可你说的话。

（八）跟单过程的控制话术

现场接待结束，客户离开售楼处之后，利用回访电话来进行跟单、促单就成了置业顾问最重要的工作。回访跟单的话术包含以下几个要点：

1. 开场白设计：互惠

现实中，很多置业顾问一开口就是“王先生，您上次看的那房子现在考虑得怎么样了？”这种生硬的问话算不上话术，起到的效果自然也不佳。开场白最常见的话术就是利用“互惠”原理进行寒暄。“互惠”也是《影响力》中提到的六大秘笈之一。“互惠”是一个古老的原理，核心内容是给予，索取，再索取。我们寄贺卡，往往就会收到回复的贺卡，发短信送祝福，往往就会得到祝福。

在电话回访客户的过程中，如果能抓住上次沟通中客户的小细节，施与客户小恩小惠，马上就会拉近与客户的关系。如“您上次不是说想买别克车吗？我刚好有一个客户，他是别克4S店的经理，我可以帮您联系一下，您找他买车可以便宜。”

“互惠”不仅仅是给予别人帮助，同时，要求别人给予帮助也是“互惠”的一个方面。人与人之间的关系发展的重要标志就是：一方请求另外一方帮忙。要求别人给予帮助，是对别人的信任，是对他能力的赞美。

比如，在与客户进行电话沟通时，说：“我今天给您打电话就是特别好奇，那天您来我们售楼处的时候，我就想问，但没好意思问，您那天用的香水是什么牌子的？我后来到好多香水专卖店都找不到。”

以上例子，先求别人帮一个小忙，当对方真的给你帮助后，你们的关系就进了一步。请求别人帮忙的时候要注意：①请求的事情必须是对方轻而易举就可以办到的；②请求的事情对对方来说必须是他的能力范围之内的；③请求的事情最好是以提供信息为主。

利用“互惠”的办法寒暄，拉近关系之后，就可以进入正题。

2. 应对三大常见问题

在电话跟踪过程中，置业顾问经常会遇到客户说“我要考虑一下”“我是喜欢这个房子，但还是看看再说吧”“最近市场不景气，我担心现在买房不合适”。这时，置业顾问就要采取合适的话术去应对。如：

“××先生（小姐），很明显的，您不会花时间考虑这个房子，除非您对我们楼盘真的感兴趣，对吗？可不可以让我了解一下，您要考虑一下的到底是什么呢？是项目品质，还是物业服务，还是我刚才到底漏讲了什么？××先生（小姐），老实说会不会因为钱的问题呢？”

"美国国务卿鲍威尔说过，拖延一项决定比不作决定或作错误的决定，让美国损失更大。现在我们讨论的不就是一项决定吗？假如您说'不是'，没有任何事情会改变，明天将会跟今天一样。假如您今天说'是'，这是您即将得到的好处：(1)……(2)……(3)……显然说好比说不好更有好处，您说是吗？"

"××先生（小姐），多年前我学到一个人生的真理，成功者购买时别人都在抛售，当别人都在买进时他们却卖出。现在拥有财富的人，大部分都是在不景气的时候建立了他们事业的基础。他们看到的是长期的机会，而不是短期的挑战。所以他们作出购买决策而成功了。××先生（小姐），您现在也有相同的机会作出相同的决定，您愿意吗？"

3. 要求承诺

在回访电话结束前，还有一个必须完成的任务："要求客户承诺"。比如回访的目的是邀请客户二次到访，那就得和客户落实二次到访的具体时间。因为客户虽然答应了你的要求，但并一定真的会兑现承诺，应该将客户答应的事情落实，比如落实到具体的时间，并且给他一点压力。如：

"您说的是下周一下午2时，对吗？""我周一休息，我原本的计划是和朋友一起去看电影，他都约了我一个月了。不过没有关系，我不去了。那说好了，我就在售楼处等您了。"

"承诺"是《影响力》一书里重点强调的销售秘笈。在销售过程中，借用"承诺"的力量，就会无形中约束客户的习惯。因此，将真正的"承诺"融入销售流程就能达到一个质的效果。

缺乏经验的置业顾问在得到客户"有时间我就过去吧"的回复之后，以为就得到了承诺。其实，这种"承诺"是没有责任心的一种行为，很容易演变成推脱，成熟的置业顾问懂得用特定的技巧来强化对方的印象，强调自己在客户说的时间会专门推掉其他的事情来等客户，这样就将压力和责任传递给客户，约束他兑现承诺。不过，值得注意的是，不能过度施压，引起客户反感。

（九）价格谈判中的优势话术

随着销售过程的展开，客户与置业顾问的关系过渡到熟悉的阶段，开始进入到实质性的"价格谈判"[1]。

此时的客户策略是简单的、淳朴的，他们会直接要求优惠，并以购买来要挟、诱惑置业顾问。在销售过程中，这叫第一次诱惑，如"你看隔壁楼盘打9折，你可以给我打多少折？""如果你可以给我这个价，我就可以签约了！"

罗杰·道森在《优势谈判》一书中对此就作了精辟的指导性论述。他提出谈判的几个重要原则：

[1] 在市场处于牛市，客户会担心买不着的时候，销售团队一般都是透明折扣，置业顾问没有折让空间，这种情况下，基本不涉及"价格谈判"，客户提出的折让请求直接可以婉拒。反之，市场处于熊市或淡市，客户观望的时候，销售策略上应该设置多重折让空间，置业顾问可以步步为营，与客户展开价格谈判。

1. 开出高于预期的价格

在销售实践中，一般来说，楼盘的优惠政策都可以拆分成几重[1]。如总价优惠3万元，这是内部规定的价格底线。成熟的置业顾问在第一次报价时，一般只给客户优惠2万元，开出一个高于自己预期的价格，为后面的谈判留出空间。

2. 永远不要接受第一次报价

客户在提出第一次还价的时候，如果马上接受，通常会让对方立刻产生两种反应：这么容易就答应了，我本来可以得到更多优惠，下次一定会注意，一定是哪里出了问题。（接下来往往以没有带够钱为借口离开。）

成熟的置业顾问当客户提出第一次还价，他本来完全可以答应，因为这并没有超出内部的折让底线，但他也要装出很周折、很麻烦的样子去向领导申请。

3. 学会感到意外

一旦听到对方报价之后，成熟置业顾问的第一个反应应该是大吃一惊。一般来说，客户并没有指望你会接受他们的第一次报价；但如果你并没有感到意外，对方就会觉得你完全有可能接受他们的条件。在你表示有些意外之后，对方通常会作出一些让步。如果你不表示意外，对方通常就会变得更加强硬。

4. 避免对抗性谈判

谈判时，不和对方争辩，使用“感知，感受，发现”的方法来扭转对抗局面。如：

“××先生（小姐），我理解您的这种想法，一般客户在选择一处房子的时候，肯定会关注三件事：①房子的品质；②优良的物业服务；③最低的价格。但现实中，我从来没有见过一家公司能同时提供最优秀的品质、最优良的物业服务、最低的价格给顾客。也就是这三项条件同时拥有的情况是不太可能的，就好比奔驰汽车不可能卖桑塔纳的价格一样。所以您现在要选择产品的话，您是愿意牺牲哪一项呢？愿意牺牲我们产品优秀的品质，还是我们公司优良的物业服务呢？所以您仔细考量一下就会发现，有时候我们多投资一点，能得到您真正想要的东西还是蛮值得的，你说是吗？”

5. 不情愿的卖家和买家

在推销产品时哪怕迫不及待也要表现得不太情愿，这种方式可以在谈判开始之前就把对方的谈判空间压到最低。当客户也使用“不情愿”的策略时，一定要让对方首先作出承诺，告诉对方你会请示上级，然后用白脸黑脸策略[2]结束谈判。

6. TMD——对滚雪球策略的反击

在销售过程进行到尾声的时候，客户以能便宜一点是一点、能节省一分是一

[1] 操盘手经常会有意将优惠拆分，如总价3万元的优惠可拆分成免契税、免住房维修基金，额外98折优惠；这样置业顾问在算价的时候就有了步步后退的谈判空间。

[2] 罗杰·道森在《优势谈判》里提出的策略。白脸是对方真实的反映，黑脸是给你很多强烈情绪压力。如双方在谈判，销售经理说，搞什么搞，这个价格怎么优惠那么多，不用谈了，我们还从来没有卖过这么低的价格。置业顾问说：我们经理脾气不是特别好，这个价格是低了，你再给出个价格吧。这个过程当中形成了黑脸白脸。

分的心态展开压价。在客户即将签约时，其心情完全被感性控制了，最后的讨价还价其实是一种面子和虚荣，在自己朋友面前显示自己的精明以及狡诈。这些都是初级的、人类原始的感性动机，受右脑控制。这时候，客户通过立刻签约的承诺再次诱惑置业顾问。

置业顾问这时最应该注意的就是客户使出“滚雪球策略”，即在谈判过程当中，不断得寸进尺，要求优惠，优惠的雪球越滚越大。反击“滚雪球策略”的办法有两个:

（1）TMD策略。

在以让步为前提条件坚守三个防线。今天吗（Time）？带钱了(Money)？决策人(Decision-maker)？这就是著名的TMD策略。

具体的用法就是：“您今天就签约吗（时间）?您的订金带了吗（钱，没有钱就没有诚意）?您自己决定就可以吗（决策，没有决策权力的人浪费青春）

TMD策略表现的就是尽量堵住客户知道底价后的退路，并为销售顾问自己准备好巧妙的退路。如果客户答应了，准备合同！如果客户不答应，再次确认，让他口头承诺今天就能定下，然后让步说，这就去问老总。回来后，直接问客户：我现在就为您准备合同！要知道今天老总答应的确是不容易呀。

（2）运用模糊上级权力机构。

销售实践中，有些客户直接找到销售经理或者总经理，要求更大优惠，总经理已经没有后退空间，这时，可以采取模糊上级权力机构的方式，说：“我们这个价格已经不能再低了，我们公司有好几个股东，财务是另外一个股东派来的代表，我们如果突破这个底线，他们下次在董事会肯定又会提意见。您就不要再难为我了。”以此办法来堵住客户的胃口，防止自己的优惠越滚越大。

总之，话术需要置业顾问在不断的销售实践中总结、提升、演练、印证，最终才能成功树立自己的顾问形象和行业权威，自然具备我们所说的“赢家心态”。

三十六计与销售技巧

《三十六计》是中国古代的一部兵书，如今在世界范围内军事、商战等领域都已经得到广泛应用，其包含的深刻战略、战术思想对今天的实践具有非常强的指导意义，当然，也包括我们的房地产销售。

房地产属于大宗消费品，客户在介入时都非常慎重。对于楼盘的广告信息以及销售人员的推介，他们在作决策时，大脑首先总是不确信的、存疑的。正如特劳特所说："大脑……有五种形式的感知风险：金钱风险（我买这个东西可能会浪费钱的）、功能风险（也许这个商品不好用，或并不像期待中的那样好用）、生理风险（它看上去有点危险，我可能会受伤的）、社会风险（我要是把它买回去，我的朋友们会怎么想呢）、心理风险（我要买了这个东西可能会感到内疚或是不负责任的）。"[1]在销售过程中，我们经常会遇到很多较有诚意的客户最后却没有成交，这就是顾客大脑中的风险感知占了上风。如何去化解风险、成功签单，尤其是在最后的成交环节，射好"临门一脚"，这就需要销售人员掌握一定的销售技巧。本讲撷取《三十六计》中的十三计，讲解这一古老智慧在销售过程中的应用。

第三计：借刀杀人and第二十三计：远交近攻

"借刀杀人"是成熟的销售人员在谈判过程中常用的扭转局面的方法。房地产销售最常见的问题就是竞争，在同一个片区，有多家楼盘。从大面上看，同区域楼盘之间的关系都是既有合作又有竞争，但继续往细里分析，同区域楼盘之间的关系也是有差别的，有敌友之分。位置、价格、产品最接近的项目之间以竞争关系为主导，是"敌"；相反，虽然同在一个区域，但价格、定位明显差别的项目之间以合作关系为主导，是"友"。这个时候，引友杀敌就是常用的借刀杀人策略。

举例：某片区有三个项目，一个是万科开发的"A项目"，一个是另一上市公司开发的"B项目"，一个是本土小公司开发的"C项目"。前两个项目均为百万平方米大盘，以中大户型为主，后者则是区区十万平方米的小项目，品牌弱，无

[1]《新定位》第36页，〔美〕特劳特、瑞维金著，李正栓、贾纪芳译，中国财政经济出版社2002年第1版。

园区，以中小户型为主。位置上，“B项目”与“C项目”紧邻，与“A项目”间隔500米。“C项目”销售人员经过分析后，判定“A项目”为友，“B项目”为敌。谈判时候，客户在“C项目”与“B项目”之间摇摆，更倾向于后者的开发商品牌以及庞大的园林规划等等。“C项目”销售人员这时就成功运用“借刀杀人”计策，借“A项目”去打击“B项目”，建议客户如果不认可“C项目”的话就只能去买“A项目”，“A项目”具有“B项目”的所有优点并且优点更强，“B项目”的优点不够突出并且缺点较显著。经过这一分析，客户对“B项目”的好感会大打折扣，一般会放弃“B项目”去看“A项目”，但“A项目”与“C项目”之间价格、产品类型不一样，价格明显高出许多，客户最终还是会回头选择“C项目”。这就是借“A项目”去成功打消客户选择竞争对手“B项目”的策略。

运用“借刀杀人”策略最重要的是必须诚信，《三十六计》原文强调“以《损》推演”，说的是这一计策从周易《损》卦卦义中推演出来，而《损》卦最重要的戒条就是“有孚，元吉，无咎”，即“有诚信，就会有大吉利，无过失”。销售人员在分析各项目利弊时，一定得从客户自身需求出发，帮客户分析各项目的优缺点，切忌带个人情绪去攻击竞争对手。

使用“借刀杀人”计策的关键是分清敌友，借友之刀杀敌。如何判定敌友，“三十六计”里的“远交近攻”提供了方法论，意思是结交远离自己的朋友而先攻打相邻的敌人。对于房地产来说，置业顾问肯定是要联合、借助与自己楼盘距离较远、基本无竞争的楼盘来打压与自己有直接竞争的相邻楼盘，这就是远交近攻、借刀杀人，争取主动权。

第六计：声东击西

制造假象，引诱敌人作出错误判断，然后乘机歼敌。在销售过程中，“声东击西”策略也经常被使用，并且非常有效。先看下面的案例：

小李是一个高档别墅项目的置业顾问，3月21日，他接待的一位非常有实力的姓马的客户想买一套独栋别墅，对该项目的环境、形象、产品都比较满意，只是反复强调必须打折。客户最中意9号别墅（因为9是其幸运数），小李表示没有（其实尚有9号，但小李并不想现在就告诉他），而是给他推荐了7号别墅。临走时客户又问到能否买到9号，又提到价格优惠一事，小李也表示必须向领导申请才能答复。

3月24日，小李接到经理可以优惠2个点的答复，便拨通客户的电话：“马先生，我已向领导反映了你的情况和要求，但优惠估计不会太多，可能只是象征性的。我想你最好还是带支票过来，当面申请，满意的话你就当场落定。”客户却提出如果给予5个点的优惠就即刻来定。小李知道这个要求不可能满足，于是向他说明了实际情况，并表示难度太大，不可能做到，请他再做考虑，同时表示非常抱歉。

3月27日，马先生来电问询打折一事，小李坚持必须本人到场方可申请，但绝不可能是他想象的那么多，同时又告诉他7号别墅已售（其实只是保留），只能试试帮他申请公司的保留单位8号别墅了，价格大概会贵一点。

3月28日，小李主动打电话给马先生，告诉他很抱歉8号别墅没有申请到。马先生微微有点失望，接着小李又表示公司保留的9号别墅有希望能拿到（小李没有忘记他的幸运数字）。马一听立即很兴奋："如果有9号就太好了，你有把握拿到9号别墅吗？"小李立即约他当天下午上门，并嘱咐其带上支票，以便申请房号与折扣。下午，马先生终于来了，看过9号别墅，并无太多疑问，当即落定、签约。

在这个案例中，置业顾问小李就成功地使用了"声东击西"的策略，他其实早就知道了客户的意向单位就是"9号"，但他并不急于推介，而是巧妙地选择了其他的单位，然后又告诉客户其他的单位也没有申请到。最终，达到让客户"敌志乱萃，不虞"的目的，就是说让客户情志混乱并且憔悴，制造客户没有预料到的情况。在客户失望、期望值降低的情况下，这时，再突然击中他的内心期许，最后顺利成交，也不会再在价格上纠缠了。

从心理学上来讲，"声东击西"的策略刚好印证了"机会越少，价值就越高"的短缺原理。正如罗伯特·西奥迪尼所说："可能会失去某种东西的想法在人们的决策过程中发挥着重要作用。实际上，害怕失去某种东西的想法比希望得到同等价值东西的想法对人们的激励作用更大。"[1]因此，利用这种心理，制造"短缺"，让客户相信某种东西不可多得，从而害怕失去它，从而提高它在客户心目中的价值。"短缺"策略的点睛之笔是"临门一脚"的工夫。"根据短缺原理，当这个商品看起来很难得到时，顾客被迫作出了购买的承诺。在这种极易受到诱惑的时候，很多顾客都会答应购买这件商品。因此，当营业员带着发现有货的消息回来时（大多数情况都是这样），手上总是拿着一支笔和一份销售合同。"[2]这就是"声东击西"策略暗合"短缺原理"策略的妙用。

"声东击西"策略特别适用写字楼、商铺、别墅等大宗房地产销售，在住宅销售中房号紧俏时也经常运用，在最后临门一脚的时候利用房号目标成功命中。

第十六计：欲擒故纵and第二十七计：假痴不癫

"逼迫敌人太紧，他可能因此拼死反扑，若让他逃跑则可减削他的气势"，"欲擒故纵"之计反映敌我之间的心理博弈。

美国心理学者布雷姆在1966年出版的《心理抗拒理论》中提出了"心理抗拒理论"。布雷姆认为，每个人在某一个期间都有一套可供自己选择的行为，称之为"自由行为"。这种自由行为是人人需要的，当这种自由行为受到威胁时，个体就会体验到"心理抗拒"。在销售过程中，如果置业顾问过于紧逼，让客户觉

[1]《影响力》第304页，罗伯特·西奥迪尼著，陈叙译，人民大学出版社2006年版。
[2]《影响力》第308页。

得自己的“自由行为”受到威胁，这时就会产生“心理抗拒”。如何避免客户的“心理抗拒”，“欲擒故纵”是一个非常好的技巧。

在战争中，“欲擒故纵”的使用有两种情况：一是当敌人气势很盛的时候，我方故意示弱，使敌人骄傲、麻痹，放松戒备，而后可乘机进攻；二是在我方掌握了战争主动权时，采取穷寇勿追的方法，给敌人一条生路，创造更有利的战机。同样，在房地产销售的过程中，“欲擒故纵”的使用也有两种情况：一是在销售前期，置业顾问“示弱型”的引导客户，取得客户信任，放松戒备，而后进攻；一是在销售后期，置业顾问已经基本降伏客户，掌握了战争主动权，这时切记不可猛追穷寇，逼得太急，而是给客户一条“生路”，让客户自己作出选择。

在销售前期，懂得“欲擒故纵”的置业顾问会时时刻刻让客户感觉自己有掌控权，感觉他的选择是“自由行为”，置业顾问只是从旁协助而不施加压力。置业顾问通常并不发表己见，而是善用专业知识，提出有趣又有用的问题。提出问题让客户感受到尊重，当客户在思考一连串有意思、切中要点的问题，这些问题的答案刚好建构成一个有效的解决方案，这时候他们不会有被推销的感觉。产品提案是客户自己提出的，置业顾问只是引导买主发现解决之道，从而成交。这种“示弱型”的“欲擒故纵”手法在遇到一些喜欢表现自己、主观性和控制欲很强的客户时尤其适用，是置业顾问要精研的“大道”。

“示弱型”的“欲擒故纵”计策在实际运用中需要配合使用“假痴不癫”手法。表面装糊涂[1]，实际很清楚，假装不行动实际上是在暗中策划等待时机，这是“假痴不癫”计策的要义。随着消费者的不断理性与成熟，部分消费者对于房产的基本知识相当熟悉，所以与其和客户据理力争，还不如利用其“好为人师”的心理，主动表明自己入行不久，请客户指教哪儿套房屋的位置和户型比较好，待客户选择了自己满意的房屋，置业顾问也就顺理成章地达到了销售目的。

在销售后期，“欲擒故纵”手法最常见的就是开盘时的“踢客”。

在开盘选房的过程中，客户按照一定的顺序分组选房，客户进入选房区后，一般情况下，要求在五分钟之内作出决定，如果超出五分钟，就会有专门人员上来告知超时，客户可以选择放弃或者出去重新进行下一批的排轮。这时，客户往往就会马上下定。这个程序就叫“踢客”。“踢客”就是一次标准的“欲擒故纵”。本意是想客户快速成交，但形式上却告诉客户可以放弃。

另外，在谈判后期，有时适当冷场反而更有助于成交。当客户得寸进尺、要求折扣的时候，销售人员可以假意“逐客”，或者装出满不在乎的样子，同样也可以促进成交。这都是“欲擒故纵”手法的运用。

在销售后期，“欲擒故纵”最关键是要掌握好火候，在销售现场旺销、气氛热烈、客户差不多瓜熟蒂落的时候最适合采用，其他时候则需谨慎。

---

[1] 曾经有说法，最好的置业顾问往往质朴得像农村干部，说的就是这个道理。

第十七计：抛砖引玉and第十一计：李代桃僵

置业顾问带客户看房子的时候，一般总是先带顾客去看没人会买的“破房子”，位置不好价格还高。当顾客看过那些“破房子”之后，再带他们去看那些真正要卖给他们的房子时，客户的眼睛就会眼前一亮。实际上，前面的“破房子”是开发公司的“托”，公司并不打算把这些房子卖掉，它们只是给客户看的。这就是“抛砖引玉”计策。

“抛砖引玉”计策运用了精神物理学里的“对比原理”。简单地说，如果两件东西很不一样，我们往往会认为它们之间的差别比实际的更大。如果我们先拿起一件轻的东西，然后再拿起一件重的东西，就会觉得后者比单独拿起来时还要沉。因此，对于商人来说，先将比较贵重的商品展示给顾客可以赚到更多的钱；相反，如果先把一件便宜的商品给客户看，然后再让他们看贵一点的，这样只能让后者的价格显得更昂贵。

在房地产销售中，“抛砖引玉”的“砖”实际上是制造一个“托”，置业顾问首先就引导客户看“托”。这个“托”实质是一个标杆，标杆有“正向标杆”和“负向标杆”。“正向标杆”就是条件好的、价格贵的单位，操盘人员往往会找出一套或者一部分房源，暂时不着急出售，价格定得相对较高，以此拉动其他劣势单位销售，这是正向的“抛砖引玉”；“负向标杆”就是条件不好、价格也不便宜的单位，比如户型格局不合理、所处位置不佳，置业顾问先带客户去看这些单位，然后再带客户去看好的单位，让客户眼前一亮。在带客户去实地具体介绍户内空间时，置业顾问首先带客户去景观最差、格局最不合理的空间，最后才去格局最好、景观最优的空间，让客户眼前一亮，这是“负向”的“抛砖引玉”。

在“抛砖引玉”策略中，操盘手制造的这个“托”非常关键。如何制造“托”，就用到“李代桃僵”的策略。操盘手找出部分房源，拉高单价以衬托其他房源，这部分房源不以出售为目的，暂时牺牲局部利益以保全大局。操盘手“李代桃僵”加上置业顾问“抛砖引玉”，两者的配合就意味着上述销售策略的成功。

第三十计：反客为主

“反客为主”计策的原文：“乘隙插足，扼其主机，渐之进也。”意思就是把准时机插足进去，掌握他的要害关节之处，但要注意循序渐进。古人在这一计策上加上按语：“为人驱使者为奴，为人尊处者为客……故反客为主之局：第一步须争客位；第二步须乘隙；第三步须插足；第四足须握机；第五乃成功。”房地产销售中，“反客为主”的计策经常用在对付紧邻的竞争对手。

置业顾问在带客户去项目实地看房的时候，往往可以看到竞争对手的项目。这时，置业顾问主动给客户介绍竞争对手，先尊对方为客，然后再乘隙，用本项目的优点去打对方的缺点，插足进去，给客户“埋地雷”。这就是“反客为主”

计策的应用。本书第十二讲“地产销售的九大制胜话术”里对这一计策有详细话术举例，兹不赘述。

第三十二计：空城计and第二十计：浑水摸鱼

诸葛亮“空城计”的故事在中国可谓妇孺皆知。在房地产营销过程中，被广泛使用的“开盘”环节最大的诀窍就是有意颠倒供求关系、显示楼盘房源紧张，进而刺激消费者的购买行为，这其实就是一曲“空城计”。

在销售过程中的逼定环节，“空城计”也被广为使用。最常见的就是同事之间打配合，如一个置业顾问在谈客户的时候，另一位同事假装打电话给客户，间接刺激正在谈判的客户购买；还有直接上前问谈判置业顾问，“你的客户定不定这个房号，我的客户也看上这个了，你们不定我的客户就定了”等等，都是唱“空城计”，给谈判客户造成紧迫感，刺激成交。

在销售现场客户到访量大、成交氛围好的时候，成熟的置业顾问就可以利用同事之间的配合进行“浑水摸鱼”，如报假销控、刺激客户等，实现销售卖场的“羊群效应”，达成交易。

除了上述常见的手段之外，罗伯特在《影响力》里还介绍了一个经典案例。两兄弟开了一家裁缝店。负责销售的弟弟帮新顾客在商店的镜子前试衣服时，他会告诉顾客自己的听力有点问题。当他与顾客交谈时，会不断地要求顾客讲得大声一点。一旦顾客找到一套自己喜欢的衣服并询问价钱多少时，他就会叫出哥哥，问“这套衣服多少钱？”哥哥便会放下手里的活，抬起头，给出一个比真实价格高出很多的数：“是那套漂亮的全羊毛套装吗？42元。”弟弟假装没听清，他会把手拢成杯状放在耳后，再问一次。哥哥会再次回答，“42元。”此时，弟弟走到顾客身边，对顾客说：“他说要22元。”这时候，许多人都会赶快把这套衣服买下，在可怜的弟弟发现自己所犯的“错误”之前，带着他偶然捡来的便宜货匆忙离开。无独有偶，在中国的古董、古货、古玩市场中有一个技巧叫“兄弟杵”，两人开店，一人出价，一个假装生气说出低了，这叫“兄弟杵”。

在实际销售过程中，团队相互配合，假装报错价格，给客户造成偶然捡便宜的心理，也是非常可行的一个逼定手段。

第三十四计：苦肉计

“人不自害，受害必真”，正常情况下，人不会受到伤害，若他受害必然是真情。“苦肉计”说的就是利用人的这种思维定势，顺应人的柔弱性情达到目的。

在房地产销售中，置业顾问在大热天，不怕劳苦，汗流浃背陪着客户爬楼看房；大冷天冻得嘴唇发紫一趟又一趟陪客户看房子；下雨天，提着裤子，趟着泥泞去工地帮客户去确认一个小问题。这种情况下客户往往最容易动恻隐之心，结果不买都不好意思。这就是销售人员的“苦肉计”。成熟的销售人员，学会有意识的使用“苦肉计”，比如不经意地向客户透露“那天去看房回来感冒了好几天，今天一好了就给您打电话”“那我们就约好在明天下午1时吧，我在售楼处等您。我明天本来要去医院看病的，您要来看房，我就不去了”之类的，博得客户的同情，增加客户的责任感。

第三十五计：连环计and第九计：隔岸观火

《连环计》本为元杂剧名。剧本写汉末董卓专权，王允设计，先许嫁美女貂蝉与吕布，后又献给董卓，以离间两人，致使吕布杀死董卓。“连环计”在销售过程中也时有应用，最常见的就是“推同一个房号”的策略。

“连环计”多用在别墅、豪宅等高端项目，在销售的时候，销售团队之间故意在同一时间段推同一个房号，造成客户之间的争夺，“使其自累，以杀其势”，让客户感觉房源的稀缺，这样有助于打消其心理优势，便于谈判成交。购买高端物业的客户一般都是成功人士，很多甚至是所谓的“豪客”，这类客户的特征是占有欲、支配欲强，当他们意识到有人与之争抢的时候，之前的很多不满足情绪马上就不重要了，剩下的就是落定、成交。

在上述计策中，有时可以套用“隔岸观火”的策略。如一个优秀房源出现多个消费者竞相购买的局面。在这个时候，销售经理与其上去调解，判定哪个客户最先预订的房源，还不如先看竞争者自己调解的结果，往往是客户会以提高首付房款或一次性付款甚至再多加房款的方式来作为条件。然后，销售经理应该趁势在案场制造气氛，首先要感谢消费者对于楼盘的青睐，恭喜该客户购得自己理想的房源，同时还应该建议其他未购得房屋的消费者考虑其他的房源。

“三十六计”是中国传统文化的一个瑰宝，在商战实践中还有很多运用。以上举例只是选取一部分切合房地产销售技巧方面的计策做的一个总结，实际上，比如 “瞒天过海”“擒贼擒王”等策略在现实中都有应用，具体需要销售人员在平时工作中去总结、体悟、提升。不过，正如松下幸之助所说：“无论多么好的销售策略，能否取得预期效果……归根到底还是看经营者是否有诚意。把握住了这一根本点，就会有更深层次的体会和收获。如果缺少诚意，再好的销售策略，也不过是脱离实际的大话而已。”[1]“三十六计”只是工具而不是目的，切记，小赢靠智，大赢靠德。

[1]《经营沉思录》第12页，〔日〕松下幸之助著，〔日〕猿渡清光、路秀明译，南海出版公司2009年第1版

客户价值与操盘方略

工具

麦肯锡客户价值图、客户诚意度评分标准、操盘四大系统

案例

上海星河湾、北京龙湖·滟澜山、朝外SOHO、万科·东海岸、万科假日风景

在分别理解了“定位、推广、展示、价格、销售”等五大环节的营销策略与手段之后，我们再来看“操盘”。所谓“操盘”，就是用全局观念把控营销的各个环节，使之实现无缝衔接；同时要善于抓主要矛盾和关键问题，达成速度、价格、品牌三者之间的平衡，速度主要指回款速度，价格强调利润最大化，品牌追求降低项目风险、顺利实现开发；销售速度如果太快，有可能价格偏低导致利润受损；价格偏高，销售速度上不去，可能品牌受损、风险加大；三者在博弈之中达致平衡，这才是操盘的完美境界。

中国内地的房地产营销晚在20世纪90年代初才开始起步。1992年，香港人邓智仁操盘“万通·新世界广场”，北京业界才知道原来可以用广告销售房子。其实，在此之前，香港、台湾的房地产开发和服务业已经发展了三十多年，形成了成熟的操盘模式，并随之向内地渗透。香港模式重视发展客户网络、挖掘客户资源，台湾模式重视广告和包装，内地的房地产营销正是在学习借鉴、兼收并蓄港台模式中逐步走向成熟。

操盘模式与原理

目前，中国内地的操盘模式基本可以用“一个前提”“两条路线”“三大方针”来概括。

（一）一个前提

“一个前提”指的是中国客户尤其是高端客户购房在内心深处都是不理性、易冲动的。中华民族几千年的农业文明积淀的“千买卖万生意，不如村头十亩地”的价值观根深蒂固，中国消费者坚定地认为，金钱不可靠，而房产是永久保

值增值的，有钱买房产没有风险。这点表现在以晋商为代表的山西投资客身上最为明显，他们只要想到了买房，不管三七二十一，不管楼市都在怎么谈房价的下一步走向，该买就买，从不犹豫。房产作为一项大宗消费品，很多消费者在购买前期表现得非常理性，包括收集资料、货比三家等，但其实内心深处仍然是不理性的，这就给房地产营销提供了很大的发挥空间，让操盘者得以采用“认购”“销控”“开盘”等种种手段强化这种不理性，制造羊群效应，刺激冲动购买。反观，汽车等大宗消费品的营销就无法采用这些手段，原因就是缺少这“一个前提”的存在。

（二）两条路线

“两条路线”指的是操盘应该以“客户价值”为核心，提供客户价值，传递客户价值。什么是项目的“客户价值”？怎样打造项目的“客户价值”？有了“客户价值”之后又应该如何去传递价值？这些都是一个操盘手应该考虑得非常清楚的。

什么是“客户价值”？麦肯锡在商业咨询实践中提出了“客户价值”模型（如图14-1），认为“客户价值=客户感知的利益-客户感知的价格”。客户感知的利益越大，价格越小，则客户价值越高，则项目市场份额越大；反之，客户感知的利益越小，感知的价格越大，则客户价值低，则项目市场份额越小。

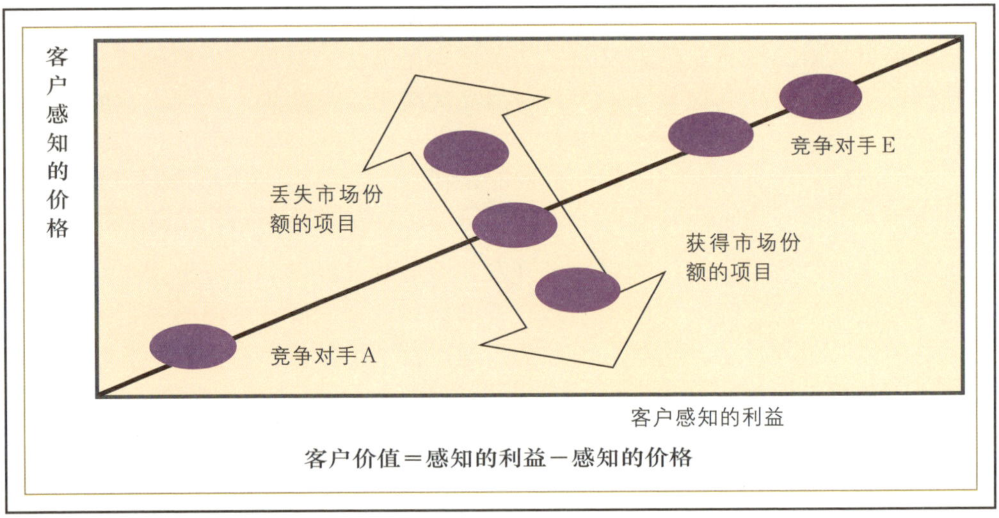

图14-1 麦肯锡“客户价值”模型

根据麦肯锡的“客户价值”原理，操盘者应该尽力提高客户感知的利益，并以客户感知的利益来确定项目销售的价格。客户感知到的利益为“山竹”，操盘者却以“苹果”的价格卖出去，制造势能差，结果肯定成功。客户感知的利益主要来自于市场上的供求关系，正如美国著名的营销学家麦凯所说：“消费者对任何物质价值的判定，都不是来自物质的本身，而是根据这种物质被需求的程度而定。”“销售要制造出一种让购买者想购买的情境，最好的方式莫过于‘僧多粥少’。”[1]在供给之前，一定要先制造需求。在房地产操盘实践中，“供”包括产品价值塑造与包装、品质展示、买主身份渲染、化整为零减少供应等四种手段，前三种手段是尽力渲染“粥”的美味，后者则是强调“粥少”；“求”则包括发动群众、精确制导、口碑传播等三个环节。首先塑造产品价值，然后利用信息不对称进行销售控制，人为颠倒供求关系，有节奏地制造出“僧多粥少”“供不应求”的局面，这是现今几乎所有房地产项目都采用的“提供价值”的操盘路线。

价值提供之后，下一条路线就是向客户传递价值，如何传递？业内通用的是“节点爆破”的方法，即根据工程进度、动态事件人为将楼盘营销分成若干个节点，如项目奠基、营销中心开放、内部认购、样板间开放、选房、开盘、封顶、外立面呈现、园林呈现、入住等，操盘者在节点集中释放项目信息、进行营销爆破。采取“节点爆破”的目的是有理、有利、有节的“折腾”客户。

客户是“上帝”，但“上帝”就如孔子笔下的女子、小人一样，“唯‘上帝’与小人为难养，近之不逊，远之则怨”，如何与“上帝”保持合适的距离最难。如果沟通得太勤了，无缘无故地把客户“折腾”到售楼处，会引起他们反感；如果长时间不沟通，他们又觉得自己不受重视。因此，与客户沟通的最好办法就是利用“节点”。“节点”的好处有三：

（1）有理：有理由“折腾”客户，一步一步地揭开他们心中的期待。一个项目从奠基、营销中心开放、样板间开放、封顶、外立面呈现、园林呈现、入住，就像一个胎儿从孕育到出生，每个阶段都在生长，都会给人以惊喜，利用这样的节点与客户沟通，效果当然好得多。

（2）有利：就是打胜利之仗，不打则已，打则必胜，不打无计划、无选择、无准备、无把握之仗。项目憋足客户资源，集中在节点爆发，整合利用推广、展示、销售、价格等各种手段，明确销售目标，实现销售突破。节点就像一次战役。

（3）有节：就是有节制，不要无缘无故地折腾客户，必须有新的节点时候才和客户进行适度沟通。这样，既不过于纠缠，又不会疏远客户。

（三）三大方针

在提供价值、传递价值路线过程中，每一个环节操盘者都面临着很多条道路的选择。如何进行路线的选择，操盘者需要考虑的是：我究竟要什么？我要达到什么目的？现实中，“资金变现”是操盘者最需要秉持的方针，“资金变现”又得考虑价值实现、回款速度、风险性三个方面，是究竟要价值最大化，还是回款速度，还是规避风险，方针和目标明确之后，决策者才能确定采取何种路线，才不至于迷路。比如同样的一个楼盘，我们可以不做太大动作，不做展示，拿到预

［1］引自《攻心为上》第一章《麦凯销售短篇》，〔美〕哈维·麦凯著。

售证即正常销售，这样投入少，风险较小，但价值实现也低，难以卖高价；我们也可以充分做好展示，强势制造稀缺，等区域同类项目全推出后再销售，这样价值实现最高，能卖高价，但风险性也最大，回款速度也最慢；我们也可以展示到位，通过价格策略进行分批推售，这样回款速度较快，风险不大，同时价值实现也相对较高；至于采取何种模式，就看决策者在这三大目标和方针上面的权衡与选择。

五个技术要点

理解了操盘的基本模式和原理之后，我们再来看具体的五个技术要点，着重强调操盘中需要注意的技术细节，至于业内周知的程式化的动作则不赘述。

（一）整容美容，塑造价值，远离价格战

如上所述，客户感知的利益主要来自于供求关系，操盘者从“供”和“求”两方面来制造“僧多粥少”效应，“供”要做到“粥香且少”，“求”要做到“僧多”。营造“粥香”，我们说有三个手段：产品价值塑造与包装、品质展示和买主身份渲染。

“产品价值塑造与包装”主要从先天产品改造与扩展、后天卖点挖掘与包装两个方面入手。

先天产品改造是指从项目的规划、设计初稿上发现缺点并将其完善、丰满。比如笔者曾操盘某豪宅项目，该项目设计为Art Deco建筑风格，小区主入口和单元门双大堂设计，核心筒为两梯两户，配置刷卡智能电梯，因为追求容积率，户型设计并不优秀，基本没有亮点，且18米的超大进深使舒适性大大降低。我们介入之后，建议局部微调设计，改成一梯一户，每户专属刷卡电梯直接入户。这样的好处有三：一是电梯直接入户之后，每户多出一个“门厅”，卖点包装成入口酒店式大堂、单元大堂、入户门厅“三级大堂”，“三级大堂”本来就是Art Deco建筑的题中应有之意，改动后让其残缺的概念变得丰满和完善；二是改动后，刷卡电梯直接入户，属于当地创新，进一步完善了其原来的单纯的刷卡电梯概念；三是改动后，避免了邻居电梯间相遇的尴尬，进一步加强了豪宅的私密性。

以上是对先天产品的改造，但很多时候，产品硬件已经定型，无可更改，这时，操盘者仍然可以进行产品扩展，完善、增加专属于业主或客户的各项附加权益及服务内容。比如可以建议项目在物业服务方面增设“四点半学校”[1]“租售中心”“小区物业服务网”等内容，建议项目实施“数字化智能小区”、引进重点幼儿园、与重点学校进行联姻等，这都可以极大增加项目的价值感。需要特别强调的是，物业服务现在已经成了消费者决策的重要方面。操盘者必须有一整套配合营销的物业管理方案，在入住之前阶段的销售现场做重点展示，让客户提前感受项目物业服务的理念和品质。

[1] 小区里设置的专门安置下午放学后无人照顾的儿童的学校。

除了先天的产品改进与后天的产品扩展之外，对产品卖点的挖掘与包装也是考验操盘者功底的一个重要方面。如果说前者是对产品的“手术整容”，后者则是对产品的“化妆美容”。人靠衣装，佛靠金装，现实中，因为“美容”不到位而使项目亮点湮没的案例比比皆是。

“美容”的目的是争夺注意力，让消费者过目不忘。实际操盘中，常见、好用的美容手段有三个：定义区域、定义产品、细节放大，尤其是大盘和高尚住宅，这三招几乎是规定动作。武汉“万科城”将其区域定义为“CPD”（Central Park District,中央公园区），天津“万科·假日风景”将其产品定义为“人居欧Ⅲ标准”，北京“星河湾”系列数字广告将其建材和园林细节放大。在实际案例中，我们经常可以看到操盘手为了拔高项目形象、塑造项目价值，结果广告包装常常脚步虚浮、偏离客户价值，这时，就可以使用这三招规定动作，有效避免营销的“虚张”和“高烧”。

实践过程中，操盘者必须一手抓产品，一手抓客户。在塑造价值方面，抓客户就意味着着重渲染买主的身份感。正如学者姜汝祥所说，当今房地产行业的本质是满足人们对身份变化的需要。消费者购买房产，哪怕是最低端的经济适用房，都意味着从无产者向有产者的转变。有句话说得好，你有多少钱不重要，你消费到哪个层次才重要；你消费什么不重要，你能够通过消费，满足表现财富、地位、权利的欲望才重要；你是谁不重要，你周围是谁才重要。“身份”观念应该是贯穿项目始终的灵魂和主线，身份感渲染充足，项目的价值感自然也提升了。

一位经过整容、美容后站上舞台、惊艳全场的美人，拥有她就意味着无上的身份，这样，所有的“情郎”都会动心了，都会为之舍得千金一掷。房子就是这位美人。

在激烈的竞争中，项目经常会遭遇到价格战。对付价格战的最好办法，就是毅然抽身而出。操盘者不要被“降价”造成的虚假购买力所迷惑，而是要把注意力专注于自己的“美人”，通过整容、美容、展示、身份四大手段去教育“情郎”。正如托马斯·温宁格所说：“在商品环境中，一种商品是用另一种商品来权衡的，顾客们肯定会将苹果与苹果比较，但关键是不让他们这样比。”让竞争对手成为苹果，而自己是山竹，在价格竞争中这条原则叫做“非同等原则”。比如沈阳的“丽湾国际”，2009年8月推出1.2期时，均价6500元/米^2，竞争对手“深航·翡翠城”也推出类似产品，均价5000元/米^2。“丽湾国际”抓住自身湾区物业的优势和对手临河而不看河的遗憾强化对比，用“非同等原则”来避开价格战，其推出的第一版广告：“如果没有浑河，长白至今还会籍籍无名于乡野村陌；如果没有浑河，长白的所有豪庭宅院不过是一群郊区建筑。在长白，您不可忽视的‘真相’是：3/4的建筑滨河而不看河，1/5的建筑只能阴面看河，1/20的建筑能阳面看河，1/50的建筑能270° 看河，丽湾国际就是这稀贵的1/50。因为河，选择长白；因为270° 河，选择丽湾国际。” 这就是“苹果”和“山竹”非同等原则的运用。

（二）颠倒供求的两大手段：化整为零、铁幕营销

上文说的是如何营造“粥香”，这里我们探讨如何营造“粥少”，营造“粥少”的方法主要有两个：化整为零和铁幕营销。

“化整为零”是所有开发商尤其是处于品牌弱势的开发商必须接受的理念。实践中，常见的“化整为零”手法有两种情况：一种是正常的“化整为零”，即分批次推出产品。一期本来有500套房子，积累了500组有效客户，首批只推出200套房子，这样颠倒供求关系，引发抢购，拉高价格。还有一种化整为零的情况是，分批次按不同的价格策略、竞争策略推出产品。比如首期推出200套房子[1]，实行渗透价格策略，以低价进入市场，做竞争中的“追随者”，第一批快速销售，成功奠定项目气势之后，这时展示也相对完善，开始涨价，做竞争中的“挑战者”；最后，项目销售过60%~70%之后，产品展示臻于完美，继续涨价惜售，实行撇脂价格策略，做竞争中的“领导者”。这种“化整为零”策略适合品牌处于弱势，项目前期展示不足或者有其他瑕疵的情况，操盘者利用价格策略一步一步地转弱为强，这比“一刀切”的制定推盘策略稳妥得多。

“铁幕”指的是冷战时期将欧洲分为两个受不同政治影响区域的界线，后被广泛采用来形容限制人员与信息的流通的障碍。我们这里将通过制造信息不对称来颠倒供求关系的手法叫“铁幕营销”，比如业内常见的硬销控、拍卖、封盘都属于“铁幕营销”，这里所举的上海“星河湾”和北京“朝外SOHO”两个案例是“铁幕营销”的极致手法。上海“星河湾”采用三地同时视频认筹的方式制造铁幕，操盘者让广州、北京“星河湾”有购买意向的业主，与上海“星河湾”的买家一起，通过远程视频，三地同时认筹。广州、北京、上海的1号筹同时选房，并且将所有销售人员的手机全部收走，一时间制造出十分紧张的气氛，上海现场的买家受到广州、北京买家热情的刺激，开发商最希望的“抢购”在预料中出现。2007年1月11日，SOHO中国联合搜房网举行“朝外SOHO铺王全国10大城市无底价网上竞拍”活动，让全世界的受众都可以参与其中。拍卖当天有13人参与，大家在各自的世界里被“铁幕”隔离，互相挤压，最终以3450万元成交，铺王的热拍最终带火“朝外SOHO”。

（三）客户诚意度和购买意向的精确制导

在业内，“精确制导”理念已经成为操盘者的共识。对客户的“精确制导”包括三个方面：诚意度、价格、意向单位，即客户买不买、以多少钱买、买什么单位，开盘要确保成功，在选房前夕，操盘者对这三个问题的答案必须清晰。

诚意度方面，摸查方法一般就是所谓的“折腾客户”，折腾手段主要是通过节点活动和诚意度升级。通常情况下，只要一有节点就会亲临售楼处的客户诚意

[1] 一般为各方面条件均较差的“瘦狗”产品。

度都会较高。所谓“诚意度升级”则是通过补交诚意金的方式提前消化一部分诚意度最高的客户，提高开盘选房成功率。深圳“中信·红树湾”一期2004年入市的时候，6月份开始积累客户，采取的是认购3000元/张贵宾卡获选房顺序权益的低门槛方式，到9月份，已经积累了1300组以上贵宾卡客户；这时，项目因为未拿到预售许可证迟迟不能开盘，周边的几个竞争对手纷纷亮相，项目客户面临流失的危险。“中信·红树湾”采取的就是客户诚意度升级的方式，2004年9月8~10日，采取交20万元升级钻石卡客户、直接确定房号的方式，提前锁定了最有诚意的20%客户；在10月30日、11月20日两次选房前，又采取交5万元升级为金卡客户、获选房资格的方式，继续筛选剩下的1000多组客户，引导客户意向，降低客户流失度，确保开盘成功。

通过几次折腾客户，置业顾问和销售团队一般都能将手头的客户诚意度分级，深圳世联在实践中将客户分为0~100分五个分位，鉴别的标准如下：

100分—— 傻瓜客户

标准：重要节点均亲临售楼处，反复电话咨询，多次与销售人员提及能否买得到；与项目片区有三缘（地缘、亲缘、工作缘）关系，无比较楼盘，价格敏感度为0，有明确的购买房号。

75分—— 诚意客户

标准：重要节点均亲临售楼处，反复电话咨询，多次与销售人员提及能否买得到；与项目片区有三缘（地缘、亲缘、工作缘）关系，价格敏感度较低、与同片区楼盘或不同片区特定楼盘比较购买，有明确的购买房号。

50分—— 密切关注客户

标准：重要节点均亲临售楼处，与多个类似楼盘比较，仅选择特定的房号单元，价格承受力仅限意向房号，并注意开盘优惠。

25分—— 一般客户

标准：有购房需求，看过多个楼盘，价格意识停留在几年前水平，选择节点亲临售楼处，项目投资客户集中的区域。

0分—— 无效客户

标准：无明确购房意图、价格接受程度为0，多数节点未亲临售楼处。

除了诚意度摸查之外，客户意向单位的摸查对保证开盘选房的成功也非常关键，摸查的目的主要有三个：指导定价、预销控、引导客户意向以分流客户。通常来说，开盘前对客户意向单位要进行三次摸查，调查的目的也要契合推盘节奏、由浅入深。

产品第一次亮相，发布户型。这个阶段可以做初步客户意向排查，发现亮点户型和问题户型，为后期价格制定和销控、推广做准备。

第二次摸查是项目开始VIP卡认购的时候，这时的销售价格还未公布，利用这个时机可以详细摸查客户的意向单位，直接为价格制定做指导。

举例：项目一共有4种面积、4种户型，让客户在销售人员的帮助下选择填写：

□87米^2；□96米^2；□118米^2；□137米^2；

□两居；□小三居；□中三居；□大三居。

摸查完成后，统计客户选择各户型的比例，形成表格如下：

表14-1 户型意向比例表

户型	库存套数	当前客户选择户数	比例	备注
两居（87米^2）	97	103	106%	正常
小三居（96米^2）	108	202	187%	危险（偏高）
中三居（118米^2）	156	93	60%	危险（偏低）
大三居（137米^2）	62	58	94%	正常

从上表很容易就看出，小三居客户聚集较多，而中三居客户偏少。这个摸查结果直接就可以为价格制定提供依据，如小三居在定价的时候就应该调高价格，中三居则调低价格，通过价格实现对客户的合理引导和分流。

价格公布阶段，利用价格指引的时机与客户详细沟通意向户型。这个阶段的重要目的是在摸查客户意向户型的基础上对客户意向进行引导。比如上述项目，客户选择中三居的比例偏低，则应该挖掘中三居的卖点，同时通过价格杠杆将部分小三居的客户引导向中三居，使各类户型的选择比例趋于正常。这样，最后选房的成功率就会高很多，不会出现部分客户因为没有选到自己意向的户型而流失。

对客户意向进行正确引导需要整个营销团队的默契。对客户的意向摸查汇总后，对75分以上的客户可以进行预销控演习，并形成一份虚拟的房号销控表。让销售人员及时了解全局，便于大家共同研究如何合理分流客户意向，避免房号撞车。

制作虚拟房号销控表，排房号时，首先要将各销售人员手上的100分客户的房号排好，房号排定要求完全不重复。有重复的客户，则根据房号特殊性及购买急切程度（判断急切程度的原则为：自住优于投资、租房优于换房）判断，房号特殊性不高或者购买急切程度不高的客户则考虑立即引导分流，引导无效的降级，最低降至0分。

排好100分客户后，剩下的是75分客户，销售人员同样按房号特殊性和购买急切程度的原则进行相互比较，排定房号。将100分及排定的75分客户，放入A类客户，对于A类客户，销售人员必须密切联系，任何客户诚意度、意向房号的变化均需在每天的销售团队分析会上提出，以便大家共同研究、配合，确保提高选房成功率。

（四）价格精确制导

上一节讲的是客户诚意度及购买意向方面的精确制导，本节探讨的是价格方面的精确制导。在这个环节，对客户心理预期价格的摸查也是一项关键。摸查主要通过置业顾问在接待客户过程中的多次试探，置业顾问将客户的反应及时反馈给操盘人员，操盘人员及时对项目进行整容、美容，改进、强化销售说辞之后再进行客户试探，最终得出市场预期价格。“万科·东海岸”曾在深圳房地产信息网上举办“有奖网上竞价活动”，通过这个活动进行价格调查，探测客户心理价位。另外，操盘者在这过程中，还可以辅助一些价格炒作动作，抬高市场的心理预期。市场价格预期是对前一阶段所有营销动作效果的一次预检，市场预期过低，证明前期铺垫不到位，这时，如果还要坚持开盘价格大大超出客户的预期，可能会导致失败。

在价格公布前的阶段，必须强调的是“排号”认购的报价技巧。“排号”现在已成为所有企业都采用过的规定动作。“排号”的目的是蓄水，让客户在不明确价格的情况下自然积聚，等积聚数量大了，再放出相对少量的产品，颠倒供求关系之后，利用现场的“羊群效应”，自然而然抬高销售价格。现实中，很多企业不懂得“排号”的这个原理，在“排号”阶段就报出准确价格，尤其是当这个价格还比较高的时候，这样根本就达不到大量蓄水、抬高势能的目的，自然也就失去了“排号”的意义。

正确的做法应该是，在入市前期给一个模糊的均价给客户，这个价格一般等同甚至略高于市场上同类项目均价，报价之后通过客户的反应来对价格进行一定调整，然后保持这种不明朗的市场姿态一定时间，客户在不明朗的价格下自动蓄水，并形成市场的心理价格预期。比如市场的心理价格预期在5000元/米^{2}以上，到正式销售的时候，却起价3500元/米^2，均价4000元/米^2，大大低于市场预期，马上就可以打响市场知名度，形成火暴销售的局面。“羊群效应”发挥开来，马上再进入持续强销期，连续的营销手段不断拉升人气，同时把握好调价的节奏，使价格一路走高，增强投资者信心。

（五）口碑营销

宋朝普济在《五灯会元》上说：“劝君不用镌顽石，路上行人口似碑。”口碑营销的重要性已经成为所有业内人士的共识，但一直以来由于口碑的难于掌握的特性，使得口碑营销一直和关系营销纠缠不清，大部分企业也都是通过利益刺激、做服务、做活动等几种关系营销的手段来赢得好的口碑，至于独立意义上的口碑营销则长期以来无法形成套路为地产营销界所运用。

随着网络媒体的主流化、社会化，网络虚拟社区的威力也越来越强。在虚拟社区中，消费者变被动为主动，消费者拥有更多的发言权，消费者之间的经验传授、购买感受分享等都可以影响另一批消费者，从而使得每个消费个体都有可能成为品牌产品的销售人员，并逐渐形成一个消费群体，一个品牌社区。这就为“口碑营销”提供了真正意义上的独立的天地。

不同于传统广告的单向传播，网络社区的口碑营销则追求互动，讲究激发网民主动营销。如何启动口碑营销，操盘者最重要的是要调动、聚合意见领袖的力量，以唤醒人们对品牌的热情，激发对品牌的归属感。目前，在深圳等城市，房地产营销界已经广泛起用“网络剑客”，让他们扮成消费者在搜房网、焦点网等项目社区论坛里发帖，引导舆论，制造口碑，其经典案例是制造了章子怡在“万科·17英里”的传言。“网络剑客”如何才能最大化的引导口碑传播，著名营销专家叶茂中先生总结了七要素[1]，可供参考。

第一，要有勇气。

勇敢地直面企业或品牌可能存在的网络负面声音，掩耳盗铃是行不通的。

第二，正确定义问题。

说网友感兴趣的内容，摈弃王婆卖瓜式的自我标榜。

第三，亲自了解目标对象。

深入了解目标消费者，并用他们的语言、他们的方式跟他们沟通，投其所好。

第四，不停歇地“挥棒”。

不断地从不同的角度用不同的方式重复你想传播的口碑内容，而不是把一个核心用一种表现方式做到极致。

第五，启动竞争，寻找点子。

找到一个闪光的点子，使口碑传播内容生动化、有趣化，这永远是有效的。

第六，留意用词。

以普通人而不是广告代言人，以使用者而不是销售者的角度用词更具可信性。

第七，创造内容，不是创造广告。

需要创造的是有趣生动的内容，而不是枯燥公式的广告。口碑不是生产出来的，而是“谈论”出来的。不要走制造“虚假口碑”的捷径，这反倒会弄巧成拙。

四大系统

厘清操盘的原理与模式，强调了关键技术要点之后，操盘者还需要一个全局观念，要掌控哪些工作、各项工作的关键何在，都必须做到操之在我、心中有数。学弟马炀全在实践中总结出操盘的“四大系统”—策略制定系统，客户、价格及房源控制系统，案场管理系统，多边支持系统。本文稍作改进后列出以资借鉴。

（一）策略制定系统

策略的基石：市场调研数据+案场对客户信息的反馈。

策略的两手抓：一手抓产品，一手抓客户。

策略模式：颠倒供求—制造热点—节点引爆—归纳总结。

节点引爆：诠释目标，全力以赴达成（比如开盘）。

（二）客户、价格及房源控制系统

客户资源整合流程：契合—拦截—挖掘—维系—挤压—再生。

客户特征勤于梳理：地域、职业、家庭、收入（服务于推广策略）。

[1] 引自叶茂中新浪博文《口碑营销时代到来了》。

客户势能收放自如：通过挤压和挖掘来收；根据客户积累量、需要消化量以及推广节奏去放，势能不要轻易释放。

不同客户分别对待：自住型和非自住型的不同策略。

价格制定策略、各节点涨价策略、价格优惠策略、置业顾问对客户报价策略、案场主管价格控制策略、团购和非团购策略、拍卖策略、封盘策略。

各节点房源推出数量：精确制导，房源数量与客户积累数量没有固定比例。

（三）案场管理系统

薪酬激励制度：事关案场姿态，直接影响来访客户态度。

客户接待方式：轮序方式。

口径一致：案场是窗口，亦与工程部、策划部以及相关合作公司保持一致。

反质疑说辞：通过不间断的市调和自身优势的熟知做出。

个人表现：懂得去利用个人性格特点挤压客户，尽快达成交易。

信息反馈：案场是一线，销售员应有客户笔记，描述现象略加个人直观分析，反馈至案场负责人。

熟知周边市场：长期跟踪市调。

（四）多边支持系统

代理公司、广告公司、公关公司、媒体、工程部门、法律顾问、物业公司、政府。

以上“四大系统”侧重于项目中后期的客户、价格、销售环节，对定位、推广、展示则较少涉及，但仅就后期操盘还是较为全面的，可供实践中对照查漏补缺。

2007年8月，位于北京东北五到六环之间的别墅项目“龙湖·滟澜山”筹划入市，此前预期价格约为400万元/套，按这个价格已经积累大批有效客户。同期，项目营销团队做市场调研时发现位于四到五环之间的“北京星河湾”项目正在推售高层，约600万元/套。离计划开盘时间不到一个月，“滟澜山”营销决策团队马上决定提价到600万元/套，他们的逻辑是“只要再往前走不到20分钟，花同样的钱，您是愿意住在一方高层水泥森林里，还是愿意购买别墅，享受一片梦幻般的世外桃源？”提价之后，之前积累的客户基本全部流失，“滟澜山”团队重新蓄客，重新按照新的形象、新的逻辑、新的说辞，通过推广宣传、陌生拜访、竞争对手客户拦截等种种手段迅速积累起大批新的有效客户。提前两年开始进行园艺培植，从全国各地的森林、深宅大院全冠移植而来的高大成年树木、成片的薰衣草花海、飘香的蔷薇园林，甚至还包括40岁以上的银杏、山茶花等名贵珍稀树种，“滟澜山”凭借“全冠移植”“同纬度采购”“垂直绿化”“360度成树定位”“四季异景”等一系列先进的成品园林技艺，给到场的客户以震撼，与“星河湾”高层产品成功地进行了“价值置换”。2007年9月1日，“滟澜山”开盘，均价约600万元/套，当天劲销121套，一周售罄。顺瓜摸藤，成功地找到参照系，成功地找到目标客户，然后成功地进行“价值置换”，最后一击成功，价值最大化，这就是操盘的最高境界。

操之在我，需要勇，也需要谋，需要道，也需要术，操盘手在实践中参悟、总结，运用之妙，存乎一心。操盘虽大，但有时也简单得像开蔬菜店。开好蔬菜店有三大要诀：每天都保持蔬菜的鲜度，每季都有时令蔬菜，售货员和蔼可亲。鲜度、时令、和蔼可亲，房地产销售与操盘也一样。

软暴力：豪宅营销的独特标签

工具

豪宅元素图

案例

紫园、御园、汤臣一品、观澜湖高尔夫大宅、香蜜湖1号、裘马都、上海星河湾、广州颐和高尔夫庄园

真伪豪宅

“豪宅”最早源自香港，传至内地后，早已成为业界最具煽动力的字眼之一。有媒体笑称：以“豪宅”的名义卖楼的开发商，随便扔个石子都能砸到四五个；而有些专家却断言：“放眼全国，“豪宅”也是屈指可数的。”北京华高莱斯顾问公司总经理李忠戏说：“在当今中国内地的地产商中，豪宅专家只有两个半：宏宇集团的黄文仔先生是一个，绿城集团的宋卫平先生是一个，而世茂集团许荣茂先生是半个。”

究竟什么样的房子才算“豪宅”？

2002—2003年，由媒体发起，深圳地产顾问界举办了一次较大规模的“豪宅鉴定活动”，当时，以世联、中原、同致、星彦、英联、德思勤、置业国际、戴德梁行为代表的深圳八大地产顾问机构每家都给出了自己关于“豪宅”的定义。其中，有代表性的几个定义如下：

世联的定义是“相对高度集中的占有城市资源的住宅产品”。

英联的定义是“一个社会的少数富裕阶层通过市场方式过度占有社会稀缺资源的一种居住状态。”

星彦说：“几乎所有的大众化豪宅，都是面向二次及以上置业者，而二次置业者的目标大多只是舒适性高尚住宅，只有三次以上置业者才会考虑‘享受型高尚住宅’（或者那才是真正的豪宅）。作为豪宅的标准，硬性指标并不难确定（如果非要确定的话），但是，当我们找到符合这些硬性指标的楼盘时，却发现豪宅仍然还是会少了点什么，那就是建筑艺术、文化沉淀、管理内涵等软性指标。”

置业国际认为："豪宅买家并非单纯出于居住目的，亦非单纯出于享受的追求，他们往往把豪宅看成一种罕有珍贵的符号，一种尊贵身份的象征。购置豪宅意味着事业上的成功，意味着身份地位的显赫，满足的是与众不同，傲视群雄的心理欲望。"

德思勤认为豪宅要素主要包括：①低密度，检验豪宅的第一指标；②稀缺资源的独占性；③"软暴力"（高门槛，是让多数买房人有受挫感的软暴力）；④荣耀的隐性标签；⑤舒适性（追求舒适是豪宅的灵魂）；⑥适度超前与可持续性。

以上概念，都从各自的角度阐述了对豪宅的理解。概括来说，真正意义上的豪宅与大众性豪宅（也就是"高档住宅"）的区别在于：

（一）豪宅讲究"过度"而不是"一般"占有城市稀缺资源

豪宅在地段上一般具有区位的不可替代性、环境的历史性、人文价值的不可再生性等鲜明特征。比如广州亿万级的别墅"颐和高尔夫庄园"坐落于4A级休闲度假区广州南湖国家旅游度假区内，背山面湖，东西北都有山屏，面对南湖国际标准18洞高尔夫球场，不仅与南湖湖岸的距离最短，还是景区内唯一能南向看湖的纯别墅楼盘。北京的豪宅项目"裘马都"位于中央涉外区的门户 三元桥东，紧邻北京四大使馆区、CBD商圈、燕莎商圈、丽都商圈以及顺景高尔夫公园、太阳宫公园、国际展览中心等等，上海的"汤臣一品"项目位于上海的核心、黄浦江畔，博览外滩百年万国建筑，紧邻陆家嘴 CBD 世界级摩天大厦。豪宅"后无来者"的占有这些不可再生、不可替代、不可复制的城市资源就是"过度占有"。

图15-1 广州颐和高尔夫庄园

“星河湾”属于豪宅地段标准的一个例外。北京、上海“星河湾”的地段都很普通，但其以近乎苛求的标准营构绿化、水体、树种，硬是抵抗气候差别，打造出了一个南北方都能保持同一品质的美轮美奂的园林。正如其广告语放言的“用星河湾标准彻底颠覆地段铁律”。不过，话又说回来，“星河湾”还是同样“过度”占有了城市资源，只不过一般豪宅是先天占有，星河湾是后天重塑而已。

（二）（一线城市）豪宅可以像艺术品般“有市无价”

因为不可替代和不可再生资源，一线城市[1]豪宅定价的原则是“自我定价”而非“市场比准定价”。

深圳波托菲诺·纯水岸的独栋别墅在2008年卖到了7000万元一栋、16万元一平方米的天价，由于资源的极度稀缺，市场上根本没有同类产品可供参照，所以其可以自我定价。如2004年，上海公寓最高房价如新天地周边的淮海晶华、锦麟天地为3000美元/米^2，与之一路之隔的华府天地公寓定位起价就是7000美元/米^2，是锦麟天地的2倍多。这就是豪宅的“自我定价”表现。

正因为豪宅的“无市场价”特征，在营销中的“造场”非常关键。同样的产品，卖5万元/米^{2}很正常，卖到8万元/米^2、15万元/米^{2}也很正常。至于多少价格合适，这里没有答案，这里面，营销有非常大的运作空间。

比如2008年9月24日，华侨城地产品牌部告诉《投资者报》记者，波托菲诺别墅纯水岸第六期定价尚未出来，目前宣传也极为低调，18套别墅面临的也不是销售问题，而是如何包装得更具高贵气质，卖出比8万元/米^{2}还要高得多的价钱。

对于客户来讲，他们真正看重的是豪宅的唯一性，没有心理价位只有价位排序。

另外，在同一座豪宅中，畅销的必定是最具亮点最有价值的户型单位，尽管这些户型单价和总价都普遍超高。在豪宅营销中，优势单位和劣势单位的价差无论拉得多大都不过分，因为豪宅的“自我定价”特征，它是“价值引导销售”，而普通住宅是“价格引导销售”。

（三）豪宅崇尚“软暴力”

正如置业国际和德思勤所说，豪宅买家强调身份的显赫和荣耀的隐性标签，处在金字塔尖的这些人群在心理属性的特征就是奢华神秘、囤积独占以及权威掌控。因此，豪宅在建筑硬件上就得表达出极致的权力符号，并且通过物业服务形成社会阶层的精神区隔，一道门区分出高低，另外，通过价格的高门槛让多数购房人有挫折感，这就是豪宅营销的“软暴力”。

总结来说，硬件的权力符号、物业的精神区隔、价格的超高门槛，三者共同构成“软暴力”的三大要件。

---

[1] 据世联董事长陈劲松的研究，国内豪宅的发展分三个阶段，其价格走势完全不同。第一个阶段，豪宅就是面积大，价格与普通住宅相同，三四线城市和部分二线城市处于这个阶段；第二个阶段，因为产品和环境的溢价，价格处在普通住宅的上限，但还是没有拉开距离，二线城市基本处于这个阶段；第三阶段，豪宅区形成，价格迅速拉升，跟普通住宅不在同一箱体内运行，价格几乎不可想象，出现“有市无价”现象，目前，四大一线城市位于这一阶段。

除了上述这些与“高尚住宅”鲜明区隔的特征以外，豪宅在建筑方面也有一些特定的奢侈指标。单元空间面积、房均面积等奢侈指数由于更恰当地体现了户型单位的资源占有状况，因而成了鉴别豪宅的最佳指标。一般来说，一线豪宅的房均面积都要达到60米²以上，也就是说，三居室的总面积在180米²以上。

豪宅的“权力符号”

正如尼采所说，“在建筑中，人的自豪感、人对万有引力的胜利和追求权力的意志都呈现出看得见的形状。建筑是一种权力的雄辩术。”在豪宅的产品打造方面，突出“追求权力的意志”的符号是非常重要的准则，“权力符号”是豪宅溢价的重要支撑。

图15-2 大理“银海·山水间”主入口

目前，在市场上的豪宅产品，常见的符号主要有以下几种：

（一）主入口：仪式感、景观轴、私家路

2007年面市的别墅项目大理“山水间”坐落于大理国家级风景度假区，其主入口采用唐塔、莲花基座、牌坊，仿古兽雕、龙头喷泉等多个历史元素符号，渲染大唐盛世的繁华与辉煌，烘

托豪宅特有的神秘与仪式感。

深圳“香蜜湖1号”在入口处打造了一条“私家林荫大道”，衬托出小区的幽隐高贵，不显张扬，仪式感很强。深圳的别墅项目“云深处”在推广时则干脆炒作其全国第一的私家路，私家路是全国第一，那住宅的档次可想而知了。

除了林荫大道、私家路以外，主入口的景观轴如依坡地而建的叠水景观带等等也是豪宅常见的符号。

（二）标志点/界定领地

领地是势力范围的象征，利用标志性的建筑物划定城界，建立领域感，打造区域第一的印象是豪宅常用的手段。界定城界的符号一般有几种，塔楼、钟楼还有一些造型都是豪宅常用的符号标志，这些标志点具有艺术性和昭示性，同时强调夜间效果。深圳别墅大盘“圣·莫丽斯”的圣莫丽斯塔屹立在后山上，很远的地方就能看见，成了项目的标志和象征。另外，小区内还设置了钟楼，进一步强化豪宅符号。

（三）豪华会所

会所是体现主人社交层次、社会影响力的重要符号，因此，豪华会所是豪宅必备的要件之一，装修豪华、气派的会所能极大提升项目的档次。“香蜜湖1号”豪华的水岸会所对其营销溢价形成了重大的支撑，除了金碧辉煌的豪华室内装修，像室内游泳池、健身馆等高档配置，门童的配备等都是豪宅的主要标签之一。

图15-3 “香蜜湖1号”会所

会所这些公共建筑除了装修豪华外，还可以用独特的空间造型与建筑形式给客户全新的视觉体验，成为豪宅重要的标签。

上海“汤臣一品”以11万元/米^{2}创下当时中国的天价纪录，它的会所采用璀璨通透的超现代主义别墅建筑，拥有大量的露台和平台，融合皇家园林气氛、庭院景观。2000米^{2}的空间里面配置有美国Hayward恒温泳池、三温暖、SPA水疗按摩池等奢侈配套，会所二楼国家宴会级多功能厅可同时36人就餐，光厨房用具就投入几百万元。

除了建筑和装修，会所引进的经营业态如顶级餐饮等也是豪宅重要的标签。米其林三星餐厅、日本舞鹤料理、法国Jean Georges大餐、庆公宴、私房菜等世界顶级餐饮。深圳豪宅“红树西岸”重金在其会所引进“汤·私房菜”，只对业主开放。前期通过邀请业主试菜和品酒，针对其口味定做菜肴。

（四）礼仪空间

中国几千年的“礼”文化的精髓就是“尊卑有别、长幼有序”，作为豪宅，其外部的礼仪空间的设计非常重要。

“裘马都”在外部公共空间的设计上就采取双大堂设计，一个服务大堂，一个礼仪大堂。前者设在一层入口，特设有服务前台、来访宾客豪华等候区；后者设在地下一层，挑高5.5米，大堂与车库相通。另外，地下停车场内设有“司机等候区”，为业主和来访贵宾的司机提供了更人性化的等候空间，等候司机不能进入楼座。

这些礼仪空间的设计彰显了主人的尊贵，保证了主人出入的安全性和私密性。

（五）风格陌生化

建筑风格是豪宅最重要的符号之一。顶级豪宅尤其是度假性物业，往往都用来当作“第二居所”，主人都将这里作为逃离现实、缓解压力的温情港湾，购买物业时，都有浓重的“桃花源情结”，因此，“陌生化”就成为豪宅建筑风格设计的一个重要原则，所谓“陌生化”手法就是采用和现实生活时空距离较远、日常生活不常接触到的元素。建筑风格中，异域风情（常见的地中海、北美、法式、英伦、北欧、东南亚等）、古典主义（包括中式古典和西式古典）、现代创意等都是常用的陌生化手法，其中，古典主义风格因其雍容华贵尤其受到顶级豪宅的青睐。“御园”采取欧洲新古典主义风格，借鉴欧洲古典皇家宫廷建筑元素“十字走廊”和“圆厅”以及古典柱式等；“汤臣一品”和“裘马都”外立面虽然是现代风格，但其内装修则无一例外的使用了古典主义风格。

深圳别墅项目“中信·栖湖”推出的产品为现代、简约风格，客户的抗性较大，访谈显示，高端客户内心喜欢欧式古典风格，现代、简约风格客户认为不值钱，没有豪宅形象。其实，我们倾听客户的“弦外之音”，客户并不是排斥现代风格，而是类似“中信·栖湖”这样的现代风格没有“陌生化”符号，没有时空距离感，因此显得不值钱。“万科·17英里”“从化温泉高尔夫花园”都是现代、简约风格，但两者都以一个个BOX（盒子）相互垒加起来，创意使用几何元素，形成一种神秘的建筑语言，同样有一种陌生化的效果，一点也不妨碍其千万身价。

总而言之，豪宅的建筑风格要么选择古典主义，要么是有独特创意的现代风格，毫无创意的所谓简约只能是“平庸”，没有豪宅符号，当然看起来也就不值钱了。

图15-4

图15-5 图15-6

图15-4 北京富力丹麦小镇（北欧风格）
图15-5 三亚“亚龙湾·公主郡”（东南亚风格）
图15-6 从化温泉高尔夫花园（现代风格）

（六）豪宅空间：奢华神秘

豪宅的内部空间是将“权力符号”贯彻最充分的部分，豪宅主人“权力、神秘、奢华、囤积”的特征以及豪宅产品回归人性、关注高舒适度的特征都在豪宅的内部空间体现得淋漓尽致。

作为豪宅，其在空间上的主要特征就是“私”，私密、私享（如图15-7所示）。“汤臣一品”之所以号称“中国第一豪宅”，即是其在私密性、私享性方面都做到了极致。

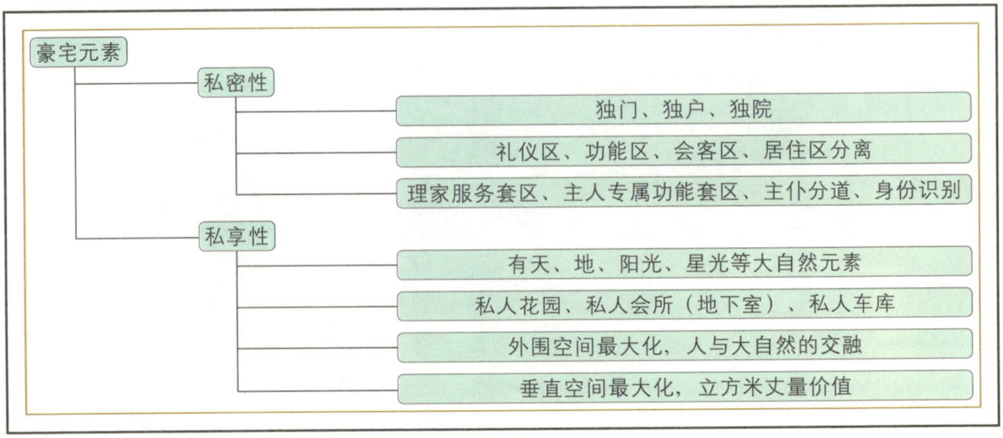

图15-7　豪宅元素图

首先，我们以图15-8中597米^{2}四室四厅五卫平层户型为例，看“汤臣一品”如何将“私密性”表现得极致。

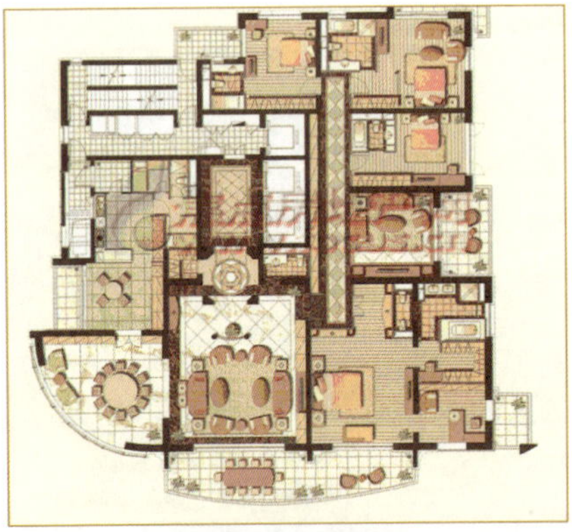

图15-8　“汤臣一品”户型图

1. 三梯一户、主仆分道

“汤臣一品”每户拥有至少三部永大日立高速电梯，佣人一部，主人两部。梯户比可谓是全国之最。佣人与主人的生活空间各自独立，佣人只能通过一条专门通道才能进入主人房间。

电梯皆带有掌纹辨识系统，输入密码驱动电梯。到达楼层，眼前是宽敞的独用门厅。入门须再次将右手伸进识别器，输入密码，大门自动打开。

2. 六位一体主卧套房

“汤臣一品”主卧堪称总统级套房，由卧室、书房、步入式衣帽间、浴室、卫生间、阳光房组成，浴室与卫生间完全隔开，实现真正意义的干湿分区，主人在套房基本可以满足生活的基本需要；且主卧区跟理家服务套区、次卧区完全分开，高度私密，保障个人空间不受干扰。

3．安全门

主人活动区域的安全门只能由主人从内打开，外面无法进入。

4．理家服务套区

理家服务套区由厨房、餐厅、客用卫生间、佣人房、工作间等组成，与主人活动区域完全分开，避免相互干扰。

另外，户型内部还配有专门的家庭影院，四居室均带卫浴。近600米^{2}的户型仅四室设计，房均面积达到近150米^2，可谓真正的豪宅。

比“汤臣一品”三梯一户稍逊风骚的则是北京“袭马都”项目，其每层三梯两户设计，顶层三梯一户，两户的主人梯各自独立，佣人则共用一部电梯，主仆出行路线同样分隔，保障私密性。其中600~730米^{2}平层全景大宅，三梯一户；300～365米^{2}的四房设计，三梯两户，房均面积达到90米^{2}左右。

除了户型内部的私密性以外，控制单栋建筑的户数也是确保居住者生活空间的私密性及舒适度的重要举措。如“袭马都”的单栋户数控制在50户以下，“汤臣一品”四栋建筑的户数仅220户，其广告主打“一层一世界、一户一王国”，这都是为了保证社区的纯粹和私密。

5．户型设计的“分离法”和“整体法”

保障私密性的户型设计一般有两种方法：分离法和整体法。所谓整体法是将主卧套间设计，将主人生活空间都放在一个整体，保障其生活不受干扰，如上文所说的“汤臣一品”六位一体的主卧设计。分离法则是将主人生活空间和其他生活空间完全分隔开，礼仪区（包括门廊、门厅、玄关等）、会客区（包括起居室、餐厅、私人会所等，上海紫园的会客区还包括舞厅、酒吧、雪茄房和会议室）功能区（包括厨房、工作间、佣人房等）、休息区（包括卧室、卫生间、浴室等）完全分离，同样也是保障其免受干扰。在真正顶级的豪宅中，一般会同时采取分离法和整体法。

“汤臣一品”“御园”家庭厅和主人起居厅的双厅设计、早餐厅和正餐厅双餐厅设计，正餐厅预留服务生空位；“御园”的豪华主卧室男女主人可分房就寝，主人卫生间采取“双浴缸、双淋浴、双洗手盘”设计，还有常见的主仆分道等都是分离法的表现。

在“私享性”方面，“汤臣一品”每个家庭都可以独享一个几十平方米的单独的家庭影院、室外SPA和室内游泳；每户都可以拥有私家庄园，其中还包含几十种名贵树木和准备好的烧烤露台。

不过，因为高层建筑空间的限制，在“私享性”方面，一般来说，别墅要优于高层，图15-7总结的“私享性”四大要素，顶级的别墅往往都做得非常优秀。如星光餐厅、阳光地下室等也都只在别墅产品中能够实现，在内部空间的挑空、错跃方面，别墅产品一般也做得较为优秀。龙湖上海“滟澜山”提出用“立方米”，而非“平方米”来丈量别墅的空间。“滟影系列”双拼别墅只有三层销售面积，却能得到六层的变幻空间，包括附赠非下沉的采光地下室与下沉花园、夹层空间和层高超过2.9米的阁楼；290米^{2}的销售户型，得到近500米^{2}的室内空间体验，可谓将垂直空间的利用做到极致。

图15-9　广州“颐和高尔夫庄园”的两层挑高餐厅

（七）权威掌控：高科技配置

“汤臣一品”创下当年天价最重要的原因之一就是其世界级的精装修和先进的高科技配置。豪宅高科技配置无论多么先进，但无一例外地都体现的是“权威掌控”的理念。

如上文所说的身份识别系统，还有智能遥控系统，如点击一个15寸的液晶屏可以完全控制3层楼房间内所有的灯光、窗帘、空调、电视、音响；通过一个掌上电脑之类的遥控器，在4平方千米的范围内，同步控制房子内的电器开关。另外，还有意大利TEUCO超音波按摩浴缸、采用断热冷桥技术的铝合金烤漆门窗，Low-E防辐射钢化玻璃，采用Silent Gliss电动窗帘轨道的意大利阿鲁克（ALUK）门窗五金等。

“香蜜湖1号”也同样采用先进的身份识别系统、指纹锁、智能锁（兼有密码、磁性钥匙）、红外线对射防盗系统、智能化控制系统（包括空调控制系统、家庭布防系统、灯光控制系统等）、中央新风系统、综合立体降噪系统、防噪降辐射窗玻璃、无线上网、高层智能直达电梯等。

自动身份识别目前已经广泛应用到了顶级豪宅之中。北京“御园”项目所有电子锁取消机械锁孔，进门前先输用户代码再刷卡或按指纹，当受胁迫时输胁迫码再刷卡或按指纹，开门并自动向值班室报警。

另外，“御园”通过景观水系技术、地源热泵技术、自动控制技术达到冬季景观水不结冰的效果。同时还引进欧洲道路融雪系统，在车库坡道及单元入口楼梯踏步处安装。这些技术也是国内不可多见的小区智能化技术。

豪宅物管：社会阶层的精神区隔

物业管理服务营造的社会阶层的精神区隔，造成一道门分出高低，“一入侯门深似海，从此萧郎是路人”的感觉是豪宅“软暴力”最重要的方面。在豪宅的营销中，“软暴力”物业多体现在销售阶段，真正入住之后，豪宅的物业就以安全、个性化为主要内核。

（一）销售阶段物业：精神区隔，打造尊崇感

对于顶端的豪宅来说，其面对的目标客户群大部分来自于房地产、金融证券、投融资、高科技等行业的企业家、政商名流，在消费方面，他们表现的心理特征是，对稀缺资源具有强烈的占有欲，懂得欣赏产品，有较好的审美素质，消费过程中需要得到心理满足感，对服务品质要求较高。所以，豪宅营销目前已经进入“服务为王”的阶段，用做奢侈品的理念做高端住宅的营销，基本已经成了行业的共识。所谓用做奢侈品的理念做营销，其要义就是在销售过程中增加客户的尊贵体验。针对豪宅客户的这个特点，北京御园项目在销售时就提出了“定制化营销服务”理念。

所谓“定制化营销服务”强调四个特点：

一是服务的专业性，御园实行大客户经理接待制、大客户管家第一接待制；花一年时间培养销售人员，送他们到美国培训学习，感受高端社区；整合国际一流物业管理公司提前介入做营销服务工作等。

二是在卖场营造出舒适、轻松、高雅的环境，尽量减少销售现场的商业卖场氛围。客户进入价值数千万的样板间时，不需要拖鞋、戴鞋套；家居用品可以随意坐卧体验；服务人员问候客户时，使用带有客户姓氏的尊称等。

三是“一时一客、专人专属、首任责任制、一跟到底”。在大客户经理与意向客户谈判时，身边都有人为他提供支持服务。

四是把服务变成标准流程。客户一进入御园，保安人员敬礼、引导泊车、遮挡车牌、开车门、问候、请客户上看楼车、通报联络大客户管家，大客户管家联系大客户经理、联络各个物业服务系统、协调接待准备工作，大客户经理对客户的接送、陪同、讲解、指导购房，售楼处和样板间服务人员问礼、端茶送水、站立恭候等的细节，全部规范化、流程化。

除了御园的“定制化服务”概念外，国内其他豪宅项目也都推出了自己大同小异的高品质服务，目的无外乎打造尊崇感，与业主斗富。常见手段一般有四种：预约看楼、业主身份审核、高规格接待以及注重细节和标签。

1. 预约看楼

“预约看楼制度”可以保证接待秩序，为来访者提供充裕的咨询时间和良好的参观氛围，让客户体验到顶级服务的尊贵感和优越感，是增强尊贵体验的重要手段。

“香蜜湖1号”项目客户看楼需提前一天通过电话联系，和销售中心的销售人员进行预约，最迟在当天晚6时钟下班前，回复客户第二天之后的看楼时间。预约人必须在场，休息日不得约上门接待客户。开发商和媒体视为重要客户，需要提前一周预约，每周四是项目对外开放日，参观人员基本上为媒体、同行、开发商，当天可以拍照。

北京当年最著名的豪宅“贡院六号”就大肆炒作刘永好上门看楼，因为没有预约而被拒绝的事情来衬托自己的档次；“万科·17英里”在推广时也以《万科开始摆谱　17英里进行预约看房》的软文进行炒作；所有这些动作无外乎都为了增强客户的尊贵体验。

2. 业主身份审核

北京的豪宅“和乔丽晶公寓”项目二期“东方之子”采取“业主身份审核”的营销策略。在看房之前除了需要电话预约外，他们还要进行登门拜访，让业主填表，公司审核之后，才能正式向业主发出邀请，而这个邀请函是以成本1000元的实木精装制作的，所有参观人员包括本人及亲属会在上面具名。之所以多了这么多程序，目的是给每一位业主找到高素质的好邻居。

香港半山的某豪宅项目客户看房要求必须先付押金10万元，而且只收支票，其目的是根据支票可以查清是不是黑金，拒绝来路不正的客户，为业主找到安全的邻居。

不过，值得注意的是，“预约看楼”和“业主身份审核”往往是项目“秀”出来的一种高姿态，其本质不过就是“作秀”，操盘者不能拘泥。现实中，如果有客户没有预约，一般也应该允许其看楼，身份审核也不能过分要求。北京就曾有“非预约不得看楼”和“30万元以下车不准看楼”的事例，给客户感觉不是很好，从营销角度来讲，就是失败的。“汤臣一品”在2009年的热销中也取消了桎梏其4年的“预约看房的客户必须提供资产证明”等审核规定。

3. 高规格接待

“东方之子”项目在接受客户的预约之后，在客户看楼的时候提供比照元首礼遇的接待。全程封馆，整个楼座只供客户及其家属参观，时长达3小时，项目也因此一天只接待两组客户。所谓的“比照元首接待”包括：中南海退役保镖随护、英式管家随行、家仆、侍应、销售人员计20人服侍一组客户，顶级雪茄、红酒、香槟……超五星酒店等级招待。

4. 注重细节和标签

营造尊贵体验，得非常注重细节。

豪宅客户一般都较注重私密性，比如“客户登记本”，像大众楼盘那种一张表格登记二三十个客户资料的做法就容易造成客户信息暴露。“香蜜湖1号”设计专门的客户登记本，每本30页，每个客户的信息都单独一页，单面设计。每页上面有“项目认同点”和“参观宝贵建议”，也让客户感到被尊重。

另外，售楼部装修得富丽堂皇，摆上贵重的家什铺上厚地毯，合同都要拿一个厚厚的皮套包着，等等细节都是必要的。

总之，所谓“精神区隔”就是要做到普通人不敢进去，对外界保持着非常神秘的印象，这个区隔就成功了，真正的买家需要的就是与众不同的、傲视群雄的心理欲望。

（二）入住阶段物业：安全第一、量身定制

作为真正意义上的豪宅，物业管理非常关键。一般来说，豪宅都需要引入酒店管理服务的精华，专门为本项目的客户量身定制物管服务。“酒店式服务”“量身定制”和“安全第一”是豪宅物管的三大特征。

“裘马都”引入美国的酒店式物管服务，为业主量身定制24小时高规格、专业化、标准化、个性化的服务。如礼宾服务，包括迎送贵宾服务、接机服务、酒店预订、订车服务、行李服务、礼仪服务、叫醒服务、留言服务；客户服务，包括家庭保洁服务、洗衣服务、皮鞋养护服务、医疗服务、儿童照看服务、学生接送服务、宠物看管服务、家庭保健服务、家庭美化服务、VIP客房服务等；管家特约服务，包括私人司机服务、私人宴会承办服务、私人聚会服务、运动休闲、观光旅游、购物陪同服务等；餐饮服务包括调酒师服务、家庭餐饮服务、私人厨师、送餐服务等。

“荣尊堡”国际俱乐部公寓率先将国际标准的金钥匙服务标准引入物业日常管理服务中。

在豪宅业主们最关注的安全性问题上，开发商也用足心思。深圳“观澜湖高尔夫大宅”有多重安全措施保证业主的安全，包括38千米长的高尔夫围墙、80头从军犬训练基地直接购买的军犬、小区内的红外线保安系统等；深圳“天琴湾”也不遑多让，除特设一支“骑警”保安队伍外，更考虑引进来自以色列的高科技军防设备，在别墅区外围打造一条红外线隔离带。当然，享受这些超级豪华的设施、服务和安全系统，肯定是代价不菲的。据了解，成为“观澜湖高尔夫大宅”的业主后，每个月的物业管理加上各种服务等费用可能需要几万元。

与金钱堆积起来的超值服务相比，居住豪宅的成功人士大多较为希望被别人所重视，因此豪宅社区的服务非常关键。在高昂物业服务费支出的同时，这些业主希望得到的是一种充满质感的服务。这种服务不能纯粹理解为随时都能看见服务生，物业服务种类涵盖所有生活所需等。这样的做法没能将豪宅服务的概念理解透彻。豪宅服务在于一种无时不在的低调关怀，在于具有深度的品质服务。例如：门卫管理员能否做到熟悉每位业主的长相，记住每位业主的名字等，都是对以上豪宅服务理念的充分贯彻。

豪宅展示：与业主斗富

上述“软暴力”的两大方面：权力符号和精神区隔都需要通过展示全面、立体的体现给消费者。展示也是核心竞争力，尤其是豪宅，品质感的支撑和身份感的营造对项目销售非常重要。营销过程中，在可展示的各个环节及卖点要素上，应该不遗余力地进行高标准项目展示，强调豪宅的品位、格调，重视细节。提前让客户体验进行体验，以建立起良好的形象及口碑。

占地1.2公顷（1公顷=10000米^2），建筑面积1461米^2，拥有双车道私家路、护城河乔木围墙、私家游艇码头、按摩游泳池、DAIKIN智能空调、OTIS无机房电梯、WTRBO地热系统等奢华配置，仅一个卫生间的造价，就差不多够上海一位中产阶级购买一套梦寐以求的“TOWNHOUSE”。这就是“2004年中国十大超级豪宅排行榜”上以1.3亿元售价排名第一的上海“紫园1号”别墅。

客厅里一整面墙是用金铂手工贴制装饰，卧室里贴着真丝壁布很便于擦洗，马尾编制的床头，吹制时掺入金粉的威尼斯水晶灯具，百年榆木树瘤装饰柱，整张马驹皮手工缝制的茶几；40米^{2}的厨房虽然只是管家和厨师活动的场所，却有着整块施华洛世奇天然水晶水嘴开关，可自动升降、自动渗油的烧烤、煎锅和与之相配的自动升降抽油烟机，适用于金属器皿的微波炉……以上是曾名噪一时的北京“贡院6号”的样板房所制造的尊贵体验。不过，和“贡院6号”相反，上海“紫园1号”却宣称不提供任何样板房，而是特别邀请10名世界顶级设计师，完全按照客户的要求度身定做。总之，不管什么路数，在豪宅营销中，通过展示细节和配置，和业主斗富，这是非常管用的一招。

图15-10　杭州“绿城·桃花源”样板间

豪宅的“产业链营销”

2009年8月8日，上海“星河湾”开盘，均价4.68万元/米^2、当日成交264套、逾40亿元的总成交额成就了中国楼市的新纪录。“星河湾”地处原浦东区的边缘地带，片区平台价格仅2万~3万元/米^2，以高出片区一倍的价格还迎来如此热销，恰好印证了豪宅可以类似艺术品“有市无价”的定律。

在艺术品营销界有这样的现象：一幅画如果是出自名家手笔，也许值20万元，但如果又是名家收藏那么流传下来值100万元，假如它又有专家批注或鉴定，那它可能就是500万元，如果又经过国家博物馆收藏，那么可能就是2000万元，如果再由世界四大拍卖行来拍卖，那么可能值5000万元，但又加上是地震募捐拍卖时，很可能就突破过亿元了。这个现象生动的说明了两个道理：①物体的价值只有在产业链中才能最大化；②价值必须在组织里才能真正实现。

豪宅的营销和艺术品也一样，只有在“产业链”中才能价值最大化。和豪宅有关的产业链有哪些呢？明星、峰会、老板、奢侈品、游艇、PARTY、高尔夫、全球通金卡、机场贵宾厅、银行白金卡……“万科·17英里”炒作章子怡购房，“贡院6号”炒作刘永好看房被拒都是产业链运作的一种表现。

在国内豪宅市场，“产业链营销”运作最为成功的要数“星河湾”。“星河湾”的营销杀手锏“跨界营销”，其本质就是一种产业链营销。所谓“跨界”(Crossover)就是指联合气质相近的企业、品牌，共享客户资源，增加自身品牌内涵，从而实现利益最大化。“星河湾”通过“跨界营销”，成功地为客户搭建了一个世界性的社交平台，客户在这里可以和世界一流的企业、一流的资源去对接。上海“星河湾”之所以如此高价热销，就因为星河湾卖的不是房，是“生活圈”。“跨界营销”或“产业链营销”的本质，说白了就是卖生活圈。在这样的营销方式下，买房子变成了一项副产品，也就是说，房子，不一定是买来住的，而是通过买了这个房子，我结识了跟我同一种水平的一帮人，我能够顺理成章地拥有一个令人瞩目的社交平台，实现我的事业以及自身修为。这才是星河湾真正的价值，也是“跨界营销”的魅力所在。

以“星河湾”作为典型案例，在目前的市场实践中，“产业链营销”主要包含以下动作：

（一）高端品牌嫁接

“高端品牌嫁接”最常见的就是与奢侈品品牌的对接。如北京“西山美墅馆”举办名车宝马试乘试驾和世界名犬宠物博览；北京“万城华府”举办红酒晚会、高尔夫邀请赛、牵手长安俱乐部；“香蜜湖1号”举办“老爷车巡展及慈善晚宴”活动；天津“万通华府”举办“CROSSOVER跨界发现之旅”活动，从吃、穿、住、行、视、听、感、触360°营造新奢华顶级豪宅生活系统。另外如黄金游艇会之旅、赞助某知名高雅音乐剧、私房菜品尝、艺术品展览、奢侈品展览等活动都属于高端品牌嫁接。这种将跨界消费价值叠加的营销过程，可以有效树立高端住宅品牌形象，并且通过共享客户资源，可以有效地建立项目客户圈层，因此在豪宅营销中较受欢迎。

上述品牌嫁接都属于传统手法，星河湾在2009年运作的“十城十客户分享计划”将高端地产品牌进行嫁接，打破了同行是冤家的俗套，为营销界开创了新的思路。

值得注意的是，很多项目在开盘时举行车展、画展、珠宝展，还有项目与某豪华汽车俱乐部建立品牌联盟，这些都属于“跨界”，但往往收效甚微，原因就是不具备延续性，仅仅停留在表层意义上的短暂的跨界功利性太强，一锤子买卖，无法构建生活圈，而“生活圈”很重要的内核就是“软暴力”，建立一个普通人无法进来的神秘的小众圈层。如前所述，“软暴力”是豪宅的独特标签，没有软暴力，当然效果甚微。与之相比，“星河湾”每年举办的高端跨界公关活动多达100多次，系统且有持续性，它以服务为名构建了深具软暴力的“星河湾圈层”。

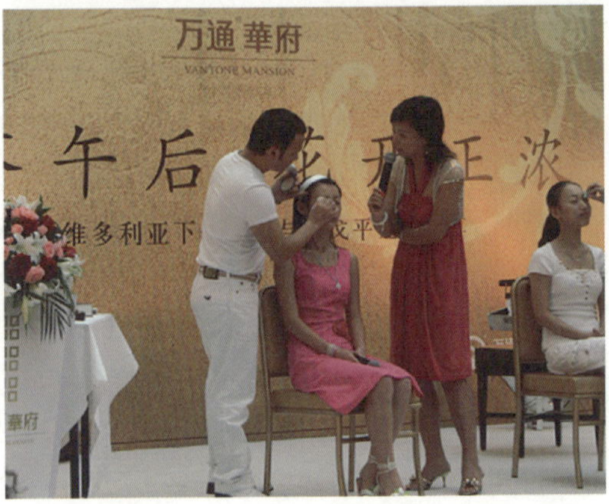

图15-11 中国首席形象设计大师毛戈平为嘉宾现场化妆

（二）会议营销

除了“高端品牌嫁接”之外，“会议营销”也是豪宅推广最重要的手法之一。“会议营销”应用最成功的当属“万科·17英里”项目，该项目在推广期就成功利用包括媒体活动、协会活动、峰会活动、论坛活动在内的“会议营销”手段成功打造高端形象，积累大批有效客户。

2004年4月，由《经济观察报》与香港管理专业委员会联合举办的“中国创新营销百人会”在深圳威尼斯酒店举行，“17英里”抓住契机在现场进行模型展示；

2004年7月31日，“17英里”独家赞助“《福布斯》2004共同基金论坛”活动；

2004年8月6日、13日，“17英里”两度联合深圳福田区民营企业家协会举办“我的经营风格”论坛活动；

2004年9月16日，“17英里”赞助“第四届全球脑库论坛”，并将首次对话的地点也设在项目现场。

参与各种高规格会议，“17英里”直接与目标人群进行有效的沟通，符合目标客户企业管理层、财富积累尖端层的身份，取得了非常好的效果。

还有，厦门的豪宅项目“银聚祥邸”项目“巧借峰会、对接高端”，2006年策划了福建最大的经济高峰论坛——《海峡西岸青年经济论坛暨泉厦青年企业考察活动》，论坛以厦门团市委书记徐春晖为总领队、七匹狼总裁周少雄为团长，并特邀国内最有影响力的经济学家之一郎咸平教授和台湾中原大学副校长、营销大师吕鸿德联袂主讲。盛会借郎咸平等专家激情讲演，巧妙吸引厦漳泉大批企业少帅、商界巨子们亲临鉴赏，与目标人群成功对接，销售额快速突破亿元大关。

策划大型峰会，整合不同行业资源，是豪宅推广行之有效的方式。

（三）击鼓传花

广州“白云堡豪苑”的营销人员分析业主资料发现，入住者大多是外国领事，跨国公司总裁及外资公司中级以上的管理人员，入住其中的中国人也是非富即贵，业主的分布有一定的圈层，这个圈子相对封闭。为了做好别墅和公寓的租售营销，“白云堡豪苑”舍弃了“大海撒网”式的营销方法，而是有针对性地经常把业主组织起来，举办圣诞晚会、澳洲风情节、业主生日派对等活动，让业主带上家人和朋友，在美丽的夜晚纵情欢乐。一传十，十传百，白云堡的名字被业主传给了朋友，朋友再传给朋友，白云堡的租售因此而旺。到白云堡租房住的外籍人士一般是非富即贵的金领级人物，目前已经有众多的重量级租户入住白云堡，其中包括丹麦领事、宝洁总裁、澳大利亚领事和劳斯莱斯、诺基亚、壳牌石油、新西兰公司、ADIDAS、箭牌、西门子等20多家驻外机构和跨国公司的高级管理员。

2003年，深圳“熙园”在开盘前与《深圳商报》联合推出全新系列人物访谈《财智列传》，追访深圳各行业精英人士，用《史记·项羽本纪》笔法刻画20位新生代深圳财智人士创业和生活传奇，开发商还将报版制作成精美的画框悬挂在“熙园”会所里。这面悬挂“财智英雄”的墙已经成为“熙园”的一道独特的景观，一处人文的驻足地。连续刊登数月的《财智列传》为众多企业、文化界人士广为传阅收藏。此举既为楼盘注入深厚而鲜活的人文内涵，又深深触动了正在创业和已经成功的人的神经，从而帮助“熙园”锁定了最优质的客户群体。

（四）精准营销

销售顶级豪宅，当客户尖端到无法通过广告来触及，最直接有效的做法就是高端客户直销。新鸿基广州“玖珑湖”别墅项目开售时没有样板间，楼书也很简单，其杀手锏就是做了一场大型活动，以空前高的接待规格邀请城中最有名望的300名嘉宾出席。另外，开发商采取全员营销，开盘当天，包括老板在内的所有高层亲自带着自己身缠万贯的朋友来看房，亲自讲解户型和配套，甚至亲自帮朋友刷卡，结果，首批85套单元基本上在两天内被一扫而空。这就是“精准营销”的威力。本书第八讲里提到的星河湾的“特种兵部队”、SOHO中国的“晋察冀革命”，都是“精准营销”的典型手法。

“精准营销”主要是拓展客户资源渠道，常见的有银行VIP会员，如招商银行金葵花卡客户、中国银行VIP卡会员、工商银行VIP卡会员；还有如高尔夫球会会员，各大百货公司钻石卡会员、各证券公司、俱乐部高端会员、全球通金卡客户、外商投资协会、商会等。掌握了客户资源后，推广的方式包括在其会刊（如高尔夫会刊）上刊登项目广告，拓宽客户认知渠道；直邮，给客户邮寄《客户通讯》、折页等项目资料及小礼物，让客户认知项目，建立初步的“感情基础”；

发短信，包括项目销售信息以及项目节日问候等。

“香蜜湖1号”在推广时和黄金海岸游艇会交换客户，捆绑营销，购买项目赠送游艇会会籍。深圳“星河丹堤”项目前期就通过举办小型餐会积累客户，在餐会中穿插产品推介，取得了较好的效果。郑州的“思念·果岭山水”项目在销售其独栋别墅和私人产权酒店时，利用其高尔夫产业的优势，挖掘高尔夫球会客户，在开盘日，仅球会客户就实现15套销售。

另外，由于豪宅客户的重复购买性，二三级市场联动是一个非常重要的客户渠道。2008年9月20日，深圳“水榭山”开盘推出81套别墅，在40000元/米²的均价下劲销70套。其中，三级地铺带来的销量超过三成，成为开盘旺销最大的推动力之一。

（五）其他活动营销

图15-12 “中信·栖湖”平安祈福会

深圳“中信·栖湖别墅”项目通过对当地高端客户的深入研究，结合其传统习俗和心理推出的特色主题活动“平安祈福会”（见图15-12），包括邀请著名的大德高僧致祈福辞、赠送开光佛经、大师主礼将别墅业主将刻有名字的寿龟当场放生，以及请香港著名风水大师宣读风水铭，阐述项目风水宝地格局并以“上风上水藏天地，水聚天新聚宝盆”作结。活动当日正式登记客户4名，第二日再有2名诚意客户正式登记，当周新增正式登记客户达11名，创销售人员进场以来周“成交”最高纪录。

另外，该项目开盘前举办的“全球鉴赏会”活动，邀请凤凰卫视著名主持人胡一虎主持，借鉴“凤凰全球连线”的节目形式，邀请世界各地专家、大师、买家就项目进行全球视频连线分析及评价，鉴赏会形式新颖，一扫产品说明会的老套以及可信度不高的印象，可谓经典。

对于高端客户，活动在精不在多，每一次活动都要严格控制好品质和细节，将其作为项目展示的其中一部分，通过活动即维护了客户又可以让客户更深入地了解项目。通过活动，进行圈层营销，形成口碑传播，扩大项目影响力。

（六）媒体推广、境外炒作与外埠营销

对于豪宅营销来说，与“圈层营销”相配的则是“低调营销”，豪宅只针对小圈层，所以其营销表现相对低调。在推广层面上，大众媒体如报纸、户外广告、展会、电视等在实际成交中比例较少，但在扩大项目知名度、树立项目高端市场形象方面功不可没。豪宅推广主要应重在小众媒体，开展定向营销。

直接针对定向高端客户的低成本媒体DM、短信往往取得很好的效果。其他如航空杂志、GOLF杂志、金融杂志以及《经济观察报》《中国经营报》等全国性经济媒体、银行账单、机票封套、五星级酒店大堂以及高级套房里的易拉宝、写字楼和高档俱乐部里的电梯广告、顶级影院大片独家广告放映权等的作用也不可小觑。如"万科·17英里"一期别墅项目仅选用了《经济观察报》《新地产》《福布斯》这些专业媒体，只对小众进行传播。在传播内容方面，与普通住宅要经过"知道""了解""偏爱"的渐进不同，一线豪宅的营销直接就可以解决圈层"偏爱"的问题，因此其广告宣传往往带有较强的针对性和攻击性。

与国内媒体的"低调营销"，很多豪宅尤其是上海的豪宅则热衷选择国际媒体炒作，以国际炒作来抬高自己的身价。这其中，以上海世茂为代表。作为沪上"豪宅"的代名词，"世茂·滨江花园"在面市伊始即以"全球竞拍"确立其市场定位与品牌形象，此后，更开展"世茂地产旗舰国际巡展"活动，在美国洛杉矶、旧金山举行大型房屋推介会，并获美国加利福尼亚州颁发的大奖；然后在台北举办三天展销会，在当地各大媒体刊登全版的房地产广告。世茂通过一系列的海外媒体炒作，向外界营造出和世界发达地区一线房产看齐的高端形象。境外媒体炒作和巡展吸引客户是在其次，更重要的应该是进行"品牌扩张"，提升自己的知名度，并始终处在国际国内媒体舆论的中心。将触角伸向国外媒体，这也是豪宅和普通住宅不同的地方。

除了境外推广与炒作之外，豪宅在外埠进行推广也是常见的事情。如2005年"上海紫园"项目就在北京召开推介会，北京复地携四大豪宅山西巡展等。

贯彻软暴力，缔造生活圈，精准攻客户，这"十五字诀"可谓是豪宅营销最独特的"标签"。

颠覆·引领·共生：大盘可行的运营模式

工具

土地升值原因图、大盘营销节奏图

案例

深圳观澜湖高尔夫大宅、深圳万科城、深圳桃源居、天津万科·东丽湖

上篇 大盘拿地“紧箍咒”

金融危机下，“裸泳”的大盘

曾几何时，大盘是一个让地产从业者血脉贲张的事物。从最早的广州“华南板块”，到北方的“京津新城”，再到各种名色不一的“城市新区”，中国的一二线大城市都相继宣布进入“大盘时代”。一方面，政府热衷规划大盘；另一方面，国内一线草根开发商、号称“华南五虎”的碧桂园、恒大、合生珠江、雅居乐、富力更是只选择开发大盘。随之，万科、中海为代表的优秀开发商也纷纷参与“造城、造镇运动”。全国大开发商布局，本土开发商跟进，这场轰轰烈烈的“大盘运动”逐渐红遍全国。政府、开发商、消费者都看到了一片繁荣的景象。直到2008年9月，世界性金融危机爆发。

正如潘石屹在“2009年博鳌论坛”所说：“在未来三五年时间，中国经济不变就是过剩。内需严重不足，直接导致了中国的生产能力过剩，房地产也不例外，而全球金融危机让结构性问题彻底暴露了出来。”因为有幕后国际资本的撑腰[1]，这些所谓的地产大鳄在国内大肆圈地、囤地，制造“大盘”，过度开发，产生出大量“无效供应”。

[1] 例如恒大2008年就私募到新加坡淡马锡、德意志银行、美林三家机构约4亿美元的资金；雅居乐海南清水湾项目私募得摩根士丹利52.83亿元；“华南五虎”的背后均有国际私募资本的影子。

巴菲特的名言，“只有当大潮退去，你才知道谁在裸泳。”2008年下半年，金融危机爆发，房地产持续下行。昔日大鳄背后的国际资本阵脚大乱，专营大盘开发的“华南五虎”在2008年均遭遇十年以来最大的困境。2008年年底，标准普尔发布最新评级，碧桂园、富力、合生创展、雅居乐这五虎中的四虎一起被打入“垃圾股”的行列。除了开发商之外，各大城市的“超级大盘”开发也纷纷搁浅，以沈阳市为例，仅2008年，开发计划延迟、搁浅或者销售受阻的大盘项目开发量就达到4000万米^2，相当于沈阳市3~4年一手房销售面积的总和。

“大盘专业户”危如累卵，大盘开发纷纷搁浅，金融危机让房地产市场的“结构性”问题彻底暴露了出。从中国目前房地产的供求现状来看，确实，传统大盘是造成“生产过剩”的罪魁祸首。在中国的很多二线城市，“超级大盘”无视城市发展规律，生产出大量“无效需求”。归根结底，传统大盘的开发模式存在着“结构性”的问题。

大盘产生的背景是什么？城市在什么情况下才需要大盘？大盘为什么容易搁浅？在新情况下，什么样的大盘开发模式是可行的？这些问题确实值得业内反思。

要解答这些问题，我们首先还得从中国城市化的历程说起。

城市化两大历程：郊区城市化、逆城市化

要分析大盘的产生背景，首先厘清“郊区城市化”和“逆城市化”这两个概念非常关键。

一般来说，城市化阶段分为起步、郊区城市化、逆城市化、再城市化等几个阶段。

郊区城市化是城市化过程中刚刚起步阶段形成的产物，由于人的急剧扩张，导致城市规模扩大，城市的郊区也纷纷成为城市景观的一部分，称郊区城市。

逆城市化则是由于经济水平的提高，城市化进程较高的时候，这时人口（高收入较多）往往向郊区迁移。

“郊区城市化”是一个城市自然扩张、良性发展的过程，是伴随经济发展而出现的现象；而“逆城市化”是由于城市内部环境的恶化。“郊区城市化”与“逆城市化”不同的是，后者所指的郊区离城市有一定的距离，而前者所说的郊区是与城市接壤[1]的。

“郊区城市化”是来自向心的、离心的以及本乡本土的各种力量[2]导致乡村地域向城镇地域的转化，而并非是由于城市中心区就业困难、交通拥挤、住房

[1]“接壤”并不一定要求地域上的完全接壤，郊区与城市之间有便捷、多样、立体的公共交通如公交、高速公路、轻轨、地铁等，也算是接壤。在郊区城市化过程中，交通是重中之重。典型的案例是河北的“燕郊”，2008年，媒体辟谣，否认燕郊与北京市区通轻轨，燕郊楼市面临整体“崩盘”危机。2009年2月14日，燕郊百万平方米大盘天洋城直降1000多元/米^2。2009年3月，北京与燕郊的轨道交通规划得到确认，燕郊楼盘马上整体提价。

[2]我们常见的用“主动郊区化”“被动郊区化”来分析郊区化居住并不准确，在“郊区城市化”中，既有城市人口的主动郊区化，又有被动郊区化，还有原住民的城市化；在“逆城市化”中则主要是主动郊区化。

紧张、环境恶化造成。西方发达国家的“逆城市化”发生在20世纪70年代，而“郊区化”最早发生在20年代，高潮在50年代和60年代。

如上概念的分析我们可以得出几点结论：

（1）在经济发展没有达到一定程度、“大城市病”并不明显的情况下，城市发展的历程应处于“郊区城市化”阶段，这个阶段盲目“逆城市化”、过度开发是不可取的。

我们以沈阳市沈北新区为例。

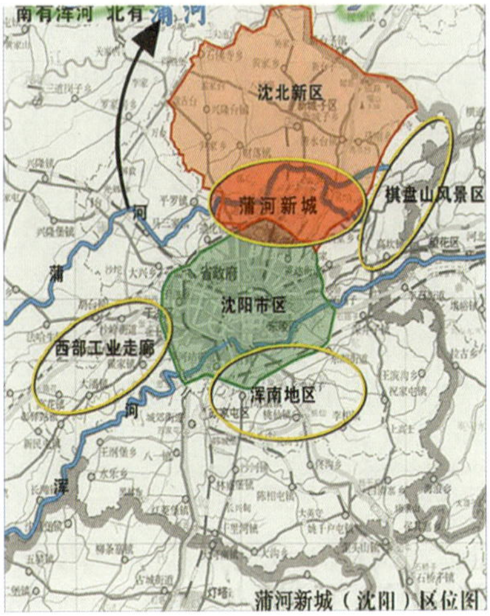

图16-1　沈北新区位置图

2006年11月，沈北新区政府成立，成为国内继上海浦东新区、天津滨海新区、郑州郑东新区之后的第四个国家级新区。沈北新区占地1098千米^2，相当于沈阳市传统市内五区面积总和的6倍。“蒲河新城”作为沈北新区的起步区，包含道义、虎石台、辉山三个开发区。除了道义开发区的少部分区域和市内皇姑区接壤以外，虎石台和辉山均和市区有相当距离，道义大部分区域和虎石台、辉山大部分区域的开发属于典型的“逆城市化”。

从宏观经济层面上看，沈阳城市大，但人口密度并不大[1]。沈阳市整体还没有达到“大城市病”蔓延，交通拥挤、住房紧张、环境恶化的地步；另一方面，沈阳的城市自然扩张，即“郊区城市化”消化了一部分低收入、被迫郊区化的人口[2]。在这种情况下，沈北新区盲目“逆城市化”，道义、虎石台、辉山三大开发区全面开花，规划“生态商务区”，三区同时引进大量“大盘”，结果造成道义大盘大量搁浅，虎石台生态商务区遥遥无期，辉山市场整体陷入低迷。

2008年下半年，沈北新区最终醒悟过来，抛弃以前蒲河新城三大区域全面开花的策略，优先发展道义区，集中发展华强迪斯尼、温泉度假村、水果批发市场、地铁二号线等城市元素，原因是道义与沈阳市区接壤，开发道义属于“郊区城市化”[3]而非“逆城市化”。

沈北新区用自己的实践得来教训，最终尊重城市发展规律，没有违背规律、跳跃式发展。

（2）“逆城市化”成功的要件首先是较好的生态环境和空间，但大规模

[1] 沈阳市的人口密度仅相当于深圳市的1/3左右。

[2] 2008年，沈阳整体市场低迷，但与市区接壤的道义核心区销售较旺，原因就是其承接了被动郊区化的人口。

[3] 前文所列道义大盘搁浅，主要原因是道义“郊区城市化”进程较慢，地铁、商场、集市、游乐中心等城市元素未发展到位，在城市元素滞后的情况下，道义的开发仍属于“逆城市化”。

的、可持续的“逆城市化”必须有城市产业转移的支撑。

在中国，几乎每个大城市都有自己的生态区，如北京的温榆河、深圳的红树林、天津的东丽湖、沈阳的棋盘山、南昌的红谷滩等等，这些区域都是城市里高收入人群追求“逆城市化”的理想之选，但真正大规模的“逆城市化”必须伴随着城市产业向这些区域的迁移。这方面成功的典型是北京的“亦庄”区域。

“亦庄”位于北京大都市东南边缘，整体绿化率高达47%，空气质量优于北京市中心2个等级，拥有三大主题公园，建成后的“亦庄新城”人均公共绿地达到17米^2，人均城市绿地达到50米^2，被公认为北京最宜居的板块。同时，作为北京唯一的国家级经济开发区，“亦庄”目前已有奔驰、诺基亚等57家世界500强企业和2200家国内外著名企业进驻，其高端产业和总部经济汇集的格局已基本形成。

由于强劲的高端产业人口需求的支撑，“亦庄”自2000年房地产市场启动以来，项目开发强度与价格持续走高。区域客户群也从最初的以城市中高端客户转变为现在以高端产业人口为主，林肯公园、金色·漫香林等区域大盘也竞相涌现。

大盘适宜生长的两个“温床”[1]

从以上分析我们可以发现，可持续发展的大盘适合产生于两类区域：

（一）郊区城市，与城市接壤，较佳生态

这类区域“郊区城市化”发展充分，与城市完全接壤，城市配套较为完善。这类区域适宜“大盘”生长。如天津梅江南区域、沈阳长白岛区域。

早在2002年，住宅全面开发之前，“梅江南”区域的学校、医院、邮局等配套均已建设，友谊路金融街项目逐渐形成新的商务中心，后期各种商业配套陆续进入，污水河治理全面完成。“梅江南”区域的“郊区城市化”已经基本完成。随后，海逸长洲、万科水晶城、顺驰蓝色系列等大盘逐步进驻，销售一直健康上行。

沈阳长白岛区域和沈阳市最好的区——和平区母城完全接壤，交通非常方便，区域相继建成高尔夫球场、滩地森林公园、内河等配套，从郊区演变为城市。随后，万科城、格林生活坊、远洋天地、新加坡城等百万平方米大盘相继进入，发展健康。

（二）与城市脱节，生态环境好，且有强劲产业支撑，迎合“逆城市化”需求

和城市有一定距离，地段较偏远，有较好的生态环境，同时有强劲的产业[2]

[1] 从目前国内的开发实践来看，能得善终的“大盘”绝大部分必须两者有其一。

[2] 本文所指产业不光指第一、第二产业，包括旅游、教育等在内的第三产业也在此列。如海南强劲的旅游资源，可以支撑超级大盘“清水湾”的开发，强势的教育产业可以支撑深圳第一大盘“桃源居”的开发。

人群支撑。比如深圳的龙岗坂田。有华为、富士康、新天下等高科技集团驻扎，周边出现的万科四季花城、万科城、第五园都属于较健康的大盘。

仅有较好的生态环境，没有产业支撑，在开发前期，能吸引来一部分城市高收入人群“逆城市化”休闲、度假的需求，但这一需求毕竟不属于主流，区域未来可持续性的需求肯定不足，造成大盘后继乏力。相反，有强劲产业支撑，但没有良好生态环境，开发前期无法挖到市场需求的“第一桶金”，起步阶段会较艰难[1]。

因此，在“与城市脱节”区域开发大盘，要么这个区域迅速成熟，能和城市自然接壤，成为郊区城市；要么区域内产业快速发展[2]，能形成大量的产业人口需求。两者如都不具备，大盘开发基本可判定为“前景不妙”。开发商在拿地的时候必须非常谨慎。

要么在与城市接壤的郊区，要么在有强劲产业支撑的远郊，大盘只能在这两种情境下可持续发展。其中的缘由，无外乎郊区化居住带来的种种弊端：

（1）过长的通勤距离耗费了人们大量的时间和精力，生活成本增加；

（2）对小汽车的过于依赖导致许多不能开车的人（如老人和小孩）寸步难行；

（3）对公共空间的忽视减少了人们相互交往的机会，加深了人们的孤独感；

（4）缺乏就业创造动力，缺乏文化、艺术等功能设施，从而形成功能单一的“卧城”，社区活力不足、无趣；

（5）缺乏具有识别特征的空间的明确界定，使人们难以获得起初所向往地郊区生活的安定感和归属感，反而陷入一种无法认定自我存在的茫然之中。

在与城市紧邻的郊区，与市区通勤距离短，交通方便，居民可以很方便地去市区工作、购物、休闲；在有产业支撑的远郊，居民就近居住、就近上班，免除通勤之苦，平时的同事变成邻居，孤独感基本不存在，有较强的安定感和归属感。这两种模式的居住，基本可以克服郊区化居住的种种弊端，因此成为大盘发展的必须“前提”，也成为开发商大盘拿地的“紧箍咒”。

[1] 沈阳市铁西新城属于典型案例。铁西新城区域内有沈阳经济技术开发区近开发区目前区内规模以上企业687家，产业工人15余万，产业支撑可谓强劲，但区域生态建设缓慢，不够宜居，大盘前期销售艰难。

[2] 在国内目前的实践中，很多城市新区经常会“宏大”规划出很多产业蓝图，开发商因此被迷惑拿地；实际上，产业发展一般缓慢于区域城市化的速度，区域应该是先有产业化，后有城市化；反之则产业化仍然跟不上大盘开发的节奏，无法形成支撑。

中篇　大盘开发新模式

大盘可行的开发模式：新都市主义

因为郊区居住的种种弊端，20世纪初，原先迁往郊区居住的美国中产阶级又纷纷搬回到城市中心的公寓。在这里，公共服务完善、市政设施齐全、人们联系更加紧密，在工作与社交娱乐之间取得完美的平衡。

美国"芝加哥城市学派"研究了这一现象，提出一种比较新的理论——"城市舒适论"。它认为，一个城市的繁荣发展其实不在于它集中了多少企业，而在于它是否能吸引那些有创造性阶层的人群，所谓创造性阶层是那些把生活情趣看得比经济利益更重的人，我们不妨称为"有趣的人"。一个城市对有趣的人的吸引更多来自各种文化艺术活动，画廊、剧院、街头酒吧和餐厅、有气质的咖啡馆、历史建筑等。

20世纪以来，反思郊区化居住的弊端，"城市复兴"理念正在全球范围内兴起。

一方面，作为城市发展的必然产物，"大盘"的出现不可避免，并且只可能出现于郊区；另一方面，以"城市舒适论"为核心的"城市复兴"理念代表人居的发展方向。

要解决"郊区"与"城市"的矛盾，大盘开发的可行模式就变成：

（1）两大前提必居其一，要么接壤城市，要么产业支撑。

（2）践行"新都市主义"理念和模式。

"新都市主义"（New Urbanism）是指20世纪80年代晚期美国在社区发展和城市规划界兴起的一个新运动，在英国直接就叫做"城市复兴运动"。其宗旨是反思郊区化运动带来的种种弊端，寻求重新整合现代生活诸种因素，如居家、工作、购物、休闲等，创造出新一代的城市与住宅。

"新都市主义"的精髓简单概括就是"让城市自然化，让自然城市化"，充分发挥城市的基本作用，充分顾及人与自然、社会的关系，倡导一种快节奏、低生活成本、高娱乐的都市"跃动人群"生活模式，强调轻松便利的居住环境、和睦的邻里关系、全力以赴的工作、尽情地享受与娱乐的生活方式。

"新都市主义"理念主导的大盘开发具有以下特征[1]：

（一）城市性

大盘无论多大，都必须是一个城市中的有机组成部分，它必须主动地承担起在一个城市中的责任和权利。从责任来说，大盘必须遵循城市发展的普遍规律，尤其不能随意地取消路网，随意地变更本区域地道路结构；从权利来讲，大盘的

[1] 该点借鉴北京华高莱斯地产顾问公司主编的《技术要点》2006年刊《新大盘》之研究成果。

开发也必须充分利用城市带给它的所有权利[1]，利用城市的就业动力，利用城市的配套设施，利用城市的市政管网，而不要只立足于自己这个小范围，搞小而全的建筑。

（二）开放性

大盘要想与城市完全融合在一起，就必须保持高度的开放性，只有开放才能融合。大盘的开放性包括：以公交导向进行布局[2]、配套的开放性。

传统的大盘强调封闭性，一是去掉原属于小区内的市政路，或者完全改为区内道路，以便于实行封闭式管理，然后，在此基础上就可以尽量减少小区的出入口，最好只留一个出入口。“新都市主义大盘”强调社区开放性，公交导向的布局是以公交站点为中心、以400～800米（5～10分钟步行路程）为半径建立中心广场或城市住宅中心。

配套开放性例子如新加坡的金文泰（Clementi）新镇，它有一条很好的步行商业街，在这条街上人们总能买到很多既便宜又有意思的东西，因此许多到新加坡来旅游的人，如果要给朋友带东西的话，都会到这里来买东西，比如一些过季名牌，比如一些当地特色纪念品。还有，如大巴窑新镇，那里有条很有名的小食街，里面汇集了很多新加坡和东南亚的特色餐饮和小吃，比如新加坡的传统特色小吃“捞起”。大盘里的各种配套也不见得只能够面向大盘里面的居民，来兜售我们的商品，提供我们的服务，我们同样可以把生意做到大盘之外去，做到城里，甚至做到全国，做到世界去。

（三）街区功能复合化

在城市功能划分与布局上，“新都市主义”主张同一街区应集合多种功能的建筑，如商业、办公、公建、居住和休闲娱乐应混合布置，以避免造成街区功能的单一化和简单化。

在街道和道路设计上，“新都市主义”抛弃了现代主义将“街”仅作为交通通道的做法，强调“街”的多功能性，它是人们进行社会交往的场所，是儿童玩耍的地方，是步行与自行车交通的通道以及住宅入口的门前道路。新都市主义主张“接触”街道，而不是像现代主义的小区式居住区那样背向街道，通过提供街道的各种活动：如商业、餐饮及其他服务业，丰富街景，使街道变得有吸引力，且鼓励步行活动和创造活泼的气氛。

（四）强调城市片区的有机联系和街区的合适尺度

“新都市主义”反对现代主义以快速干道和高速公路分割城市的做法，主张加强城市各片区之间的联系；同时强调街区规划应尺度适宜，与人的活动协调一致。

（五）重视城市步行系统

[1] 从利用权利来说，政府的“作为”对大盘的开发非常关键。天津的梅江南、沈阳的长白岛区域都是政府先做好规划和配套，然后引入大盘；相反，“华南板块”的政府不作为导致大盘根本无法利用城市的权利。

[2] 即TOD——Transit Oriented Development，“面向公共交通土地开发”。

与现代主义强调私人汽车交通工具不同，“新都市主义”重视步行系统在城市格局中的作用，主张人们以步行方式到达目的地；其步行时间最好在10分钟以内。

（六）重视城市公共空间

在进行城市规划和设计时，“新都市主义”十分重视城市公共空间的作用，强调要安排足够的城市公共空间（如城市广场、绿地、公园等），供人们休闲、娱乐和交流。

“华南五虎”模式之失

图16-2　广州碧桂园凤凰城规划图

对照上述“新都市主义”大盘开发模式，“华南五虎”在20世纪90年代后期的大盘开发模式基本相同，存在较严重的缺陷。

（一）社区封闭，城市性和开放性缺失，生活不便，活力不足

以广州“碧桂园·凤凰城”为例，小区规划配套封闭集中在社区中心。这样的弊端有三：

（1）社区规模太大，配套集中，组团无配套，造成居民生活不便，社区内部活力不足。

（2）配套封闭，不与外部形成良好的衔接，且五星级酒店、会所、商业中心千人一面的集中配套无任何特色和差异化[1]，根本无法吸引盘外人流，开发商不能有效利用城市配套，造成“盘内设施齐备，盘外荒郊野外”的情景。

（3）过分倚重私人交通，内部道路功能单一，社区活动集中到配套中心，缺乏“接触式”街区的活力和社区活力。

（二）规划功能单一，基本为纯粹的“卧城”

碧桂园·凤凰城功能规划单一，纯粹的居住功能导致缺乏多样性的公共空间、缺乏多样性的功能、缺乏多元化的配套、缺乏多元化的文化、缺乏多元化的交通服务体系，由此形成一座封闭的“卧城”，新陈代谢能力严重不足，其主打的廉价别墅产品也被业内讥为“欧陆式农民房”。

从以上基本情况分析，“华南五虎”大盘开发模式与新都市主义大盘开发的理念完全背道而驰，时间跨过2008年，他们将此陈旧、落后的模式复制到全国，面临的都是并不乐观的结局。

应该反思“华南五虎”之失的还有政府。红极一时的广州“华南板块”，号称开创了中国的大盘时代。2002年开始，华南板块便遭遇严重的发展瓶颈，风光不再。其中，重要的原因就是政府盲目出让土地，事先缺乏统一的区域规划，结

[1] 能否和城市融合，配套的特色和差异化非常关键。上述的新加坡的特色步行街、小吃街，还有美国托乐嘉的高尔夫、美术馆和俱乐部都非常有特色，能吸引外人消费。

图16-3　深圳“万科城”启动区规划

果导致市政配套严重滞后，楼盘封闭、独立成城扼杀多样化的城市生活。2003年，广州政府开始介入市政配套设施的建设，房地产开始回暖，但进程缓慢。

因此，大盘开发的成功首先跟政府的区域规划和建设分不开，“新都市主义”理念其实更多的应该针对区域政府甚于针对开发商。

“新都市主义”的完美秀场：启动区

几乎所有的大盘先天的地段都位于城郊结合部或者是远郊，区域人气不足，陌生化，消费者心理距离较远的抗性较大，如何化解陌生化带来的抗性问题，这是所有大盘都要面临的共同课题。作为国内领先的大盘开发商，万科在这方面积累了较为成熟的模式和经验，其最拿手并且屡试不爽的策略就是：打造“启动区”并且全情展示“非限定空间”[1]，让客户充分体验未来生活场景。

万科打造的“启动区”不同于普通所说的“示范区”[2]，其“启动区”的核心要义是贯彻“新都市主义”的理念，“让城市自然化，让自然城市化”，是“城市”和“自然”[3]两重元素的集中体现。例如深圳万科城在一期开盘初期，建立的核心启动区包括各种物业类型[4]、3万米^{2}商业、中心广场、景观园林、教育设施一并展示，未来生活场景得以充分体验，产生震撼的效果。这里，商业中心、幼儿园、九年制学校、开放式广场属于“城市”元素，以人工湖为主体的景观园林属于“自然”元素，“自然”和“城市”的交融才是万科所说的完美的“启动区”。

优势启动，做足展示文章，充分造场，让客户一进入启动区就得到良好体验，完全忘却项目所处的外部环境，万科就用成熟的“新都市主义”理念和启动策略实现了“化腐朽为神奇”“点石成金”的目的，在陌生区域保证项目的成功。

除了配套和园林之外，启动区开发何种层次的产品，也要根据区域成熟度和自然资源占有度两个维度进行考量。区域成熟度和自然资源占有度均不足的区域，可开发相对中低端产品，完善配套，打造环境，待后期区域升级，市政和自身配套的完善之后，再带动产品升级；例如深圳“万科城”和“岭南新世界花园”的模式；相反，如果区域成熟度较高或者自然资源占有度较高，启动区则可以开发较为高端的产品，先期树立项目高端形象，引领后期开发。

[1] 所谓“非限定空间”指的是行为发生时间、活动类型和活动人群范围上没有限制，如广场和绿地；相反，如样板房室内则是限定空间，处在非限定空间，人的想象空间加大，体验增强。

[2] 一般所说的“示范区”仅包括园林、样板间等纯居住方面的展示，只有“自然”元素，没有“城市”元素。

[3] 为了最大限度地利用“自然”元素，消除陌生感，万科很多项目一般选择在拥有最佳景观资源的地块率先启动，一举奠定项目高端形象。

[4] 万科的启动区一般包含项目的各种物业类型，以试探市场需求。

图16-4　成都“仁和 · 春天大道”启动区

下篇　大盘力

大盘力：土地运营的果实——升值

何谓“大盘力”？

对消费者来说，“大盘力”的体现就是购买大盘，升值潜力和升值空间较大，未来生活更加方便。深圳地产人半求曾有“事大主义”的说法，意思是选择大项目、大开发商更有未来。在前期区域不成熟的情况下，买大盘就是买它的未来，消费者能以较低的价格赢得一个好的回报。

对开发商来说，“大盘力”意指通过土地运营，以前期较低的代价获得后期超额利润。大盘由于位置相对较偏，拿地价格都比较低，后期经过整体运营，区域成熟之后，物业价值大幅增长，后期发力，获得超额利润。

如深圳万科四季花城项目，1999年第一期区域刚启动的时候，均价仅2800元/米^2，等到2002年第七期开发的时候，价格已经上扬至5000元/米^2。无论消费者还是开发商，都在“大盘力”中获利。

简单概括，“大盘力”的最主要内核就是“升值”。

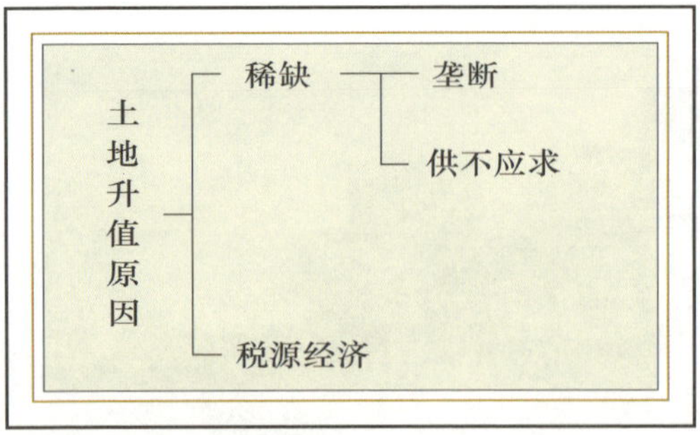

图16-5　土地升值原因图

我们知道，房地产价值包含地产和房产，普通房产本身其实是不升值的，随着年限损耗的增加，房产甚至会贬值[1]。房地产升值最重要的源泉来自于土地，房地产的升值空间最终也是由土地的升值空间所决定。土地为什么能升值，无外乎两重因素：“稀缺”和“税源经济”（如图16-5所示）。

物以稀为贵，因为“稀缺”而升值是土地升值最重要的因素之一。

稀缺的极致状态就是“垄断”，垄断包括对自然资源的垄断和城市资源的垄断。比如北京的“缘溪堂”项目，独拥玉渊潭70公顷龙脉水系，总共只有300套住宅，户型面积为300～500米^2，这就是垄断。深圳的“香蜜湖1号”是香蜜湖区域最后一块低密度用地，也是深圳中心区最后一块豪宅用地，这是对城市和自然资源的双重垄断。凡属“独拥”“最后的”“绝版的”都为垄断，这样的地段升值空间不可限量。

“供不应求”是稀缺最常见的内涵。大凡好的地段如市中心、一线水景等，都有供不应求的特征。例如沈阳市，城区面积3495千米^2，而市内五区只有192千米^2，仅占总城区的5%，在市内五区中，以五里河、长白岛、浑南为核心的金三角又只占总城区面积的0.5%，这些都属于典型的“供不应求”，将来的升值潜力都较大。深圳市在2006—2007年的价格狂飙也是因为“特区内近四年将无商品房用地出让”的传言。

在商品经济市场，供求关系决定价格，供不应求的商品肯定升值，这是铁律。

除了“供不应求”之外，大盘升值的最常见原因是“税源经济”[2]。尤其是很多大盘，基本无任何稀缺性自然资源和城市资源，其升值主要就是依靠“税源经济”。

何谓“税源经济”？就是说政府有了税源，就会给区域追加投资，完善其自然环境和城市配套，政府追加的投资就成为土地升值的动力。例如沈阳的长

[1] 房地产贬值最典型的案例是深圳银湖别墅群，因为密度太高，房产贬值较为普遍，10年间有些别墅贬值达60%以上。

[2] 也叫“活地增值效应”，有产业就有税源，土地就会有活力，有活力才能增值。相反，“卧城”是“睡觉经济”，开发商开发完毕撤出之后，区域没有税收，升值潜力下降。

白岛区域，长白岛所属的和平区是东北三省第一财政大区，和平区自2001年起投入数10亿元打造岛城，岛城内的地价也从万科城的1600元/米²到中海国际社区的6830元/米²，这就是政府税源经济作用的结果。

大盘开发，一方面，其所在区域往往是政府新开发区域，会投入巨额税源去进行区域打造，这些税源投入都是大盘升值的动力；另一方面，大盘自身有商业配套，这些配套除了给小区居民提供方便外，最重要的机理功能就是给小区提供税源。配套给政府创造税收，政府有了税收又会增加市政投入，政府的投入使整个土地升值。这也是为什么“新都市主义”强调大盘复合性，强调大盘要包含办公、商业、休闲、娱乐等业态的最重要原因。

因此，评价大盘的升值潜力，其配套创造税源的能力十分关键，这是决定大盘土地是否具有鲜活生命力最重要的基础。如上述例子，“华南五虎”开发的大盘虽然也包含各种配套，但配套的特色不明显，外向性差，很难吸引外面的人来消费，其创造税源的能力弱，这块土地的活力和升值潜力就弱。

“税源经济”最典型的案例是深圳的“观澜湖高尔夫大宅”，该项目提出“活地别墅”的概念。原因就是其有世界最大的观澜湖高尔夫球场作为配套，观澜湖高尔夫球场赢得连续12届高尔夫世界杯的主办权，意味着政府、球会各方必将在未来数年间大幅增加对观澜湖交通设施、公共配套的巨额投入，这些投资都会直接转化为观澜湖物业的增值动力，业主能在球会未来数十年的持续经营中享受可观的“活地增值效应”，建于活地之上的别墅也就大大升值了。

理解了土地升值的奥秘之后，我们再来看如何实现“大盘力”？答案就是通过土地运营，让城市自然化、让自然城市化，通过“城市”和“自然”两个元素的重构建设“新都市”。让“自然”成为城市里的稀缺，让“城市”为自然提供税源，进而共同实现土地的升值。

天津东丽湖“万科城”项目运营是实现“大盘力”的一个成功案例。

项目位于天津市东丽湖温泉度假旅游区内的东丽湖北岸，距离天津市区中心约28千米。项目总占地面积4095亩(273公顷)，总建筑面积88万米²，容积率不大于0.36。项目依东丽湖而建，东丽湖水域面积为7.3千米²，辽阔的水面，充足的地热资源，丰富的水产，良好的空气质量和声环境质量都属于天津市各自然生态保护区之首。万科计划在8～10年内将其建设成为一个集居住、教育、旅游、休闲为一体的功能齐全的完整综合性新市镇

万科运营该项目的第一步是“让城市自然化”，在“自然”和“生态”上下工夫，将其做到极致和稀缺。除了先天对东丽湖近乎垄断的占有外，万科还人工开挖面积10.5万米²的国际标准的滑水赛道人工湖，湖水通过先进的技术设施形成可自身养护的纯生态体系，水质优良（景观2类水）。

万科在自然生态上下的工夫不仅造成了稀缺，并且直接创造了税源，可谓“一箭双雕”。2005年8月6日，风靡世界的“国际嘉年华”在东丽湖开场；2005

年8月15日，“世界滑水锦标赛”在东丽湖开幕；2008年10月1日，第二届“世界大学生滑水比赛”也在此隆重上演。万科在此建成了“滑水会所”，形成的滑水产业长期可以创造税源。

2006年，借天津空港物流工业区落户滨海开发区、开发区西区建设、机场扩建、地铁施工等利好，东丽湖万科城专门推出“龙腾计划”，重点引进和打造大型配套，包括引进就是五条公交、两所学校（“伊顿国际双语幼儿园”和“天津万科实验模范小学”）、两大水上俱乐部、多点商业餐饮中心和华润大型超市，还有社区餐厅、便利店、银行开业。这些动作都是“让自然城市化”，为社区创造税源，进而实现土地升值。

经过系列运营，东丽湖万科城的价格也从一期的5000元/米^{2}升到三期的10000元/米^2，可谓是“大盘力”的完美体现。

“大盘力”的最佳载体：创造税源的“绝活”配套

现在几乎所有的大盘都有丰富的、大而全的配套，但配套不等于“大盘力”。如上所述，大盘的“活地增值效应”主要是靠配套实现，但只面向大盘社区内部的、窄众的配套，其创造税源的能力有限，所以很难改变土地的级差[1]等级，土地升值难以实现。能创造税源，实现大盘力的一定是市场上没有的“绝活”配套，这个配套因其差异性和稀缺性能吸引盘外的广大的消费者，甚至能支撑一个独特的产业，因此创造的税源才能改变土地的肥力，完美实现大盘力。如上述的世界第一的观澜湖高尔夫球场、天津市唯一的国际滑水赛道等都是绝活配套，“大盘力”需要这样的配套去实现。

“桃源居”以其180万米^{2}的总体量当称深圳第一大盘，其入市主打“桃源生活”概念，齐全的社区配套极尽勾画未来大社区的梦想。但其1996—2000年近四五年间，开发总量10万米^2，销售量只有6.5万米^2，且销售价格持续走低。调查显示，其主要的原因就是项目与当时的万科四季花城、风和日丽、中海怡翠山庄、新亚洲花园等功能齐全的大社区相比并无优势和亮点，“桃源居”有的配套别人都有。

2001年，“桃源居”无偿提供占地20万米^{2}的教学楼和配套设施，引入“清华实验学校”，这一不可复制的“绝活”配套最终激活了市场，很多周边地区如东莞、中山等地客户冲着名校来购买“桃源居”住房，每年几千人的招生创造了大量的税源，“桃源居”也多次创造深圳市销售面积第一的荣誉。

“桃源居”一前一后截然相反的命运证明了“大盘力”只有因“绝活”配套而体现，大而全但毫无特色的配套难以发力。

[1] 西方经济学里，因土地肥力不同和位置差别引起的资本生产率的差别性称为地租“级差”。

“大盘力”的兑现节奏

与普通楼盘营销不同的是，大盘营销的结果就是“大盘力”的兑现。在营销实战中，这个兑现必须得强求节奏。深圳世联将大盘的营销节奏分为五个：形象年[1]、主流年、明星年、价值年、黄金年。每个阶段都有不同的运营目的和策略核心。尤其是“明星年”，大盘步入这个阶段，往往会陷入审美疲劳阶段，推广无新词，促销无新招，大盘步入“三年之痒”，这时候，操盘手应该站在全盘把控的角度，提出“投入关键配套、推出创新产品”等大思路，而不能仅仅围在销售的“术”里兜圈。

营销主题	形象年	主流年	明星年	价值年	黄金年
阶段背景	形象未树立	首期销售，现金流和成功销售是第一目标	首期销售成功，进入后续阶段，审美疲劳	赢得价值回报、大盘力兑现价值	企业目标驱动
关键问题	定义区域，建立影响力	快速成交、现金流为王	节点刺激，保持持续竞争力	项目营销转向品牌营销	依据企业目标市场环境决策
营销策略	①抓大放小 ②政府营销 ③强势（NO.1）	①扩大客户层面 ②缩短决策周期 ③高性价比	①推出创新产品及产品概念 ②关键配套投入	①真实生活秀 ②品牌营销 ③客户营销	①惜售 ②实验新产品

图16-6　世联大盘营销节奏图

总之，大盘的开发、营销模式与普通住宅之间具有相当大的不同，大盘应该颠覆普通住宅的开发思路，引领区域发展，追求自然与城市之间的共生。颠覆、引领、共生，这是大盘开发应该秉承的发展总纲。

[1] 这里的“年”指的是阶段，而并不是具体的一年。

系统思考：复合地产营销方法论

工具

动环分析图

案例

郑州黄河大观

所谓复合地产项目，指的是包含住宅、商业、商务（酒店和写字楼）、会展、休闲、运动、娱乐等各种元素在内的地产开发项目。在目前中国的开发实践中，复合地产项目主要有两类：一类是占据城市黄金地段，以HOPSCA[1]为最高形式的城市综合体；另一类是郊区复合型大盘，除了住宅之外，还包含诸如温泉度假酒店、高尔夫球场、休闲运动中心、会展中心、旅游等多功能组团，如北京“华侨城”、深圳“观澜高尔夫大宅”、天津“东丽湖·万科城”、郑州“黄河大观”都属于这类项目。值得一提的是，“碧桂园”之类的大盘，项目内也有所谓五星级酒店、国际学校、超市等功能组团，但其外向性不足，基本只是社区配套，无法吸引外界消费，因此只能算是普通住宅大盘。因为本书不以商业作为研究对象，下文论述的复合地产项目主要指的是这类“郊区复合性大盘”。

复合地产项目的特点

与普通住宅项目不同的是，这类项目有其鲜明的特点：

（一）复合地产项目的灵魂是“商”而不是“住”

在复合地产项目中，“商”的部分是项目的灵魂所在，哪怕从面积来看，其并不占主体。

“商”包括商业和商务，商业包括主题商场、商业步行街、超市百货、专业市场、博览展示等，商务包括写字楼、酒店、会所等。我们在上一讲说过，郊区

[1] HOPSCA（中文音译“豪布斯卡”）是Hotel，Office，Park，Shopping Mall,Club,Apartment这六个英文单词的第一个字母的缩写，意即集酒店、办公楼、生态公园(也有解释为Parking —— 停车)、购物中心、会所（也有解释为Convention —— 会议会展)、国际公寓于一体的城市综合体。

大盘开发最适宜的模式是“新都市主义”，即让自然城市化、城市自然化，而城市的核心就是“商”，没有“商”就无所谓城市。郊区最缺的是“城市”，是“商”，因此，郊区复合性大盘中“商”的部分是灵魂，如果说大盘的住宅部分是画龙，那点睛之笔就要靠“商”来完成，“龙”才能活起来。

（二）复合地产各部分功能互相支撑，客户共享

较之普通住宅项目，复合地产项目存在商业、商务等多方面功能，实际运营中，这些功能之间互相支撑，客户可以共享，比如度假酒店、高尔夫球场能提升住宅配套档次，能给住宅带来优质客户，住宅能给商业街、高尔夫球场提供稳定客源，度假酒店、高尔夫球场又能给商业街提供高消费力的商务人流等等。

（三）复合地产项目前期必须走高端路线

在国内，复合性大盘开发成功的案例，在前期都必须走高端路线，即高端商业、高端住宅，原因是低端商业对外界的牵引力和驱动力不足，“商”无法活起来；低端住宅对高端商业的消费力不足，同时也难以克服郊区的抗性。只有同时走高端路线，住宅与商业部分才能互相支撑，相得益彰，才真正实现“复合性”的内涵。等中后期项目成型，区域成熟，概念丰满之后，再开发一些相对低端的住宅或配套，就水到渠成。郑州“思念·果岭山水”坐拥高尔夫球场和占地5400亩的“黄河大观”景区的配套，其一期开发的独栋别墅早早售罄，但小户型洋房产品却销售缓慢；天津“东丽湖·万科城”打造“国际水上公园”的顶级配套，一期则全部开发别墅产品，项目销售良好，说的就是这个道理。

因为具备这些特点，复合地产项目的操盘必须注意以下几点：

（1）开发次序是关键。

如前所述，“商”是复合地产项目的灵魂和点睛之笔，因此，在开发次序上，“商”的部分必须先行开发，先行运营，这样，“复合”的概念才能体现，否则，画龙而不点睛，徒有躯壳而无灵魂，项目开发很难成功。比如本书第三讲提到的沈阳“远洋天地”，号称是“复合地产”，但前期只开发住宅，项目概念支撑不足，脱毛凤凰不如鸡，无奈只能堕入与周边住宅项目的价格战。

（2）必须系统运营。

因为内部复杂的功能结构，操盘者必须将复合地产项目看作一部完整运行的机器，梳理出复合地产项目的“内部功能价值支撑体系”，然后系统思考如何驱动这台机器，这台机器的内部零件如何作用，如何支撑。反之，如果割裂开来看各个零部件，头痛医头脚痛医脚，那就违背复合地产项目开发的规律了。

复合项目方法论——系统思考

1990年，美国管理学者彼得·圣吉出版了巨作《第五项修炼》，提出建立学习型组织的最重要修炼就是系统思考。美国学者丹尼斯·舍伍德在此基础上进行了深化，出版著作《系统思考》，提出了“系统循环图”等实用工具，弥补了

《第五项修炼》与现实世界之间的距离。

"系统思考"认为，我们真实的世界是由许多循环不息的环状的因果互动关系组成的，在一个系统中，每一影响是因也是果，但是根深蒂固的机械思考模式却导致我们往往只看到线段式的因果关系。系统思考是看见整体的一项修炼，它不仅仅看事物，而是强调看复杂的事物背后引发变化的结构，看出组成分子之间整体的互动关系，看见相互关联而非单一的事件。系统思考就是要把许多杂乱的片段结合成为前后一贯的"故事"，事实上，每个动环都在描述一个故事。我们在描述故事的过程中，就会知道故事情节不能连贯的地方，这个地方就是问题的症结，就是我们解决问题的杠杆点。

综上所述，"系统思考"方法论的关键点有三个：首先，看事物背后互动的结构，将其连成"动环"；其次，将"动环"描述成一个完整的故事；最后，从故事不连贯的地方寻找解决问题的杠杆点。下面，我们就以"产权式酒店"营销为例来说明什么是系统思考。

"产权式酒店"是一种投资产品，20世纪70年代产生于美国，90年代传入深圳、海南等地，随后风靡全国，凭借对物业快速增值的前景描述以及享受每年14~20天不等的同级别客房免费入住、首两年分红不少于15%或每年租金回报6%~11%、10%~30%的投资回报率等许诺，产权酒店深受投资者追捧，售价也远远超出同类地段普通商品住宅，但随着几桩纠纷案件的出现，投资者却发出了产权酒店究竟是"馅饼"还是"陷阱"的质疑，现今产权酒店再也不如当年那样火暴了。

在实际案例中，卖产权式酒店似乎很简单，也就是做一个"投资回报手册"，计算酒店的日单价，然后乘以天数，再乘以入住率，然后根据销售价格计算出优厚的投资回报，这样给投资者画一个大饼。这种思路就是我们上文所说的"线段思考"，就销售而论销售，只看到从起点到终点即开发商与购买者（投资者）两方之间的因果关系。但其实，产权酒店的背后共有四者关系存在，开发商、投资者、使用者、经营者，这四者互为因果关系，共同组成一个动态的闭环（如图17-1）。

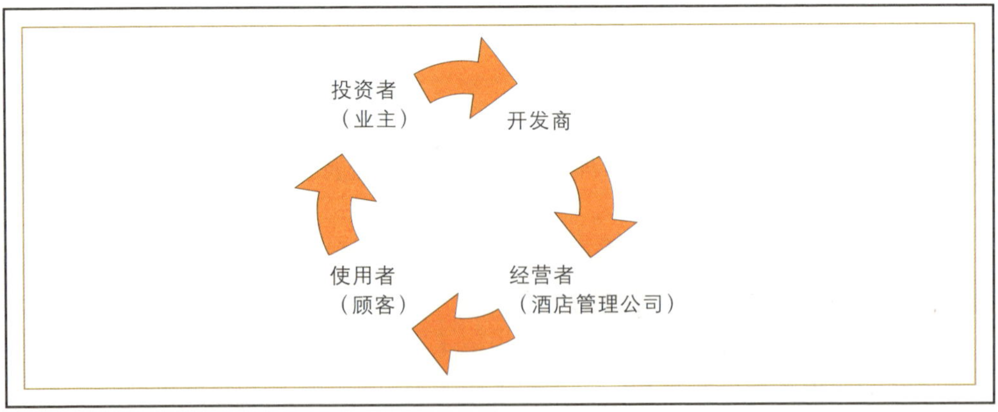

图17-1　产权酒店动环图

开发商聘请酒店管理公司经营酒店，酒店管理公司招徕顾客使用酒店，管理公司从终端使用者——顾客那里赚钱，然后再返还给投资者，投资者因为有利可图而去买酒店，就这样形成一个良性循环。在这个循环不息的“动环”中，只要任一环节出了问题，产权式酒店的机能就会发生紊乱。现实中，最常见的问题就出在酒店管理公司，其经营不力导致无法兑现投资回报。

分析清楚产权式酒店背后互动的结构之后，“投资回报手册”上就要完整、清晰地展露开发商、投资者、经营者、使用者四者之间的关系，勾勒出一个完整的故事。酒店由谁来经营？与竞争对手相比，经营者的品牌优势与差异化在哪？经营者在客户渠道上有哪些模式与保障？经营者以往有哪些成功案例？投资者的回报承诺如何保障？投资者的退出机制如何等，这些问题都想清楚了并且一一给投资者展示，这样才是“系统思考”方法论指导下做出的一个真正具有说服力的投资回报方案。相反，很多产权式酒店的开发商仅仅考虑开发商与投资者两方的关系，单方面吆喝投资回报，说服力肯定不强，因为他们只考量了产权式酒店的一个片段而非全部。

理解了“系统思考”的方法论之后，我们再来看实际案例中的运用。

典型案例：郑州“思念·果岭山水”

案例是郑州市郊、总占地5400亩的山水大盘——“思念.果岭山水”，开发商是以速冻水饺驰名中国的郑州思念集团。

“思念.果岭山水”的前身和母体是郑州市“黄河大观”景区。该景区北距黄河风景名胜区5千米，南距郑州市区北环路15千米，是一个以黄河文化为背景，以高新技术和建筑艺术表现黄河流域人文景观和自然景观的主题公园，内有微缩的黄河沿线景观如泰山、大雁塔、龙门石窟、少林寺、宁夏古长城、万里草原、鹳雀楼等，由国家旅游局、河南省旅游局、郑州市政府与新加坡投资商共同投资几千万美元建设。“黄河大观”1992年开发，1997年开园，辉煌的

图17-2　黄河大观大雁塔

图17-3　“思念·果岭山水”园区

时候，景区日接待几万人次，但自2000年开始，园区经营不继，日渐衰落。后几易其主，2003年10月由郑州思念集团耗资14亿元购得，开始在景区内增设高尔夫球场，开发房地产。

经过十余年的积淀，“黄河大观”园区的自然环境非常优秀。园内有丘陵、滩地、平原多种地形，山水相依、河流环绕，植被茂盛，品种繁多，森林覆盖率达68%。园区内有2条河、9个湖、100亩儿童乡村公园、200亩黄河文化园、600亩运动城公园、600余亩水面、800亩园林化森林、310000株各类花木、169种湿地保护动物。园区内现有一个占地1260亩的国际标准的高尔夫球场，有以芬兰木质别墅、豪华轻钢别墅、皇家别墅和渔村别墅为主体打造的河南唯一超五星级产权式酒店，还有一座景观文化主题的望湖楼文化餐厅，亚洲最大的动感影院以及亚洲最高的国际标准的攀岩壁，计划建设的项目有山地滑雪场、温泉SPA和马术场等。

“思念.果岭山水”是黄河大观园区内的房地产项目，物业类型包括独栋别墅、TOWNHOUSE、叠拼别墅以及花园洋房，一期建筑面积在20万米^{2}左右。2005年，我们介入之后，开发商的困惑是：除了独栋别墅之外，其他次一级住宅和商铺都销售不畅，尤其是花园洋房，开盘半年只卖出10%左右。项目前期以住宅为调性的推广，在郑州市达到了非常高的知名度，其举办的一次嘉年华活动，参加者达到上万人，但认购率非常低，客户只有三分钟热度，兴奋过后会冷静下来，离市区那么远，我买了这房子能干什么？但同时，我们也关注到了另外一个现象：“黄河大观”的景区观光不景气，但其酒店和高尔夫业务却很火暴，尤其是酒店，长期供不应求，郑州会多，光接待这些会议，酒店客户就排了一长条队。

掌握了这些情况之后，我们首先利用“系统思考”方法，将“果岭山水”放在“黄河大观”（含房地产、酒店、高尔夫三大事业部，房地产又含别墅、洋房与商业街）的背景下去分析，梳理出了“黄河大观”内部各功能价值支撑体系图。如图17-4。

梳理完“黄河大观”背后互动的结构之后，我们很清楚的发现一个个互为因果关系的动环，我们再将动环串成一个连贯的故事，故事如下：

独栋别墅、TOWNHOUSE、度假酒店将成为中原政界要人、商界精英的第二居所＆伟大客厅。他们在这里休闲度假，在高尔夫球场交友，在温泉浴场和度假酒店接待。他们公司的中高层在国际会议中心、度假酒店开半年会、年终会、封闭业务会议，这里还有他们的培训中心、研发基地以及户外拓展训练基地。公司员工在开会、培训期间晚上可以看动感电影，登鹳雀楼，在望湖楼就餐，在湿地看野鸭子，在山地滑雪场滑雪，还可以打高尔夫练习场。这里一系列的“时尚运动Mall”很让他们喜欢，一部分人因为喜欢这里的环境，于是买了这里的洋房或者酒店式公寓；另外，酒店式公寓还是艺术家、收藏家、撰稿人等自由职业者和玩

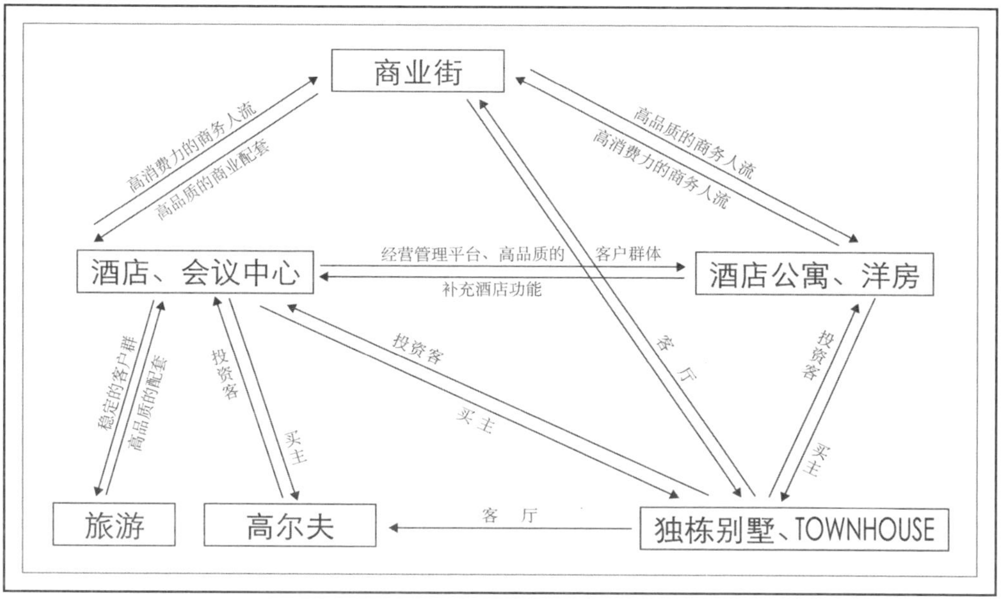

图17-4　黄河大观功能价值支撑体系图

家型精英的最爱。这里聚居的人越来越多，有实力的公司都喜欢来这里开辟大后方＆脑库，高品质＆高消费的人群进入，住别墅的业主觉得商业有前途，于是考虑投资商铺。

故事连贯起来了，从故事中我们很快发现解决问题的杠杆点，即“商务活动”。“黄河大观”最缺的是人气，商务活动可以聚集人气，聚集人气的载体我们将其归结为大型“国际会议中心”，“国际会议中心”包括度假酒店和宴会厅两大部分，集高层次的会议会展、研发培训、休闲度假、运动健康和商业娱乐、公关接待等多种功能于一身。“国际会议中心”的成功运营将给商业街和体验旅游景区带来人气，给高尔夫带来客户，给洋房和别墅带来买主，最终将“黄河大观”连成一个完整的因果动环。因此，“会议中心”是本项目的点睛之笔，“商”是本项目的灵魂所在。

针对项目运营现状，我们建议开发商将项目整体定位成“超级商务休闲港”而非“度假区”，并立即规划、营建国际会议中心，同时将项目中至今未卖出一套的40套叠拼别墅改为产权式度假酒店。以产权式酒店的成功运营启动项目，带来人气。确定做产权式酒店后，通过上面的动环分析，我们将其定位成“高尔夫私人酒店”，一者可以最大化利用项目得天独厚的高尔夫资源，高尔夫会员多为老板和政府高级官员，这部分人可以成为酒店最重要的投资者和使用者；两者高尔夫资源可以在全国范围高尔夫组织内实现交换，这样一方面可以给酒店带来全国各地的商务旅行的客户资源，另外一方面也方便酒店的投资客户去外地商务旅行，高端的商务旅行中，高尔夫几乎是必不可少的内容。

定位成“高尔夫私人酒店”之后，我们同样用“系统思考”的方法来构建一个完整的动环，具体的动作是分三步走。

第一步：酒店整合高尔夫资源高调亮相。

具体建议是联系两家高尔夫管理公司，一是北京的佰嘉通高尔夫公司，一是深圳朝向高尔夫公司。前者正在推行“分时度假高尔夫套餐”，目前已覆盖海南、福建、广西、云南等地，包括20余家优质球场和星级酒店，加入其计划后，球场和酒店之间的客户资源可以相互交换；后者正在推行它的“朝向计划”，即FGT计划。截止到目前，FGT已经有福建福州海峡奥林匹克高尔夫俱乐部、海南博鳌高尔夫乡村俱乐部、山东威海泛华高尔夫俱乐部、四川青城山高尔夫俱乐部、云南丽江玉龙雪山高尔夫俱乐部、广东惠州高尔夫球场、北京尧上乡村高尔夫俱乐部、安徽黄山松柏高尔夫乡村俱乐部、广西桂林漓江高尔夫乡村俱乐部、湖南龙湖国际高尔夫俱乐部等十家加盟球会，会员总人数已过3000。加入FGT计划后，各球场之间会员可以实现交换。

酒店通过整合高尔夫资源，达到一箭双雕的效果。一方面，从商务旅行、度假来说，可以优惠价格和尊贵身份去全国那么多城市打高尔夫球和住酒店，这对他们当然是一个极大的诱惑；另一方面，从投资角度来说，酒店与全国那么多家球场及酒店实现交换会员，可以给后期经营带来一部分稳定的客源，投资回报当然有了很高保障。私人酒店实际是富贵阶层的玩具和工具，这第一步整合动作，就将玩具和工具这两重功能发挥到淋漓尽致。

第二步：暗度陈仓，搞定使用者。

第一步亮相后，一边是产品公开亮相、接受咨询，一边派行销人员深入到郑州市各大企业、管理培训机构、拓展训练机构洽谈合作事宜。比如郑州市最大的企业宇通客车公司，我们的目标是谈下该公司将思念国际会议中心和高尔夫度假酒店作为其将来的培训基地、研发基地、中高层会议中心、公关接待中心等，类似这样的企业计划在这个阶段谈下至少30家。前提是给客户优惠价格，还有结合“黄河大观”内其他高尔夫、酒楼、体验旅游、运动馆、电影院等等给予捆绑优惠，以此吸引客户入场消费。

这一步动作的目的是通过引导消费，搞定一大批稳定的客户，为以后酒店的长期运营带来稳定的效益，进一步给投资者带来信心。

第三步：销售爆发，开闸放水，释放势能。

通过前期运营的积淀后，第三阶段就正式开始销售。2006年3月12日，“思念·高尔夫私人酒店”公开亮相暨新闻发布会在黄河大观举行，新闻发布会现场，思念集团与中信银行郑州分行、招商银行郑州分行、平安人寿保险郑州公司、河南省文丰律师事务所举行了签约仪式。因为有一大批未来使用者的存在，直接给投资者看到了以后的投资回报，增强了信心；同时，高尔夫交换带来的异地商务旅行资源又给他们带来身份和便利。在销售的过程中，我们再加以“全程贴身置业顾问服务模式”，整合理财银行、保险顾问、置业顾问和律师顾问给客户提供全程服务，另外还有连续15年年8%的经营回报、45万元的住宿消费卡，6年110%的回购行动与思念集团的“担保函”，给投资者吃了一个定心丸，剩下的问题就是购买哪套酒店了。事后的销售情况证明，这种营销思路的确达到了良好的市场效果。

国际会议中心和度假酒店运营成功后，项目慢慢积聚了人气，后期住宅的销售就是水到渠成的事情。这也就是上文所强调的复合性大盘的开发次序必须先从“商”开始的道理。

王志纲先生在其著作《找魂》中打了一个形象的比方，单一住宅项目与复合性地产项目的差别就好像直升机与波音777飞机的差别。直升机直上直下，而波音777飞机起飞则至少需要3000米以上的跑道和4～8个引擎。所以，要让波音777起飞，必须得先做好跑道和引擎。上述案例中，“黄河大观”是一架波音飞机，它的起飞需要商务酒店作为引擎，为其带来高端客户的人气；商务酒店也是一架波音飞机，它的起飞需要高尔夫资源的交换和各大企业的使用作为跑道和引擎。先做跑道和引擎，再考虑起飞，这是一种典型的、形象的系统思考模式。只有系统思考，我们才能认清世界的真相，找到问题的正解。反之，如果只看到局部，只看到从起点到终点的线段，那样只会陷入假象和错觉。

总之，系统思考是运营复合性地产项目非常行之有效的方法论之一，操盘者可以在实践中多加参详、验证。

滞销楼盘的破局与突围

工具

麦肯锡客户价值方法图、滞销楼盘诊断系统、解决滞销户型的六大招术

案例

丽湾国际、顺驰·中央特区

项目滞销是常见的问题，有些甚至因为滞销造成烂尾的情况也比比皆是。滞销并不可怕，麻烦的是没有认清症状、采取不正确的措施使项目陷入更不利的境地。就像本书下一讲提到的湖南“涟水名城”项目，前期滞销后，病急乱投医，不找市场找市长，结果仍然无济于事。因此，出现滞销，首先要诊断出病根所在，然后对症下药，寻找破局与突围的具体措施。

根据麦肯锡的“客户价值”模型[1]，所有项目滞销的根由无非就是客户价值太小，即客户感知的利益过低但感知的价格过高。正如科特勒所说：“品质更好，价格更高可吸引一种目标市场；品质较逊，价格大幅降低将可吸引另一种目标市场。唯一注定失败的价值定位战略是品质较逊，价格较高，它会使客户有被欺骗的感觉。”[2]基于这个原理，麦肯锡提出了三种解决办法（如图18-1），要么提高利益，要么降低价格，要么两者并用。操盘者通过考虑以下三个问题：提供额外的客户利益所需的成本；降价对利润率、销售额的影响；根据竞争对手预期的反应来决定采取哪种办法能达成利益最大化。

麦肯锡的“客户价值”原理提供了诊断滞销楼盘的“总纲”，围绕这个总纲，万变不离其宗。楼盘滞销，一般来说无非四大原因：

（1）外部市场不好，正处于逆市；

（2）产品定位偏离市场；

（3）价格过高；

（4）推广、展示、销售等三大环节存在较大漏洞。

［1］详见本书“第十四讲　客户价值与操盘方略”中的相关论述。

［2］《科特勒营销策略》第65页，［美］菲利普·科特勒著，高登第译，中信出版社2007年12月第1版。

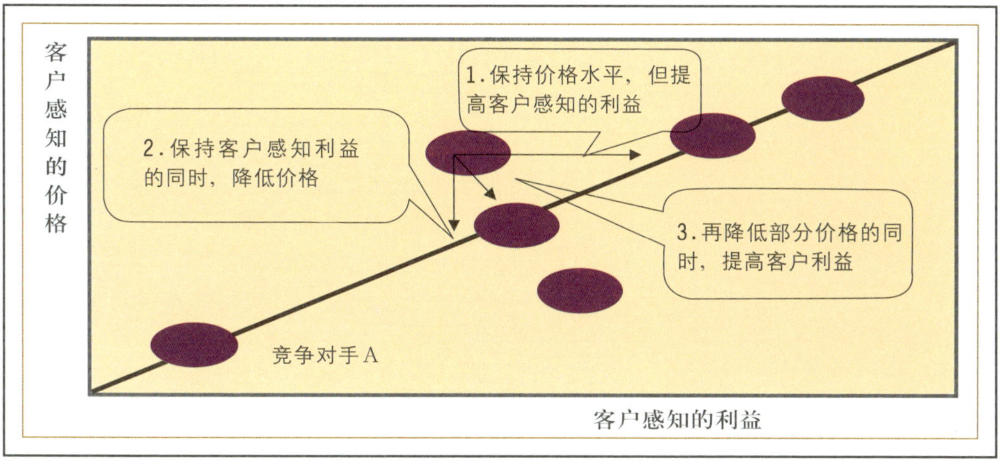

图18-1 麦肯锡“客户价值”方法

上述第一个原因属于外部原因，大势虽然不可扭转，但操盘者仍然通过营销各环节的改善，提高客户价值，一定程度改良销售业绩。北京“星河湾”、深圳“星河·丹堤”项目都在逆市实现骄人业绩，价格高，销售快，原因很简单，客户感知的利益高，客户价值高。

上述第二个原因属于先天原因，核心产品[1]虽偏离市场但已经定型，操盘人员虽无法更改，但在后期营销中通过对形式产品、心理产品的外延扩展进行产品重塑以及有效推广、展示减轻或者化解这些问题，提高客户感知的利益。

第三、第四个原因更是直接印证了麦肯锡的“客户价值”原理，第三个原因就是“客户感知的价格过高”，第四个原因就是“客户感知的利益过低”，如何提高客户感知的利益？房地产营销上，展示、推广、销售强化是三个最常见的技术手段。

“展示”是提高客户感知利益的最直接、最有效的手段之一。广州大盘“雅居乐”在2002年3月入市的时候过于仓促，均价超过周边项目500元/米^2，但既没有进行充分宣传，启动区的展示又不到位，客户感知的利益根本无法支撑价格，结果销售惨淡，不得不封盘2个月。直到2003年12月，项目各方面的展示和配套跟上，客户价值提高之后才迎来热销。

推广和销售强化则是提高客户价值的另两个有效手段。深圳“玮鹏花园”三期位处深圳华强北黄金地段却仍然滞销，其原因就是推广和销售两个环节太弱，整个营销环节的效率、效能太低。利用麦肯锡的“效率/效能”模型（如图18-2）分析，因为推广力度太弱，造成严重信息不对称，25%的有效客户未接触；因为销售队伍的涣散和销售技巧的稚嫩，导致30%的有效客户虽然接触但未认真对待；还有10%的有效客户，销售人员虽然认真接待，但手头缺乏强

[1] 见本书“第三讲 战略与定位”中对核心产品、形式产品、心理产品的相关论述。

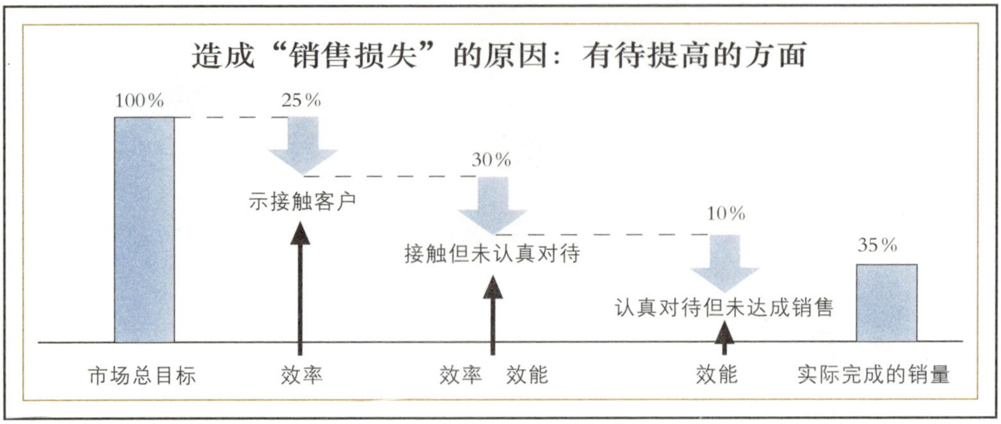

图18-2　麦肯锡“效率/效能”模型

有力的促销工具。“玮鹏花园”当时只有隐性折扣+指定房号送家电，无法激起客户消费激情。深圳世联进场后，从提高营销的“效率/效能”着手打破滞销，当时采取的动作主要如下：重树项目形象、重新组织卖点、全方位有针对性的宣传；调整价格表、增加多而有力的促销工具；整顿销售团队、合理分解销售目标、销售目标与薪酬挂钩。经过调整，改善了效益、效能，客户感知的利益自然提升，销售业绩也就水到渠成了。

滞销楼盘诊断、解决系统

利用麦肯锡的“客户价值”原理理解了滞销楼盘破局的大纲，我们再从微观方面去细化诊断楼盘滞销的原因，然后对症下药找出解决办法。本书归纳的滞销楼盘诊断、解决的办法见表18-1。

表18-1　滞销楼盘诊断系统表

项目运作系统	导致滞销原因	解决办法
定位系统	档次定位：在高、中、低档定位的选择中失误，本不符合高端条件却定位成高端产品	①重新进行形象定位，拔高项目形象调性；②从产品软件如物业服务形象、标准上弥补；③展示环节全面考虑，拔高展示调性
	竞争定位：没有清晰把握竞争对手动态尤其是价格动态，被对手挟持或阻击	①田忌赛马，以牙还牙；②打侧翼、游击奇袭战；③强调产品价值
	容积率分解失衡，前期低密度产品价低旺销，导致后期高密度产品价高滞销	①重新调整价格策略，促销跟进，频繁露脸；②在展示环节下工夫，尤其是样板间；③提高物业服务标准，化解高密度抗性
	户型定位：对区域客户需求和价值取向把握不够，导致出现滞销产品，如东西向、异形结构、户型偏大、卧室过小等产品	①调整价格策略，拉大优劣户型之间差价；②样板间展示，弥补户型缺陷；③销售人员说辞化解缺陷

（续表）

项目运作系统	导致滞销原因	解决办法
定位系统	客户定位：在对自住客、投资客；居住客、商务客；小白领、中产、富人；主动郊区化、被动郊区化；第一居所、第二居所客户；青年人、老年人的选择中错位	①根据现实的客户群重新调整销售策略；②在形象包装、渠道拓展、价值传达方面重新形成对现实客户群的聚焦；③精准营销，针对目标客户圈层进行推广
推广系统	高空轰炸1——媒体：媒体类型单一，过多集中在报纸等大众媒体或者媒体太少，项目与客户信息不对称严重	①扩展媒体类型，加大媒体创新；②多用物廉价美的线下小众媒体；③重视网络的宣传功能
	高空轰炸2——主题：推广主题失偏或者落空，玩概念，难以打动客户	①重新拟订推广主题，建立和客户的价值联系；②静态卖点变成动态卖点，让客户易于感知
	高空轰炸3——区域营销：区域营销和生活方式引导不足，导致区域和心理距离抗性较大	①大力营销区域价值，区域价值＞个案价值；②推广主题和活动营销两方面加强生活方式引导
	地面渗透1——渠道渗透：基本没有渠道渗透队伍和动作	①安排行销队伍，走出去销售，进行渠道渗透；②多家联合代理销售或者二三级市场联动销售
	地面渗透2——活动营销：活动营销不够或者思路偏离，导致现场人气不足	①多举办各种类型的营销活动；②长线活动与短线活动配合
展示系统	展示1——启动区：没有启动区或示范区，对入口、配套、景观和产品的展示不足	①想办法尽可能的加大展示力度；②硬件展示不足想办法用软件如“文化内涵”展示来弥补
	展示2——地盘：工地围挡、广告牌和外围道路、看房通道展示不足	①迅速完善地盘包装
	展示3——样板房：样板房、清水房、工法样板房展示不够或失偏	①迅速构建样板房展示体系；②短期无法装修精装样板房就用清水样板房代替
	展示4——会所、幼儿园、学校等配套：动态展示不足，客户没有形成动态体验	①配套加大展示；②硬件跟不上，用“动态卖点”宣传[1]来弥补；③硬件配合营销活动，形成卖点的完美体验
价格系统	价格定位不准，导致价格偏高	①利用各种价格调整策略体面降价；②拔高推广调性，加大展示，强化软件服务，让客户感觉物有所值
	定价系统不合理，导致楼盘局部抢购、局部受阻	①马上调整价格策略，重新制定价格体系；②全面考虑价格体系，防止出现先前购房客户物业降价的情况
	付款方式不灵活或首付过高，客户群体过于狭窄	①调整付款方式，多种方式灵活并存
	现场促销工具少而单一，无法激起客户消费热情	①灵活安排促销策略，布置多重促销工具
	入市时机把握不好，过于仓促或选择逆市开盘	①封盘，重新完善内部形象，二次开盘
	推售顺序和搭配不当，导致局部抢购、局部受阻	①重新调整价格策略和推售策略，讲究各条产品线的均匀搭配
	销控过当，导致销售速度受阻	①将“硬销控”改成“软销控”
	不恰当的运用“团购”等手段，或内部折扣点混乱	①重新调整、统一内部销售政策；②取消有硬伤的促销手段

[1] 见本书“第三讲　战略与定位”中对核心产品、形式产品、心理产品的相关论述。

（续表）

项目运作系统	导致滞销原因	解决办法
价格系统	团队竞争力弱，销售技巧过于稚嫩，不擅长逼定	①加强团队的培训、激励与考虑；②实行“停牌制度”，销售人员如无五天一小定、十天一大定，不许接客，训练说辞，合格上岗；③从“利益”和“力度”两方面去加强团队管理
	销售工具少，项目正面价值挖掘不够，不利因素引导说辞不够	①统一说辞，加大项目价值点的挖掘；②统一“针对项目不利因素的统一说辞”
	对意向客户跟踪、回访不够，客户资源浪费严重	①加强内部管理，检查销售人员客户笔记；②每天例会帮助销售人员梳理客户
	对老客户跟踪、服务和关系维系不够，口碑传播和老带新营销利用不足	①举办老客户维系活动；②制定老带新措施
	销售团队激励不足，奖罚不分明，信心不够，被动接客，主观能力性不够	①制定强有力的激励制度；②定期组织团队活动，加强凝聚力
	销售团队管理不善，无目标管理，有内部炒房等	严格管理，杀一儆百
品牌系统	广告欺诈	进行危机公关，承担责任，真诚沟通，速度第一，系统运行
	交房过度延迟，承诺赔偿不兑现	
	售后服务不及时，客户问题得不到及时处理	
	产品质量有严重问题，没有妥善处理和危机公关	
	随意更改规划，损害业主权益	
	企业实力和融资能力不够，资金链紧张或断裂	迅速启动销售，壮士断臂，降价促销
	工程管理能力不足，导致工期延迟，无法配合营销	给予具体承诺，赢得谅解
	企业营销运作理念不对，不走市场找市长	从市场要效益，按市场规律办事
	企业开发管理不成熟，开发次序存在问题	从推广、展示、价格、销售等各环节弥补

上述诊断系统基本能概括出楼盘滞销的所有问题，实际上，一个楼盘滞销都是由多种因素综合造成的。营销人员在诊断的时候务必全面，在制定对应策略的时候也务必全面，从定位、推广、价格、展示、销售等各方面去调整营销工作。

孙子曰：“凡战者，以正合，以奇胜。”（《孙子兵法》之《势篇第五》）所谓“正”指的是常规使用的战术；“奇”是指采用非常规的、出乎意料的战术出奇制胜。孙子兵法中强调以“正”兵迎敌，以“奇”兵取胜。表18-1中提到的整改办法就属于“以正合”，在实际操盘过程中，很多楼盘为了销售破局，直接从消费者最关心的价格策略上出奇招制胜。价格策略的“奇招”如果运用成功，往往能成为快速启动销售的“杀手锏”。本书第十一讲里提到的“体面降价的12种方法”“付款方式调整”“风险保障机制”等手段都属于“奇招”之列，应用恰当，一般可以顺利破局。

团购[1]：一个娇贵的物件

在楼盘滞销的时候，“团购”往往是很多开发商寄予期望的捷径，实际上，“团购”在实战销售中也确实能奏“奇功”。不过，“团购”却是一件“娇贵”的物件，它对“生长环境”具有很高的要求，否则往往不能帮忙反而添乱。很多业内资深的操盘手提到“团购”都觉得其只“可远观而不可亵玩焉”。“团购”添乱的表现有二：

（1）破坏楼盘价格体系。

“团购”一般会采取比正常市场价低的价格，这个价格如果泄漏，楼盘销售前期的业主多半会寻上门来讨要说法，而此后的销售，如何定价也非常麻烦。

（2）引发市场自发蓄水，形成更大观望。

针对“团购”，开发商一般会根据人数规模的不同约定不同梯级的优惠，更大的利益刺激必将促使更多的消费者加入。这样一来，市场进入自发“蓄水”状态，开发商的价格不但被压低，而且销售周期也在“团购”的组织等待中被拉长。更关键的是，因为加入人数的不断增多引发更大的优惠期望值，这种价格谈判的“滚雪球”策略往往由于开发商的不能步步退让，导致“团购”失败，不了了之是常有的事情。

郑州“顺驰·中央特区”项目在2005年联系河南省水利厅团购的时候，优惠政策是折让1%，但最后加入人数不断增多，要求优惠的胃口越来越大，开发商无法满足，这桩“团购”最终流产。

除此之外，其他因为种种原因失败的“团购”案例不胜枚举，但团购也不断有成功案例。

深圳“万科·东海岸”项目和深圳华侨城集团达成“团购”，一次性购买30套住宅作为东部华侨城员工的居所。

沈阳“丽都新城”项目2009年4月成功与上市公司新疆特变电工集团沈阳变压器有限公司签订“团购”合同，成功出售约2000套、22万米^{2}的住宅。

辽宁抚顺“锦绣澜湾”项目2007年9月针对区域内开发区管委会、公检法、煤炭研究院等单位团购，成功认购600余套。

“涟水名城”项目在2007年春节，和市人民医院、疾控中心等单位达成“团购”，成功销售30余套。

上述成功的“团购”有两种类型：一是完全的市场化团购，购房款由消费者自己埋单；如“锦绣澜湾”“涟水名城”项目的团购；一是类似集团采购的“团购”，单位给予福利补贴，开发商前期主要面对组织单位而非单个的消费者。我们姑且简称为团购一、团购二。

“团购”是一个娇贵的物件，要成功，必须有以下适合的“生长环境”：

[1] 如学校、幼儿园等卖点硬件展示跟不上，可以利用“名校进驻签约仪式”等方法将卖点落实，由静态变为动态，加大消费者感知强度。

（1）团购要求项目地段无抗性。

上述“团购”成功案例，客户与项目地段之间都无抗性。“团购”最理想的模式是“本地营销”，瞄准本区域内的大集团、大机构进行“团购”洽谈，往往能事半功倍。尤其是陌生区域大盘，“本地营销”的“团购”甚至是规定动作。相反，如果地段抗性较大，团购难以成功。

（2）“团购一”要求市场处于顺境。

这里所说的“顺境”指的是市场大环境看好，消费者需求旺盛且基本无观望情绪。在市场处于顺境的时候，可以很好地消除“团购”观望、蓄水的弊端，稍有额外优惠客户会快速出手。

“团购”的这种特点决定了它是一种“顺境营销”的手段，在市场处于“逆境”的时候往往不能奏效。也就是说，在市场形势好，消费者群起跟风的时候，用团购来“火上浇油”“锦上添花”能起到较好的效果；但是，在整体大势非常低迷的情况下，“团购”与生俱来的弊端就会显现出来。

沈阳“深航·翡翠城”项目2008年底计划与辽宁日报集团商谈团购，前期后者的热情很高，开发商给出了比正常市场价低出近1500元/米^{2}的优惠，力度不可谓不大，但最后不了了之。原因之一就是市场太低迷，消费者普遍没有信心，价格再低也不出手。

相反，上述“锦绣澜湾”项目在2007年9月，全国市场最火暴，抚顺市场需求刚被激发的时候发动团购，再以低于市场价约500元/米^{2}的优惠，自然一呼百应。

因此，操盘人员在楼盘面临滞销，准备考虑“团购一”策略的时候，首先就得判断市场大势，如果大势非常低迷，请一定打消“团购一”的思路。如上述上海闵行区以及“深航·翡翠城”，团购不但没成，而且还破坏了项目的价格体系，影响了项目的市场声誉。

还有一种情形，如果市场大势较好，客户基本无观望情绪，但因为项目个案本身出了问题，利用市场营销规律对项目进行诊断、分析、改进之后，项目营销开始走上正轨，这时就可以采取“团购一”策略，例如“涟水名城”项目，2005年“团购”没成，但2007年“团购”就成功了。

如果项目本身较为优秀，但因市场处于“逆境”而导致滞销的时候，“团购二”是不妨一试的较好思路。不过“团购二”成功的条件也较苛刻。

（3）“团购二”最好针对民营企业实体而非国家机关、国有单位。

“团购二”方式因为有单位福利补贴，所以受市场大势影响较小，客户会因为福利而购买。这里首先要讲一个案例：

沈阳浑南新区某项目刚启动的时候，开发商因为资金短缺，商洽与某大型国有企业[1]的“团购”与定向开发，但因为涉及到财务补贴，牵动国家的财税，最后以该国企的相关负责人进监狱，项目被迫转售而告终。与之相同的也有“涟水

［1］由国家机关改制，机构设置、财务关系仍然类似国家机关。

名城”，“涟水名城”在2005—2006年推动的“公务员小区政策”，其核心内容就是公务员购房，政府给予3万元的财政补贴，但结果牵一发而动全身，造成多单位退休老同志上访，“团购”最终流产。

相反，“万科·东海岸”“丽都新城”团购直接面对的是独立核算的上市公司，“丽都新城”团购对象新疆特变电工是民营上市企业，其目的是为了让员工安居提供福利，力度无论多大都无可厚非，只要双方达成共识，“团购”自然容易成功。

（4）“团购”的组织保证是一把手。

上述“团购”的两种方式，要成功的一个重要组织保证就是单位“一把手”的推动与组织，只有推动一把手，“团购”才容易形成单位的共识，组织工作才有力度。相反，如果寻找工会主席或者办公室主任作为联系人，“团购”往往就会因为工作力度太小，无疾而终。

（5）团购的成功要件是拉大“客户价值”。

“团购”之所以成功的最大原因就是价格驱动，所以充分拉大“客户价值”，形成价格势能差是关键。所谓拉大客户价值，就是指调低客户感知价格，抬高客户感知利益。2008年底，“深航·翡翠城”给团购客户折让1500元/米^2，但此时市场已经陷入冰点，零售基本停滞，客户无法感知市场价格，就会认为1500元/米^{2}是“降价”而不是“差价”，导致客户价值无从形成，团购失败；相反，有些楼盘只给“团购”客户折让1%，就能引来趋之若鹜，原因是这1%就是客户价值，是可以感知的价值。

尾盘滞销户型的突围之道

楼盘销售到后期，尤其是大约60%[1]的时候，难点户型的滞销问题往往就凸显出来。这个问题的产生，很重要的原因就在于前期对客户的摸查[2]不够，导致在定价的时候价格偏高，亮点户型与难点户型之间的价格杠杆不明显。另外，早期第一批推售的时候，对滞销户型的促销动作和力度不够，导致后期挤压。

以“丽湾国际”为例，“丽湾国际”一期销售到60%的时候，E户型（如图18-3所示）严重滞销。原因有五：

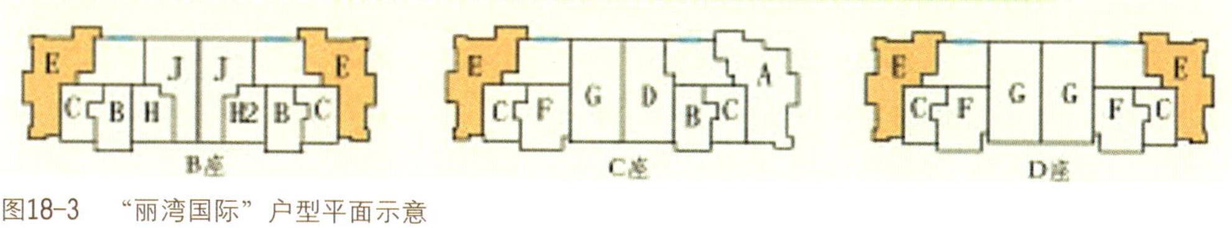

图18-3 “丽湾国际”户型平面示意

[1] 在项目整体销售至60%的时候，就必须开始重视滞销户型的问题。这个阶段，除了滞销户型之外，往往还伴随着其他畅销户型的销售，可以采取本节介绍的很多策略手段去实现突围。如果过了这个阶段，剩余房源几乎全部是滞销户型的时候，本节所述部分策略如制造势能差、抛砖引玉等就无从发力。

[2] 详见本书“第四讲 客户意向调研”中相关论述。

(1) 该户型本身是格局不太好的“手枪”户型，南面只有一个卧室，其他客厅和两个卧室都在北面，这对重视阳光的东北来说，自然不太接受。

(2) 该户型位于楼栋东西端头的位置，东北俗称“把山”，尤其是西端头的位置，俗称“把西山”，在东北严寒的气候下，把山户型较冷，所以销售抗性很大。

(3) 该户型在定价的时候考虑了上述因素，价格相比较低，但价差拉得不是很大，价格优势不明显。

(4) 一期推售的时候，同为三室户型，106的E户型和108的G户型同时销售，G户型格局方正，且不处于端头位置，两个户型相比之下，客户多选择G户型，E户型因此滞销。

(5) 销售人员推荐力度不够。

当滞销已为既成事实之后，可行的销售突围办法有以下六个技术要点：

(一) 调整价格，制造势能差

调整价格策略，拉大滞销户型与其他畅销房源的价差，制造价格势能差。“丽湾国际”项目其他房源的均价为5400元/米^2，而E户型的均价调整为4600元/米^2，高达800元/米^{2}的价差足以吸引客户。一般来说，定价时的平面极差为均价的15%，如丽湾国际的均价为5200元/米^2，则最好户型和最差户型的价差应该为5200 × 15%=780元/米^2。“丽湾国际”在调整价格的时候，还将E户型的垂直层差缩小为10元/层，几乎等同于无层差的“一口价”销售，目的就是为了拉大亮点户型与滞销户型的价差。

(二) 促销

价差制定出来之后，如果直接标上“特价房”[1]，以4600元/米^{2}的单价销售，效果往往不理想。客户感觉不到优惠，觉得这个房子本来就差，就应该给特价。客户在听到这个价格的时候在大脑里就将之归入“廉价区”，形成“廉价=劣质”的概念[2]。这时候应该采取的策略是提高表单价，然后打折。“丽湾国际”在前期直接以4600元/米^{2}的价格销售，只卖出寥寥两套，后期每平方米单价提高400元，表单均价为5000元/米^2，然后以活动的名义在限定期间每平方米直降400元，客户感受到如此大的优惠力度，短期内销售迅速见起色。

(三) 重点推荐

销售人员重点推荐对销售非常关键，“丽湾国际”采取奖、惩结合的制度，销售人员每卖出一套滞销户型当天给予200元的现金奖励，每月每人除完成正常销售任务之外，还必须完成一套滞销户型，否则计为未完成任务。通过制度来刺激销售人员重点推荐，从而带动突围。

(四) 聚焦[3]

[1] “特价房”适合于有重大节点或活动时的强销，不适合持续销售期的促销。

[2] 详见本书“第十二讲 地产销售的九大制胜话术”中相关论述。

[3] 深圳世联经验总结：尾盘销售的所有工作都是围绕“分析房号搞销控，分析价格搞促销”展开，其实就是一种聚焦策略。

对于滞销户型必须采取分割策略，一栋一栋的进行清盘，缩小战术目标，让销售人员直接聚焦推售，有的放矢。策划人员针对聚焦战术，也可以制定分步骤的优惠政策，先期优惠政策只针对要推售的这栋楼，等这栋楼卖差不多了，再聚焦另外一栋楼，优惠政策又转移到这栋楼。利用优惠政策进行软销控，从而有效聚焦。

（五）抛砖引玉[1]

滞销户型的销售中，自我制造价格标杆，从而让销售人员能“抛砖引玉”，也是销售突围的重要一环。

例如“丽湾国际”，难点户型主要集中在B座、D座，D座更靠近浑河景观，视野更好。“丽湾国际”的做法是：第一步，制造“负向标杆”，首先将B座E户型的价格拉高，高出D座E户型100元/米^2，销售人员聚焦D座销售，过程中采用抛砖引玉。首先带客户去看B座E户型，价格高且位置稍逊，对比之下，客户觉得D座合适。这就是“负向价格标杆”。第二步，待D座E户型消化差不多了，然后将其价格抬高300元/米^2，销售人员聚焦B座E户型，首先带客户去看价格高的D座，过程中抛砖引玉，用以衬托B座的低价；这就是“正向价格标杆”。

另外，“抛砖引玉”策略还包括先带客户去看一套户型最差的空间，最后带客户去看最有特色的空间。

（六）说辞

对于滞销户型，一定得有针对性地制定出一整套说辞。在销售分析会上，组织销售人员进行交流，由成功销售出滞销户型的销售人员介绍经验，主要着重介绍以下两点：

1. 客户的“樱桃树”

“樱桃树”是销售史上一个经典的故事。说的是一位房地产销售员，带一对夫妻去看一幢老房子。当这对夫妻进入老房子时，太太发现后院有一棵非常漂亮的樱桃树，她很兴奋地对丈夫说：“你看，院子里的这棵樱桃树真漂亮！”而当这对夫妻进入房子的客厅时，他们显然对客厅陈旧的地板不太满意，这时，业务员对他们说：“是啊，这间客厅的地板是有些陈旧，但你们知道吗？这幢房子的最大特点就是当你们从客厅向窗外望去，就可以看到那棵非常漂亮的樱桃树。”当这对夫妻走到厨房时，太太抱怨这间厨房的设备久未更新，业务员接着又说：“是啊，但是当你们在做晚餐的时候，从厨房向窗外望去，就可以看到那棵美丽的樱桃树。”当这对夫妻走入其他房间，不论他们指出这幢房子的任何缺点，业务员都一直不断地强调院子里那棵美丽的樱桃树，他把这对夫妻所有的注意力都集中在那棵树上，最终成交。

这个案例的启示有二：一是销售人员在陪同客户看房过程中，要注意客户的瞬间感受，然后将这种感受放大；二是找出客户的主要购买诱因。成交后，销售人员可以询问客户：“先生/小姐，请问当初是什么原因使您购买这个户型？”

[1] 详见本书“第十三讲　三十六计与销售技巧”中相关论述。

或“请问当初这个户型最吸引您的地方是什么？”在开销售分析会的时候，销售人员主要就是交流这两点：已购买客户看房过程中提出何种瞬间感受，已购买客户的购买诱因。然后找出该户型的“樱桃树”，将其放大，总结出滞销户型的最有利的说辞，然后在团队推广。

2. 风水

“风水”类说辞对滞销户型销售往往非常有说服力，销售团队可以针对户型，相互讨论、总结一套最有利的“风水”说辞来影响客户。

除以上所说六个要点之外，另外如加强包装展示（有条件的话可装修样板间）、媒体宣传、活动营销、发动老带新等常规动作都是应该考虑的。

总之，滞销楼盘的破局与突围既需要营销五大环节的规范与强化，同时也需要营销招数的创新。不过最终有一点，强大的执行力是最关键的。

三四线城市房地产营销

案例

涟水名城、世茂·现代城

所谓“三四线城市”的说法来自于房地产行业对中国城市级别的划分。一般来说，“一线城市”指的是房地产行业发展最为成熟的四个城市——北京、上海、广州、深圳；二线城市指的是经济较为发达的省会城市、省级单列市以及沿海开放城市，如天津、杭州、沈阳、武汉、成都、西安、重庆、青岛、大连、珠海等；三线城市指的是不发达的省会城市和各省市自治区的地级市，如呼和浩特、贵阳、烟台、娄底等；四线城市指的是常规的县级市及县城，部分极为个别的大型镇级城市如广东东莞市的长安镇等也包含在内。本讲中所说的“三四线城市”指的就是常规的地级市、县级市以及大型镇级城市。

上篇　三四线城市房地产市场特点

要讨论三四线城市营销之前，我们必须得了解市场的特点。

（一）市场容量小，客户结构单一且不连续，“泛公务员”是最重要的购房群体

三四线城市尤其是四线城市，经济基础较为薄弱，有购买力的人群数量少，客户结构单一，主要包含以下五大类：

（1）公务员与事业单位干部，尤其是在政府任职多年的大小官员。

（2）私营企业主。

（3）电力、电信、能源、金融、烟草等垄断行业以及当地支柱性企业的干部职工。

（4）外地经商、务工人员，他们选择在家乡买房置业，或供养自己的家

人、或作为自己返乡时的落脚点。

（5）下属乡镇富裕人群。

这五大类人群中，公务员以及医院、广电、学校等事业单位“泛公务员”阶层是三四线城市的最主要购买群体。

因为客户结构单一，所以其不连续性非常明显。正如李忠先生所说：“在大城市做地产，有点像在波斯湾打油井，不论你从哪个点扎下去，只不过是油多油少的区别，但是不可能没有油。……但是在中小城市就不一样了，中小城市的客户群结构是不连续的，就有点像在中国打石油，你在某一个点扎下去，如果扎准了就会扎到相当多的石油，但是如果扎不准就可能一滴油都没有。”[1]这个特点就要求在三四线城市做营销，就需要更精准的定位。因为一次定位失败，再向这个定位的上游或下游移动的时候，临近可能没有客户群。

（二）梯级层次性流动明显，高端客户流失严重

所谓“梯级层次性流动”，就是说下线城市的人口向上线城市迁移，四线城市向三线城市迁移，三线城市向二线城市迁移。在四线城市，很多高端的客户都倾向于在三线城市甚至更高级城市置业，造成本就不多的高端客户流失严重。以湖南省县级市涟源为例，涟源是一个多矿的城市，存在一批富裕的煤老板，但这批高端客户多在地级市娄底或者去省会长沙置业，流失较为严重。

（三）相信眼见为实，对期房和空虚的“概念”的认可度低

三四线城市客户本能地对没有呈现的东西抱有怀疑心理，尤其是有过心理创伤先例的城市。2003年，涟源某商业项目凭借其黄金地段和借自深圳的“先进”的认筹、返租等操盘模式，取得了非常好的销售业绩，但之后的经营管理无法跟进，使很多客户的资金套牢。2005年初，“涟水名城”以期房开始认购，客户普遍地持怀疑心态。项目当时提出的很多理念如情景洋房、中央景观大道、业主会所、现代化物业管理、人车分流、围合院落等都属于涟源首创，但客户只相信眼见为实，这些看来虚无缥缈的“概念”根本打动不了他们，导致销售受阻。直到2006年中，主体完工，立面出街，会所、中央景观大道全部呈现，这些卖点才逐步发力，销售全面飘红。

（四）客户对价格的敏感度高，市场较为微妙

三四线城市客户对价格的敏感度高，这包含两重含义：

1．一毛钱改变忠诚度。

在三四线城市，产品精致、理念先进在很多时候都难以抵消降价“一毛钱”带来的忠诚度。在这类市场上，如果因为自身产品领先而定价超出竞争对手很多，会有较大风险。另外，在销售过程中，如果因为前期销售顺畅而大幅提价，市场热度马上就会降低，价格调整的幅度必须谨慎。

2．开发商没有隐私。

[1] 引自李忠搜房博文《城大城小——论房地产需求之地域性差异》。

三四线城市市场小，在街头喊一句街尾就能听见，客户之间只要拐两个弯就能拉上关系，这样对开发商来说，价格几乎没有隐私，开发商上午给客户甲的优惠下午客户乙就知道。在三四线城市，最常见的情形是有关系的客户找关系要折扣，开发商乱给折扣，内部价格优惠政策混乱，价格底线一低再低，结果正常途径购买的客户心理不平衡，导致销售受阻。黑龙江省鹤岗市[1]某项目自2008年7月开始8个月没有销售一套房子，很大原因就是优惠不透明，价格混乱。开发商老板娘坐镇售楼处，客户有意向之后，置业顾问都会将之引向老板娘洽谈优惠，就是这种随机的讨价还价，没有价格底线，一方面往往谈判者的水平不够而功败垂成，一方面这些“价格隐私”一传十、十传百，客户最后都陷入观望。

（五）三四线城市投资客少，买房以自住为主，房屋投资升值观念弱

因为三级市场的不发达，三四线城市的购房客户多以自住为主，较少投资客。在很多城市，甚至还存在大量的自建房，居民买一块地自己盖几层楼的现象比比皆是。这样造成的三个现象就是：一者客户对价格的承受能力较弱，敏感度高；两者弹性客户[2]的总量减少，市场容量有限；三是从投资升值的角度去引导客户较难。

下篇　三四线城市营销的“十二军规”

综上篇所述，三四线城市的房地产市场可以用“脆弱、微妙”这四个字来概括。因此，与一二线城市相比，三四线城市尤其是四线城市的房地产营销有其独特的规律，我们总结为“十二军规”。之所以叫“军规”，意思是如果不遵循这些规律，开发商就会遭到市场的惩罚。下文我们将一一分述这“十二军规”。

谨慎开发大盘

在三四线城市，因为市场消费总量的不足，“大盘”的市场实现风险较大。如何衡量大盘？我们有一个简单的评判标准，即统计三四线城市的市区人口，按人均1米^{2}计算，楼盘的总建筑面积超过人均1米^{2}的就属于“大盘”。比如说，某市城市人口为20万，超过20万米^{2}就是大盘，必须得相当谨慎；否则就会陷进持久战、疲劳战的泥潭，企业只有总资产没有现金流。

按一般规律来讲，三四线城市住宅的年平均销售总面积与城市总人口的比例为1:2，有些城市甚至更低；因此，这样算来，一个总建筑面积为人均1米^{2}的项

[1] 地级市，城市人口110万，经济位居黑龙江省第五。
[2] 一个成熟的市场主要包含刚性和弹性两部分需求，弹性需求又包含改善性需求、投资性需求和投机性需求。

目，即使这个城市一年只卖这一个项目，也要销售两年；实际情况中，一个城市有多个项目，这样开发、销售周期一般至少会延长1倍。在三四线城市，一方面，政治环境往往不成熟、不规范，开发超过人均1米^{2}的“大盘”，势必会越过本届领导的任期，在中国“换一个领导，换一套思路，换一个开发热点”国情下，战线太长，就会充满不确定性；另一方面，长期的滚动开发，缺少现金流，如果遇到类似2008年金融危机那样市场骤然遇冷，资金链风险较大。因此，在三四线城市开发大盘，不可不慎。

“名片式项目”开发最稳妥

因为有效客户群数量少，结构单一且不连续，在三四线城市，开发一个代表城市形象的“名片式项目”，将金字塔尖的人群一网打尽，这是最稳妥的策略。这里所说的“名片式”有两重含义：一是在整盘形象定位上必须走高端调性，强化“身份感”的渲染；一是必须有前无古人的“明星”产品，满足三四线城市高端客户追求新、奇、特的消费心理。

“涟水名城”在涟源首家开发别墅和情景洋房产品，一下就树立了高端形象；辽宁新民市的“世茂[1]·现代城”无论是规模还是品质在新民市都属第一，但清一色的多层规划，缺乏明星产品，特点不明显，无法远离竞争对手，结果在营销中始终无法树立其“第一”的形象定位。

做好前期调研

因为三四线市场的脆弱和微妙，前期市场调研就成为必须。在大城市已经成为主流的高层住宅，到了三四线城市却有可能遇冷；已经占据大城市客户关注重要地位的物业管理，在三四线城市却有可能因为物业费问题成为销售障碍；还有如点式楼、东西朝向、北朝向、异性结构、暗空间、南北不通透、无阳台，这些在大城市住宅中都已经司空见惯的产品，在三四线城市的消费观念中却有可能遇到障碍。因此，前期市场调研对三四线城市的房地产开发非常关键。

因为消费者的稚嫩，“问卷调查”的方式对三四线市场来说效果甚微，甚至会形成误导。操盘人员需要运用深度访谈、焦点小组座谈会等定性调研方式对市场深入把脉，样本量要尽量大，调研中，需深入就“价值、规范、习惯、情感、身份”等五大购买动机进行探询。这样，开发出的产品才能最适应市场的需求。

“资金策略”必须摆在规划评价标准的第一位

由于市场的脆弱和微妙，现金流的可实现性差，因此，设计院的初步规划出来后，决策者审核、评价的第一标准必须是“资金策略”，主要有三点：

（1）首期产品能较好地衔接市场。如哪部分可满足资金迅速回笼（如赠送

[1] 新民本土开发商世茂公司，非上海世茂集团。

或创新户型），哪部分满足提升利润（如商业[1]），项目究竟靠什么打赢竞争对手（低成本、差异性、市场空缺）。

（2）容易分期开发。

（3）展示区（启动区）可先行建成。

这三个标准非常关键，一个规划方案如果单从专业技术角度看是一个好方案，但若从中看不出明晰的资金策略、竞争策略和回避风险策略，那就是一个市场可实现性差的方案。

2005年，“涟水名城”在涟源上市。涟源是位于湘中娄底市辖下的县级市，矿产资源丰富，地方经济较为富裕，但房地产开发严重滞后。在此之前，涟源尚未出现一个真正意义上的商品房住宅小区。来自深圳的开发商看准机遇，在涟源市投资开发总建筑面积达31万米^{2}的高尚小区——“涟水名城”。“涟水名城”以深圳“万科·四季花城”为摹本，包括万科的专利产品——情景洋房、“四季花城”的标志性钟楼、主景观轴、围合式花园洋房、业主会所都复制到涟源。“涟水名城”以其先进理念、创新产品、最大规模创造了娄底地区的一个居住标杆，成为涟源市当之无愧的城市“名片”。虽然有着高起点的定位和规划，但“涟水名城”自2005年上市后却意外遇冷，销售受阻，开发商面临非常大的资金压力。

究其原因，就是“涟水名城”项目规划没有充分考虑开发商的资金策略，启动区（展示区）（如图19-1所示，标红线为启动区，建筑面积为10万米^2）规模过大，无法先期建成。

图19-1 “涟水名城”平面图

[1] 目前，住宅赚取微利、商业出产利润是很多三四线城市项目的开发模式，有些项目因此无限制加大商业体量，15万米^{2}的住宅竟配置5万米^{2}的商业，所有商铺都为从一到三楼“一拖三”设计，面积超大，这种模式也是不可取的。商业体量和单店面积过大，后期去化缓慢，直接影响资金回笼。

如前所述[1]，一个完整的启动区应该包含“自然”和“城市”两重元素，在“涟水名城”项目中，河岸景观带、主景观大道属于“自然”元素，会所、商业街、中心广场、幼儿园属于“城市”元素，但在上述规划方案中，这些“城市”和“自然”元素较为分散，会所在东北角，幼儿园在东南角，“非限定空间”——主景观大道以及其末端的“钟楼”、广场设计在小区的后半部。根据这个方案，必须一次性开发10万米²以上才能探到这些“煽情”展示点。

针对一个市场尚未开发的县级市，10万米²造成的问题是：需要一个相当长的工期才有准现房和展示点，在市场不认可“楼花”的情况下，也就是说，在相当长的时期内，只有大量的资金投入，没有资金回笼。开发商资金压力大的原因就在此。

我们再来看看深圳“万科城”的启动区规划[2]。“万科城”选择在一个较小的规模集中排布了幼儿园、商业中心、会所、钟楼、人工湖等众多“城市”元素，尤其是“钟楼”和“人工湖”就在小区主入口不远处，让客户一进小区，就能体验到“城市”与“自然”交融的震撼，这也是万科屡屡能在城乡结合部开发还能打动客户、消除抗性的拿手好戏。

图19-2　深圳“万科城”启动区展示

同样，“涟水名城”也是位于涟源的城乡结合部，如果这个规划能布置一个3万～5万米²的“启动区”，离入口不远就紧凑排布幼儿园、会所、“钟楼”、广场，然后再包含各种产品类型，那开发商以不多的资金就能较快实景展示小区的“新都市主义”先进理念，让客户眼见为实，以城市与自然水乳交融、互相衬托的情景切实打动客户，旺销就在情理之中了。

启动区优先建设，快速成型，优先展示

规划方案定型后，启动区应尽快建设，快速呈现立面，优先展示。在满足城市元素、自然元素、各种产品类型三大内容的前提下，启动区要尽可能的小，以

[1] 详见本书“第十六讲　颠覆·引领·共生：大盘可行的运营模式”中关于“启动区”与开发次序的论述。
[2] 详见本书第十六讲中相关平面规划图片。

使用最短的时间、最少的资金达到“准现房”的展示要求。考虑到三四线城市的实际情况，如果工期紧迫或者资金问题，不打造精装修样板间，用“清水样板间”和“工法样板间”代替也是一个不错的选择。

由于市场的未开化，“会所”等在大城市司空见惯的配套对于三四线城市客户还比较陌生。因此，在展示环节，如何将“静态卖点”变成“动态卖点”，让客户可体验、可感知就显得非常重要。2006年下半年，“涟水名城”逾5000m²的会所已经建设完毕投入使用，但开发商当前的实际用途是做售楼处和办公室，客户对于宣传册上宣传的会所卖点根本无感知。后来，“涟水名城”专门从长沙聘请专业健美操教练，在会所开展“漂亮妈妈健美训练营”[1]活动，活动持续了两个月。通过这个活动，让会所这个卖点为客户所感知，让她们体验到先进理念给自己未来的生活方式带来的变化，项目因此重新引起社会关注与口碑传播；事实证明，这个活动起到了非常好的效果，项目销售自此开始慢慢热度回升。

形象定位必须是该城市的“第一”，不是第一也得塑造出第一

三四线城市，有效客户群体较小，同时由于消费者的未开化，他们无法评判项目在品质上的微小差异，普通卖点很难为他们所感知。因此，在三四线城市，最有效的传播是“创造第一，表现差异，引导消费”。本书第三讲中谈到的“品类”定位法对三四线城市项目最为适合。对于操盘者来说，如何找出项目的“第一”并加以包装、传播，将“第一”带来的身份感、荣耀感充分传达，这是最关键的。当然，形象上的“第一”必须得有产品上的支撑，除了规模第一之外，部分明星户型成为区域最创新、最高端的产品，外部环境、园林、配套有最震撼的“绝活”，几者有其一，这些都是必需的。现实中，有些项目在先天产品质素上找不出第一，操盘者在后天的“产品扩展”也必须塑造出第一，常见的如服务第一[2]、教育配套第一[3]、硬件配置第一等。

不过，必须注意的是，在三四线城市，开发理念只需领先半步即可，切忌只顾领先而全盘照抄一二线城市的先进项目。因为产品领先是需要付出成本代价的，如果成本升高导致销售价格过高，反而会成为项目销售的障碍。

定价不能一刀切，“撇脂”价格和“渗透”价格并用，自建标杆

2005年初，“涟水名城”正式入市，公布均价1400元/米²，其中，情景洋房1600元/米²，花园洋房1300元/米²；而当时，涟源市可供出卖的住宅最高约1000元/米²。涟源多矿，富人多，能承受1400元/米²的价格。当时，“涟水名

[1] 有观点认为，房地产营销已经步入“她时代”，女性替代男性成为购房决策的最重要群体，专门针对女性的营销动作将会取得更好的效果。

[2] 光宣称服务第一没有用，必须在卖场将服务展示到位，让消费者体验、感知“第一服务”的不同之处。

[3] 这里说的教育配套属于非产品配套，如“涟水名城”和湖南省重点中学“涟源一中”达成协议，入住涟水名城，就读涟源一中。

城”是期房，无任何实景展示，如本书上一讲所说，客户感知利益过低，感知价格过高，因此前期销售受阻。

其实，上述案例的关键是前期定价策略有问题。在三四线城市，“名片式”项目没有同档次参照项目，他们只能用苹果价格去比照山竹，觉得山竹太贵。因此，在三四线城市，项目一期刚入市的时候，稳妥的价格策略是不搞一刀切，不全部以山竹的价格示人，而是明星产品卖山竹价，次一级产品比照苹果定价。也就是如本书第十讲里提到的“撇脂价格”和“渗透价格”策略，高端产品如“涟水名城”的情景洋房，直接以“撇脂”策略定价，以高价标定高姿态，吸引区域高端客户，一方面树立价值标杆，一方面赚取超额利润；次一级产品如“花园洋房”则以“渗透”策略定价，均价980元/米^2，比现有产品价格略低，但质素高出一大截，这样自然能赢得一大部分客户追捧，保证项目现金流的顺畅。后期调整价格策略之后，“涟水名城”销售节节走高，道理就在此。

入市阶段，以销量促品牌之后，后期再以品牌促销量，价格逐渐攀升。因此，在三四线城市“脆弱、微妙”的市场，项目定价不能一蹴而就，一口吃个胖子，而是采取分而治之、步步为营的策略。切记，入市阶段形象上可以拔高，但在价格上一定得走亲民路线。

媒体策略以铺天盖地的“饱和攻击”最为有效，做不到多管齐下，就在单个媒体的使用上做到极致

三四线城市没有主流媒体，在一二线城市常见的报纸、电台、电视台的影响力都较小。在这样的市场上，最有效的宣传策略为“饱和攻击”，即多管齐下，利用上所有可以利用的媒体，包括户外广告牌、道旗、灯箱、公交车体、电子屏幕、电视（滚动字幕）、短信、DM单等，投放上，短期高、大、频强势释放，一夜倾城，让广告铺天盖地的包围客户。尤其是占据市区黄金制高点的大幅户外广告，昭示性一流，如有条件，争取拿下，这对项目推广能起到事半功倍的效果。另外，三四线城市规章较少，广告容易渗透进各客户单位。操盘者锁定目标客户所在单位，媒体宣传精确制导，直接进入大客户单位。如“涟水名城”当时就直接在涟源市人民医院、涟源市妇幼保健医院、涟源市国土局、涟源一中等单位悬挂巨幅户外广告，在单位宣传栏张贴海报等，起得了较好的效果。三四线城市因为媒体行业的不发达，媒体资源普遍较为便宜，因此可以大范围投放媒体。如果没有条件投放多种媒体，就在单个媒体的使用上做到极致，总之一定得做到高频次包围客户。

在三四线城市，告知性的宣传非常容易，这种铺天盖地的宣传与其说是告知，不如说是“划定领域，奠定第一的形象和气势”，这种“第一”的气势对客户的心理影响作用很大。2007年，新民市第一大盘“世茂·现代城”入市时，开发商不舍得投入，在没有主流媒体的情况下仅投入少量道旗和小幅户外广告牌，

销售信息是告知了，但形象和气势却没树立起来，最终效果了了。

多做营销活动，促销花样不断翻新，用各种小恩小惠刺激客户

三四线城市营销首要关注的问题是“现场人气”，因为客户群体总量较少，现场人气不足是常见的问题。增强人气的有效办法是多做营销活动，同时配合花样不断翻新的促销政策，小恩小惠虽俗套，但却好用。在三四线城市做营销的好处是客户非常明确，操盘者锁定大客户单位，有针对性地出台一些优惠政策，动之以理、诱之以利，各个击破，一般都能取得很好的效果。

2006年8月之后，“涟水名城”实楼开始呈现，销售面临重新发力的最佳时机，“涟水名城”启动市场的重头戏就是活动营销。“涟水名城”当时每周都举办类似“肯德基品尝周”“喜从天降”“购房风暴大抽奖”等小活动，每次小活动均有针对性的聚焦一两个单位进行推广，并出台特别优惠政策，保证现场人气和成交。如针对大客户单位“涟源一中”，项目推出针对一中教职工的九项优惠政策，将公开邀请函做好展板直接摆放在校园最显眼位置，按确定时间派看房车将意向看房教职工接到售楼处，售楼处现场配合举办一些小演出和抽奖活动，起到了非常好的效果。

2007年春节，“涟水名城”举办大规模的“春节游园　惊喜博彩”体验营销活动，在已经成型的主景观大道和中心广场上举办包括歌舞表演、小丑表演、圈牛仔、幸运飞镖、有奖投篮等小活动，现场喷泉、花草、灯笼等展示到位，同时与各建材商家联合促销，给予客户以高达万元的礼券赠送，现场最高2万元的各项促销政策一齐到位，作为销售人员逼定的有力工具。就是一个简单的活动，起到了非常轰动的效果，春节7天销售将近100套。

像爱惜自己羽毛一样爱惜自己的声誉，特别注重口碑营销与老带新

因为城市较小，圈子也小，信息在亲友、同事之间的传播特别容易，买房客户喜欢扎堆也是常见的现象。在小城市做营销，口碑就是生命，这点比大城市远远来得立竿见影。因此，在营销过程中注重服务意识，老客户维系到位，售后保障工作细致精到，另外，配合一些事件营销，口碑很容易就树立起来，有了口碑，老带新就自然而然水到渠成了。

小幅提价，小步快跑，价格谈判坚持底线，并让全城都知道这个底线

在三四线城市，客户对价格特别敏感，经常有客户看到此前亲友、同事购买价格较低，现在价格较高而放弃购买的情况；城市小，随便拐个弯就能找到熟人，客户通过熟人找开发商打折的情况非常普遍，并且，小城市开发商没有隐

私，今天给甲的优惠明天乙就马上知道。在做营销的时候就得注意两点：

（1）涨价要讲究小幅提价，小步快跑，哪怕卖得再好的楼盘，一次性提价也不能太多，每次以30～50元/米^{2}为宜。

（2）三四线城市操盘一定得制定统一的优惠政策，每个级别的权限优惠几个折扣点必须明确，并且对待所有客户一视同仁，最高领导的折扣权限是底线，这个底线不能突破，必须得让客户都知道。比如“涟水名城”当时的折扣底线是92折，找到董事长也是92折，客户一传开之后，就很少有人找关系要折扣了。

要坚定不移地走市场路线，“找市长”“谈团购”是双刃剑

三四线城市房地产市场很不成熟，销售缓慢是常有的事情，尤其是碰到逆市。很多开发商一遇到市场不行的时候就想到去“谈团购”“找市长、要政策”，但正如本书在上一讲中分析的，团购是一个娇贵的物件，存在很多硬伤。“涟水名城”在2005—2006年初市场销售受阻之后，找到涟源市政府酝酿“公务员住宅小区”方案，以更低的价格、更优的税费减免政策号召涟源市各行政单位团购。因为寄希望于团购，“涟水名城”的市场动作几乎停止，零售陷于停顿，但最终团购不了了之。2006年中，“涟水名城”转换思想，坚定不移地走市场路线，项目从展示、推广、价格、销售等四个方面系统运行，同时改进，以市场的思路来赢得客户，事实证明，取得了较好的效果。

“十二军规”适用于大多数三四线城市项目，也适用于部分二线城市的偏远郊区项目，操盘人员可以根据市场具体问题具体分析，千万不能不顾实际就照搬大城市的模式和经验。很多大代理公司在三四线城市操盘，知其然不知其所以然，仍然沿用“卖VIP卡认筹”“排号”“摇号选房、开盘”传统模式一遍遍地折腾客户，但其实客户认为我交钱了就是要买房了，哪管什么诚意金还是正式定金，甚至连VIP卡、认筹、解筹是什么东西都不知道，食古不化的营销，最后效果肯定不会好到哪里去。没有对不对，只有配不配，操盘者不可不诫。

参考文献

1〔美〕菲利普·科特勒．营销管理（第13版）．卢泰宏，等，译．北京：中国人民大学出版社，2009
2〔美〕菲利普·科特勒．科特勒营销策略．高登第，译．北京：中信出版社，2007
3〔美〕菲利普·科特勒．营销十戒：过失与解决方案．朱雅丽等，译．北京：中国人民大学出版社，2005
4 毛泽东．毛泽东选集（1～4卷）．北京：人民出版社，1991
5〔美〕艾·里斯，杰克·特劳特．定位．王恩冕，于少蔚，译．北京：中国财政经济出版社，2002
6〔美〕杰克·特劳特，史蒂夫·瑞维金．新定位．李正栓，贾纪芳，译．北京：中国财政经济出版社，2002
7〔美〕艾·里斯，杰克·特劳特．营销战．李正栓，贾纪芳，译．北京：中国财政经济出版社，2002
8〔美〕唐·舒尔茨，海蒂·舒尔茨．整合营销传播．何西军，等，译．北京：中国财政经济出版社，2005
9〔英〕约翰·伊根．关系营销：剖析营销中的关系策略．林洪，译．北京：经济管理出版社，2005
10〔美〕邦妮·高伯特，赫尔玛·M．罗森塔尔．倾听客户的弦外之音．裴蓉，译．北京：企业管理出版社，2004
11〔美〕阿尔·里斯，劳拉·里斯．公关第一，广告第二．罗汉，虞琦，译．上海：上海人民出版社，2004
12〔美〕罗伯特·西奥迪尼．影响力．陈叙，译．北京：人民大学出版社，2006
13〔美〕伯尔尼·施密特．体验营销——如何增强公司及品牌的亲和力．刘银娜，高靖，梁丽娟，译．北京：清华大学出版社，2004
14〔美〕罗杰·道森．优势谈判．刘祥亚，译．重庆：重庆出版社，2008
15〔美〕马修·史维．我要催眠你——精彩绝伦的催眠式沟通技巧．北京：新世界出版社，2005
16〔美〕道戈·霍尔，杰里·斯普坦．深度营销VS讨巧营销．赵恒，译．北京：中信出版社，2005
17〔美〕彼得·圣吉等．第五项修炼．张兴，等，译．北京：东方出版社，2006
18〔美〕丹尼斯·舍伍德．系统思考．邱昭良，刘昕，译．北京：机械工业出版社，2004
19〔日〕内藤谊人．攻心说服力．田秀娟，译．天津：天津教育出版社，2007
20 孙路弘．汽车销售的第一本书．北京：中国人民大学出版社，2008
21 周环宇．美式营销战．北京：北京大学出版社，2007
22 肖勇，李咏涛．中国房地产媒体营销实战方略．北京：东方出版社，2006
23 陈劲松．世联观察/地产评论系列丛书．北京：机械工业出版社，2004
24 龙固新．大型都市综合体开发研究与实践．南京：东南大学出版社，2005

后 记

早在2006年，我就想过要构建这本《房地产营销十九讲》，严格来说，应该叫《住宅营销十九讲》，因为里面基本没有涉及到商用物业的营销。真正动笔是在2007年5月，其时我恰有闲暇，也想将自己前几年的从业所得和手头资料做一些研究和梳理。写书的过程断断续续，一是要经常放下笔头为稻粱谋，一是我也刻意放慢成文节奏，让不断的实证来圆满我先前的见地。

中国内地房地产行业发展时间不长，真正意义上的房地产营销还不到20年，积淀少且相对封闭，缺少跨国界、跨行业的融通，相较国际化程度较高的快销品、汽车等行业都来得粗糙和稚嫩。正如喻颖正先生在2005年所说："在过去10年里，中国90%以上的房地产商处于萝卜快了不洗泥的状态，用儿童拳打了稀里糊涂的胜仗后还要神志清晰地总结出儿童拳谱。我们必须面对全行业智商偏低的现状，并安静等待补课的那一天。"[1]喻先生对房地产行业爱之深、责之切，但说的却是事实。放眼业内，多如牛毛的所谓策划公司、顾问公司、销售代理公司和一些"大师"们凭借一招半式便行走于江湖，但真正拥有完整技术平台和理论体系的寥若晨星。因为没有体系，业内的人才现状就像全真道士马钰责备江南七怪和郭靖的那样："教而不明其法，学而不得其道"，除了少数一线城市以外，大部分城市的行业水平都偏低，现实中，因为操盘失误导致项目受挫的案例也比比皆是。

生有涯而知无涯，有幸在中国房地产业黄金十年学道于深圳，让我得以管窥完整的操盘体系和优秀的现实案例；另外，在南大读研时打下的哲学思辨和学术研究的功底也派上了"无用之大用"，再加之10年来不间断地对西方营销学原著的研习与热爱，我在房地产营销方面的研究也居然小有所成，于是就想着构建这部《房地产营销十九讲》。

在没有前人著作可资借鉴的情况下，我生恐自己因眼界闭塞和言论青涩而见笑于大方之家，因此一边写作，一边实践，一边搜集能及范围内的优秀案例，一边继续钻研西方营销学的经典著作。书中的大部分篇章在完成初稿后，我都首先拿来在下属或者同行中间进行讲授，根据他们的反馈和自己的进一步研究进行修改。两年半的时间里，我经历过"看山是山""看山不是山""看山是山"的观点转换与更新，有些篇章基本上重写了几遍。如果本书能为同行提供一些系统的思考和一些不算特别圆满的见地，然后供他们在实践中进行印证和校正，笔者也就心满意足了。因为水平的鄙陋，观点不周全之处在所难免，伏惟谅解！

书中部分理论模型、案例借鉴自世联技术平台，在此表示感谢。衷心感谢为本书付出艰辛劳动的责任编辑曾白云女士。

陈利文

二〇一〇年二月十日志于深圳

[1]《顺驰秘密》序言2，广东经济出版社2006年版。